WIE PRAAT, DIE

Van dezelfde auteur

Familiegeheimen
Dagboek van een getuige
Judas

Astrid Holleeder

Wie praat, die gaat

Want weet je wat het is, As?
Over tien jaar haal ik nog een ouwe koe uit de sloot.

A.W. Bruna Uitgevers

Foto's omslag en fotokatern
Privécollectie van de familie
Omslagontwerp en -foto
Jeroen Nieuwhuis
Vormgeving omslag
Jolien Dorgelo

NUR 339 | 402

Tweede druk, december 2024

Inhoudsopgave

Proloog

'Wat zie je, Astrid?' vraagt mijn moeder.

'Niets.'

'Waar kijk je dan naar? Is er iets?'

'Er komt een auto de straat inrijden. Ik wacht even af wat voor type daar uit stapt.'

'En, is het wat?'

'Ik weet het niet. Er stapt nog niemand uit.'

'Nog steeds niet?'

'Nee. Even afwachten nog...'

'Het is toch wat. Dat je niet eens op een normale manier bij je moeder langs kan komen,' zucht ze.

'En waarom? Binnenkort is de uitspraak. Ik heb mijn verklaringen al afgelegd. Daar kan hij niets meer aan veranderen.'

'Hij wil wraak, As. Daar leeft hij voor.'

'Ja, het is voor ons zo gewoon geworden, maar als je erover nadenkt dan besef je dat al onze levens in het teken staan van zijn wraak. Dat van Sonja, Francis, Rich, Miljuschka, mij en dat van jou ook. Hij bepaalt alles wat we doen. Zodra ik wakker word in wéér een ander huis, sta ik op met zijn wraak. Als ik in mijn gepantserde auto zit, ben ik met zijn wraak. Als ik 's avonds mijn kogelwerende deuren en ramen op slot draai, ga ik naar bed met zijn wraak. Elke dag opnieuw wordt alles wat ik doe gedicteerd door het moment dat hij wraak neemt. Die paar seconden waarin zijn uitvoerder op mij afloopt en de trekker overhaalt. De milliseconde die de kogel erover doet om de loop te verlaten. Die één duizendste van een seconde die het verschil tussen leven en dood maakt. Om die milliseconde te ontlopen, draaien al onze levens. Alle dagen, weken, maanden. En dat al jarenlang.'

En dat weet je, Wim. Ik heb jou opgesloten, maar jij houdt mij gegijzeld. Ik mag figureren in jouw wraakfantasieën totdat jouw ultieme wraak er een einde aan maakt. Totdat ik boete doe voor de vier muren waarvoor jijzelf verantwoordelijk bent. Want als jij niet had gedaan wat je hebt gedaan, had ik er niet over kunnen vertellen. En als jij niet door wilde gaan met wat je zo vaak deed, had ik jou niet hoeven stoppen. Had je mij niet gedwongen erover te moeten vertellen. Had ik niet hoeven 'praten met de politie'. En stond mijn leven, stonden onze levens niet in het teken van die ene milliseconde. Ik wist het. Jij laat je niet 'in je kont neuken'. En jij hoeft niet 'buiten' te zijn om een liquidatie te laten uitvoeren. Dat had je al bewezen met de moord op Thomas van der Bijl, de man die zo vriendelijk was jou te helpen vluchten naar Parijs, zodat je niet gearresteerd kon worden voor de ontvoering van Freddy Heineken. Hij heeft je toen zijn auto gegeven, jij hebt hem later het leven ontnomen. Omdat hij 'praatte met de politie'. Op het moment dat hij in zijn café werd doodgeschoten, zat jij comfortabel 'binnen'. In de jaren daarna gebruikte je Thomas als het toonbeeld van jouw macht. Hét voorbeeld dat jou opsluiten geen zin heeft.

Je gebruikte het bij Peter R. de Vries, om jouw eis dat hij zijn verklaring moest intrekken kracht bij te zetten. Als je één dag door hem moest zitten, 'zou je het regelen, net zoals je bij Thomas had gedaan'.

En je gebruikte het bij Sonja, je jongere zus. Weet je nog die keer dat Sonja van jou mocht 'tossen om wie van haar kinderen jij eerst dood zou laten schieten: Francis of Rich'? In de hoop dat te voorkomen, vertelde ik je dat Sonja haar gesprekken met jou had opgenomen. Jij concludeerde meteen dat zij dan 'met de politie praatte'. En dat daar maar één straf op kon volgen.

Ik herinner me die dag nog goed. We lopen in de buurt van de Middenweg als je de scenario's langsgaat. Hoe heeft ze je gesprekken op kunnen nemen? Was het met de hulp van Peter R. de Vries? Of Francis? Dan sta je stil. Je blik dwaalt af en staart de leegte in. Je draait je gezicht naar me toe. Kijkt me recht in de ogen, maar niet aan. Je kijkt door me heen. In een trance. Alsof je bij jezelf naar binnen kijkt. Terugkijkt in de tijd. Naar gebeurtenissen die je zo weer voor je ziet. Alsof je een film waarvan jij het script hebt geschreven, in je hoofd opnieuw afspeelt. IJzig kalm zeg je: 'Dan moet ik er gewoon korte metten mee maken.' Op het moment dat je die woorden uitspreekt, zie ik de blik in je ogen veranderen. Je kijkt me aan, in een staat van opwinding, bijna vrolijk. Alsof jij je realiseert dat je weer kunt doen wat je zo graag doet. Je begint te lachen en zegt: 'Wat denkt ze nou? Dat ze daarmee weg kan komen? Het maakt niet uit, hoor. Of ik binnen zit. Maakt mij niet uit, hoor. Hahaha!'

Nee, Wim, wij 'denken' niet dat we 'ermee weg kunnen komen', en daarom houden we het al zo lang vol. Maar we weten ook dat je doorgaat totdat het je gelukt is. En die vier muren, zelfs die van de Extra Beveiligde Inrichting in Vught, houden jou niet tegen, want jij haalde nooit zelf de trekker over. Nee, jij gaf de opdracht en dat was het. 'Jammer voor u, u bent dood.' Jij kan het vervolgens 'nooit gedaan hebben', want 'je zit binnen'. Zoals altijd maak je van elk nadeel je voordeel. Binnen zitten is jouw perfecte alibi; je kan niks, want je bent 'afgesloten van communicatie met de buitenwereld'. Maar wij weten wel beter. Werden wij aan het begin van ons getuigentraject nog uitgelachen als we zeiden dat zelfs de EBI jou niet kan stoppen, inmiddels is pijnlijk duidelijk geworden wat daar van binnenuit allemaal mogelijk is.

Elke misdaad vertelt een verhaal. Jouw misdaden gaan over het verkrijgen van macht. En over genadeloze wraak zodra iemand aan jouw macht komt. En dat hebben Sonja en ik gedaan. Wij zijn zo brutaal geweest om jouw macht aan te tasten. Maar we weten heel goed dat dat maar tijdelijk is. Dat je daarbinnen in de EBI druk bezig bent je macht te herstellen en dan wraak op ons zult nemen. En daar neem je rustig de tijd voor.

> 'Want weet je wat het is, As? Over tien jaar haal ik nog een ouwe koe uit de sloot.'

'WIE PRAAT, DIE GAAT!'

ZOMER 2019

Zeven, nog vijf jaar te gaan

We zitten met elkaar rond de tafel en zingen 'Lang zal ze leven'. Stientje, mijn kleindochter, kijkt blij om zich heen. De kaarsjes branden op de taart. 'Kom op, Stientje, blazen!' zeg ik.

Ze ademt diep in en blaast ze in één keer uit.

'Nu mag je een wens doen,' zegt Miljuschka tegen haar dochter. 'Maar niet hardop zeggen.'

Stientje doet haar ogen dicht. 'Klaar!' roept ze luid.

'En? Wat heb je gewenst?' fluistert mijn moeder op samenzweerderige toon tegen haar.

'Zeg ik niet,' zegt Stientje.

'Ach, jouw Omie mag dat toch wel weten?'

'Niet zeggen, hoor!' roept Miljuschka.

'Nee, Omie, dat mag jij niet weten,' zegt Stientje beslist.

'O, nou, dan niet, hoor.' Mijn moeder trekt er een quasiverongelijkt gezicht bij. 'Nou, neem dan maar een cadeautje van Omie. Hier.'

Ze geeft haar het pakje dat ze heeft meegebracht. Het is het startschot voor het uitpakken van alle andere cadeaus.

Stientje is binnenkort jarig, maar Sonja en ik komen liever niet op de dag zelf. Het is een voorspelbaar moment waarop wij met de familie samenkomen en dan zijn we eenvoudig op te wachten. Als er iets te vieren valt, doen we het daarom altijd op een andere datum. Vandaag vieren we dat Stientje zeven jaar wordt.

Ze was drie toen Miljuschka mij volledig in paniek opbelde en vertelde dat Stientje wakker was geworden en niet meer wist waar de wc was. In plaats van naar de badkamer liep ze naar de tuin. Onderweg botste ze overal tegenaan, tot ze flauwviel. Er kwam schuim uit haar mond.

Miljuschka is onderweg naar de afdeling Spoedeisende Hulp en ik rij er ook heen. Als ik op de parkeerplaats aankom, zie ik Miljuschka het ziekenhuis binnenrennen. Stientje ligt bewusteloos in haar armen, alleen haar rechterarmpje maakt een spastische beweging. Het ziet er ernstig uit.

Op de Spoedeisende Hulp wordt ze onderzocht door een neuroloog. De oorzaak is niet duidelijk, een hersenbloeding of tumor wordt niet uitgesloten. Vele slopende uren aan nader onderzoek volgen. Dan komt de uitslag: Stientje heeft haar eerste epileptische aanval. Ze krijgt medicatie om de aanvallen te onderdrukken, maar het risico bestaat dat een aanval door de medicatie heen breekt en hersenschade veroorzaakt. Ze heeft daarom naast medicatie vooral rust en regelmaat nodig. Stress kan een aanval uitlokken en moet worden vermeden. Er is één lichtpuntje: ze kan rond haar twaalfde over de epilepsie heen groeien. Al onze hoop is daarop gericht.

'Wat wordt ze groot, hè,' zucht mijn moeder als ze verliefd toekijkt terwijl haar achterkleinkind de pakjes openmaakt. 'Wat gaat dat toch hard, hè?'

'Ja, gelukkig wel,' zeg ik. 'Het kan mij niet hard genoeg gaan.

Nog vijf jaar en dan is ze misschien over haar epilepsie heen gegroeid.'

Stientjes epilepsie heeft een behoorlijke impact op haar leven. Naast aanvallen overdag heeft ze ook in de nacht continu epileptische activiteit in haar hersenen, die soms overgaat in een nachtelijke aanval. Om bij zo'n aanval op tijd te kunnen ingrijpen, slaapt Miljuschka altijd met één oog open. Overdag doet ze er alles aan om te voorkomen dat stress een aanval uitlokt.

'Mam,' zegt Miljuschka. 'Voordat je zo vertrekt, wil ik je nog even apart spreken.'

'Oké. Mag ook nu.'

'Nee, doe maar na afloop van het feestje.'

'Is er iets?'

'Nee, maar ik wil deze leuke dag niet verstoren. Dus ik spreek je zo.'

Als Miljuschka dat zegt, weet ik wel waar het over gaat. We proberen er allemaal zo min mogelijk aan te denken, maar de olifant in de kamer is er altijd. Willem Holleeder. Of Wim, zoals wij hem noemen. Volgende maand doet de rechtbank uitspraak in zijn strafzaak. Tot aan het afleggen van mijn laatste verklaring heb ik er alles aan gedaan om onvindbaar voor hem te zijn. Dat is gelukt, maar ik deed het met ambivalente gevoelens. Miljuschka is makkelijk te vinden, en Wim kennende is niet alleen de ouder die hem dwarszit maar ook het kind een doelwit. Voordat hij deze keer vast kwam te zitten, zei Wim het zelf en ik nam het gesprek op. Als hij door Peter R. de Vries ook maar één dag zou moeten zitten, dan zou hij Royce, zijn zoon, laten vermoorden: 'Ik verdriet, hij verdriet.' Door mij zit Wim al veel langer dan één dag vast. Dat verdriet heb ik hem aangedaan, en daarom kan ik verdriet om mijn kind verwachten. Mijn zorg om Miljuschka is enorm. Dus toen mijn laatste verklaring erop zat, wilde ik me omwille van haar weer in het openbaar gaan vertonen, zodat Wim zich op mij zal richten en haar hopelijk buiten schot laat. Toen ik daar enige tijd geleden met Miljuschka over sprak, begreep ze me. Zij zou hetzelfde doen voor haar kinderen. Maar vandaag tijdens het gesprek dat ze met me wilde, komt ze daarop terug.

'Mam, ik heb erover nagedacht. Het zijn allemaal moeilijke afwegingen, maar ik heb toch liever dat je niet in de openbaarheid gaat. Stress is niet goed voor Stientje en haar oma levenloos op de koude straatstenen levert haar gegarandeerd stress op. Ze is zo dol op je. Ik ben als de dood voor wat het met haar doet. Dus zorg jij nou maar dat je er tot haar twaalfde jaar alles aan doet om die stress te voorkomen. Daarna zien we wel verder.'

'En jij dan? Als ik de aandacht niet van jou afleid en er iets met jou gebeurt, heeft ze nog veel meer stress.'

'Hij moet jou hebben, mam. Jij staat als eerste op zijn lijst. En als er iets met mij gebeurt, ben jij zeker onvindbaar voor hem. Krijgt hij je nooit meer te pakken. Dat begrijpt hij ook wel.'

'Mil, jij kent hem niet zoals ik hem ken. Hij wil dat ik lijd. Jou pakken is zijn ultieme wraak.'

'En denk je dat als jij dood bent, dat hij mij wel met rust laat? Ik heb oma's brief aan de EBI gelezen. Zij schrijft dat ze bang is dat hij haar kinderen én kleinkinderen wat aandoet. En wie kent hem nou beter dan oma? Zij heeft hem gemaakt. Ik vertrouw op oma. Dus ik wil dat je er alles aan doet om te blijven leven totdat Stientje twaalf is, daarna zien we wel weer verder. Oké?'

'Ik weet het niet, Mil. Ik moet hierover nadenken, je overvalt me ermee.'

Als ik na afloop van het feestje naar huis rijd, denk ik na over wat Miljuschka heeft gezegd. Ze heeft gelijk. Ik moet er voor

Stientje alles aan doen om ervoor te zorgen dat ik op haar twaalfde verjaardag nog rechtop sta. Maar ik moet er ook voor zorgen dat Miljuschka rechtop blijft staan. Voor hen allebei moet ik mijn uiterste best doen.

In de buurt van mijn huis bel ik Sonja om haar te laten weten dat ik ga uitstappen, maar het bereik is slecht, dus ik kom er niet door. Ook met de camera's die ik in de hal op mijn verdieping heb geplaatst krijg ik geen verbinding; vanaf de auto tot in mijn flat heb ik geen zicht en daar baal ik van. Het is sowieso een waardeloze locatie, met een brandtrap die bij mijn voordeur uitkomt. Zo onoverzichtelijk. Hoe vaak heb ik Bewaken en Beveiligen wel niet gezegd dat het hier niet veilig wonen is? Maar ze hebben niets anders voor me.

Bij het appartementencomplex aangekomen, loop ik door de gemeenschappelijke hal naar de lift. Langzaam telt het display af van verdieping acht naar de begane grond. De deuren gaan open en ik sta oog in oog met een bekend gezicht. Mijn hart bonst zo hard dat ik het voel dreunen door mijn borst. In één seconde werkt mijn brein overuren; wat moet ik doen, blijven staan, wegrennen? Onze ogen blijven op elkaar gericht. Ik zie verwarring, gevolgd door verbazing. Ik zoom uit naar zijn lichaamshouding: afwachtend, onzeker. Conclusie: dit is geen onmiddellijk gevaar. Hij is net zo overvallen door de situatie als ik. Dan maar zo gewoon mogelijk doen, geen lading geven aan het moment.

'Hoi,' zeg ik zelfverzekerd, en ik geef hem de ruimte om uit de lift te stappen.

'Hoi,' antwoordt hij timide, en loopt aarzelend langs me heen.

Uit de hele ontmoeting spreekt dat dit het laatste is wat hij had verwacht. Dat hij mij, zijn voormalig strafrechtadvocaat die getuige werd tegen Willem Holleeder, in deze flat zou tegenkomen. Door mijn hoofd flitsen de gedachten alle kanten op. Heeft hij me hier eerder gezien? Weet hij al langer dat ik hier woon? En wat gaat hij nu doen? Ik ken zijn netwerk. Ziet hij hier een kans om wat te verdienen en geeft hij nu snel aan zijn vriendjes door waar ik te vinden ben? Of heeft hij geen enkele slechte bedoeling? Hoe dan ook, hij heeft me hier gezien. En aan wie vertelt hij dat nog meer? Misschien als leuk nieuwtje aan zijn vrienden, van wie ik er beroepshalve ook een aantal ken. Al zit daar mogelijk niets kwaads bij, de kring waarin het bekend wordt zal snel groter worden. Ik kan dat risico niet nemen. Ik moet hier zo snel mogelijk weg.

Aangekomen op de achtste verdieping ren ik mijn appartement binnen en pak de tassen die klaarstaan voor een moment als dit. Ik had ze vorige week bijna uitgepakt. Net klaar met inrichten en beveiligen was ik van plan hier te blijven, ongeacht wat er zou gebeuren. Nu ik zeker weet dat mijn schuilplaats in criminele kring bekend is of snel wordt, zal ik me hier nooit meer veilig voelen. Het is tijd om te gaan. 'Abbey, in de tas,' roep ik tegen mijn hondje, en ze springt onmiddellijk in haar draagbare bench. Bepakt en bezakt loop ik de gang uit naar de voordeur. Ik voel nog even aan de stalen plaat die ik er samen met Sonja op heb gemonteerd. Het was letterlijk een loodzware klus, maar we hebben toch maar mooi zelf een kogelwerende deur in elkaar geknutseld, redelijk stilletjes en zonder argwaan te wekken bij de buren. Ik heb er alles aan gedaan om hier niet op te vallen. Maar dat is nu een gepasseerd station.

Ik skip de lift, neem de trap naar beneden en stuur Abbey vooruit. Als iemand zich ergens in het trappenhuis verstopt, vliegt ze er luid blaffend op af en ben ik gewaarschuwd. Ik heb zwaar getrainde bewakingshonden uitgeprobeerd, grote, indrukwekkende herdershonden die op commando een aanvaller bruut konden uitschakelen. Ik telde er vele duizenden euro's voor neer, maar het werd één groot debacle. Ze luisterden voor geen meter naar me. Het waren moordwapens waar ik geen enkele controle over had. Integendeel, zij waren mij de baas. Kaiser, de eerste herder, was zo opdringerig en dwingend dat ik op het laatst op een emmer plaste omdat ik mijn slaapkamer niet meer uit durfde. En Rocky zag in elk bewegend object met een hartslag een sappige steak en creëerde daarmee zoveel rumoer dat hij een risico werd voor mijn anonimiteit. Nee, dan Abbey, klein maar fijn. Ze bijt net zo graag en past in een handtas.

'Hup, in de tas,' zeg ik onderaan de trap tegen haar. Ze springt erin en is onzichtbaar.

Via een andere uitgang ga ik naar buiten. Ik zie niemand om of nabij mijn auto en loop vervolgens zo dicht mogelijk langs de huizen. De laatste meters, in open veld, trek ik een sprint. Instappen, deuren op slot en rijden. Ik word niet gevolgd. Op een doorgaande weg zet ik de auto stil in een vluchthaven en wacht. Ik app Ronald, mijn contactpersoon bij Bewaken en Beveiligen, om hem te laten weten wat er is gebeurd. Verschillende auto's passeren. Als er iets achter me zat, zijn ze me nu voorbij.

Ik draai de weg weer op in tegenovergestelde richting en rij naar Sonja. Onderweg bel ik haar.

'Hé Son, het is weer zover.'

'Oké, geen probleem. Je bed staat klaar.'

JULI 2019

Het vonnis van de rechtbank in eerste aanleg

'Klaar voor?' vraagt Roy als hij de deur van de gepantserde Mercedes voor me opendoet. Een los knoopje van zijn witte overhemd verraadt het kogelwerende vest dat hij eronder draagt. Ik knik en ga achterin zitten. Sonja neemt aan de andere kant plaats. Roy stapt voorin in en zijn collega geeft onmiddellijk gas richting de Bunker.

In de parkeergarage van de extra beveiligde rechtbank worden we opgevangen door Ronald, die ons naar de scanstraat leidt voor het vaste ritueel. We doen onze jas en schoenen uit, leggen ze samen met onze tas op de band en lopen door de scanner. Geen gepiep dat metaal verraadt dat niet mee naar binnen mag. Sonja en ik pakken onze spullen van de band, trekken onze schoenen weer aan en stappen met Ronald in de lift. Een verdieping hoger stappen we uit en lopen achter hem aan een lange gang door naar een door tl-lampen verlichte ruimte. Daar, aan een lange tafel, zitten onze kinderen Francis, Rich en Miljuschka al te wachten.

We zitten op dezelfde plek waar we vier jaar geleden ook zaten. Toen stelde officier van justitie Karin Zon de vraag aan mijn moeder en de kinderen of zij begrepen wat er kon gebeuren als Sonja en ik tegen Willem Holleeder getuigden. Dat begrepen ze heel goed. Wim zou het verraad niet accepteren: 'Wie praat, die gaat.' Bij anderen die over hem verklaarden, had hij die belofte al eerder waargemaakt, dus daar hielden we van het begin af aan rekening mee. Maar eerlijk gezegd stopte daar ons voorstellingsvermogen. Nu, vier jaar later, weten we heel goed wat er allemaal bij komt kijken om dat doodvonnis voor te blijven. En het is de vraag hoe lang we dat nog volhouden.

Want Wim heeft een lange adem. Bij Sonja's man Cor duurde het jaren voordat een kogelregen een einde aan zijn leven maakte. Voor Wims misdaadcollega Johnny Mieremet haalde hij naar eigen zeggen 'na tien jaar nog een ouwe koe uit de sloot'. Johnny had Wim in 1996 dwarsgezeten. In 2006 antwoordde hij 'ja' op de vraag '*Are you Johnny?*' en werd direct onder vuur genomen. Na tien jaar werd 'de ouwe koe' alsnog geliquideerd. Want Wim vergeeft niet en Wim vergeet niet.

Maar daar leg ik me niet bij neer. Ik heb een missie. Ik ga Wim overleven. Ik gun hem niet het genot dat hij mij 'die klap in het donker' geeft, zoals hij zo beeldend over zijn slachtoffers kan vertellen. Ook al weet ik dat het alles is waar hij nu voor leeft, ik ben niet van plan de volgende te zijn die 'iemand met dat ding op me af ziet stormen en weet: het is klaar, en dan denkt: had ik het maar niet gedaan'.

Tegelijkertijd ben ik realistisch en dus heb ik een tijdlijn voor mezelf uitgezet met doelen die ik zeker wil halen. Het eerste heb ik gehaald. Vandaag doet de rechtbank uitspraak. Het volgende moment is het halen van het hoger beroep en daarna de uitspraak in cassatie. Dan pas is Wim onherroepelijk veroordeeld en ben ik klaar met het proces.

Maar belangrijker dan het einde van het proces is het halen

van de twaalfde verjaardag van Stientje in de zomer van 2024. Tot dat moment blijf ik zo anoniem mogelijk. De foto's die er van mij bestaan zijn oud en op internet staat geen enkele foto van mij. Als ik mijn gezicht tot het einde van de zomer 2024 weet te verbergen, maak ik een goede kans het te halen. Het is nu juli 2019. Stientjes zevende verjaardag hebben we net een maand geleden gevierd. Nog krap vijf jaar van verstoppen en uitgekiend verschijnen te gaan.

De uitspraak vindt plaats in de zittingszaal boven ons. Om veiligheidsredenen volgen wij het een verdieping lager live op een groot scherm. Mijn moeder volgt de uitspraak thuis via een speciaal ingelaste uitzending op televisie.

Ik kijk de kamer rond. Sonja, Miljuschka, Francis en Rich staren stil voor zich uit. De spanning is van hun gezichten af te lezen. Miljuschka zit naast me. Ik pak haar hand en kijk haar van opzij aan. Ze is dapper. Net als Francis, die tegenover haar zit. De vrouwen in onze familie hebben elkaar altijd gesteund, met mijn moeder als belangrijkste steunpilaar. Zij koos zonder aarzeling voor haar dochters, omdat ze wist waar haar oudste zoon toe in staat was.

Het beeldscherm is zwart. Om ons heen werken technici druk aan het tot stand brengen van de liveverbinding. Rich zit naast Sonja en zoekt mijn blik. Met Cor dood en Wim achter de tralies is hij de enig overgebleven man in de familie.

Ineens hebben we beeld. De zittingszaal is zichtbaar. Er klinkt rumoer. Op het scherm zie ik Wim de zaal binnenlopen. Het gaat beginnen. De spanning neemt toe. Sonja trekt met haar arm, haar zenuwtic speelt op. Francis friemelt aan haar jas. Rich trilt met zijn been. Miljuschka bijt op haar lip. Ik krijg het koud. Ik zie Wim voor het eerst in vier jaar. Gedurende het proces zat ik in een getuigenbox. Hij onzichtbaar voor mij, ik onzichtbaar voor hem en het publiek.

Hij draagt een zwarte broek en een donkere trui en ziet er netjes en verzorgd uit. Zoals altijd secuur op zijn uiterlijk. Als meisje van zeven keek ik naar mijn moeder terwijl ze zijn broek in de plooi streek als hij op zaterdagavond uitging. Zag ik hoe hij in woede uitbarstte als de plooi niet helemaal recht zat en mijn moeder weer opnieuw begon. En opnieuw, totdat het naar zijn zin goed genoeg was. Ik was trots op hem als hij de deur uit liep in zijn lange leren jas en met zijn haren netjes gekamd. De laatste keer dat ik hem zag, droeg hij zijn North Face-jas. Ik herinner me het schurende geluid van die jas op de momenten dat ik naast hem liep en stiekem onze gesprekken opnam.

Wim gaat zitten. Een kuchje verraadt zijn zenuwen. Hij doet zijn sluike, zwarte haar opzij. Op de manier waarop ik hem dat al mijn hele leven zie doen, voorzichtig van voor naar achter. Hij pakt een bekertje water. Sterke handen, lange, slanke vingers. Vroeger had hij wratjes op zijn vingers en keek ik toe als hij ze aanstipte met een giftig stinkend spul, dagen achtereen, waardoor ze slonken en uiteindelijk weggebrand werden. Elke beweging die hij maakt, brengt een herinnering naar boven. Het doet me pijn hem zo te zien. Vandaag wordt de rest van zijn leven bepaald. Ik kan het niet opbrengen te kijken naar wat ik hem aandoe en sluit mijn ogen.

De voorzitter van de rechtbank, mr. Wieland, neemt het woord. 'Meneer Holleeder, de rechtbank doet vandaag uitspraak in uw zaak.'

Mr. Wieland ken ik van mijn werk als advocaat. Regelmatig stond ik voor hem in de zittingszaal. Hij is een zeer ervaren, eigenzinnige rechter die zich door niets en niemand laat beïnvloeden. Dat leverde mijn cliënten soms verrassende rechterlijke oordelen op. Ik maak me zorgen om die eigengereidheid. Tijdens de zittingen onderhield hij regelmatig ogenschijnlijk gezellige onderonsjes met Wim. Meer dan eens deelden ze humoristische kwinkslagen met elkaar en het grote aantal zittingsdagen gaf Wim tijd genoeg om een band met zijn ondervrager te creëren. Ik houd mijn hart vast. We spraken er regelmatig over: wat moeten we doen als hij wordt vrijgesproken en als vrij man de rechtbank uit loopt? Tja, wat dan...? Ook ons lot ligt vandaag in handen van mr. Wieland en de beide andere rechters.

De edelachtbare heer Wieland schraapt zijn keel. De zaal verstomt. Het voorlezen van de uitspraak begint.

'De moord op Cor van Hout.'

Sonja en ik kijken elkaar aan. De rechtbank begint met Cor. Zestien jaar lang leefden wij met de wetenschap dat Wim verantwoordelijk is voor Cors dood. Vandaag komt er hopelijk gerechtigheid. Rich pakt Sonja's hand stevig vast. Francis plukt zenuwachtig aan haar tas. Ik sluit mijn ogen en luister aandachtig.

> 'De rechtbank acht bewezen dat u de opdracht heeft gegeven voor de moord op Cor van Hout.'

Sonja springt op van haar stoel en gilt door haar tranen heen. Francis barst in snikken uit en Rich probeert zijn emoties te verbijten. Miljuschka slaat haar handen voor haar gezicht. Ik ben verdoofd.

Rechter Wieland gaat verder. De rechtbank veroordeelt Wim voor het geven van de opdracht tot de moord op Willem Endstra, de zware mishandeling van David Denneboom, de moord op Thomas van der Bijl, de moord op Kees Houtman, de moord op John Mieremet en de doodslag op Robert ter Haak.

'Dan de straf die daarop moet volgen.'

We houden elkaars handen vast.

'De rechtbank komt tot de conclusie dat er een groot gevaar voor herhaling van gewelddadige strafbare feiten van u uitgaat en dat een levenslange gevangenisstraf daarom passend is. De rechtbank veroordeelt u tot een levenslange gevangenisstraf.'

Levenslang.

Ik loop naar een hoekje van de kamer en bel mijn moeder. 'Mam?'

'As?'

'Het is levenslang.'

'Ja, ik hoorde het...' Stilte. 'Maar As, het is zijn eigen schuld. Ga jij je nou niet ellendig voelen hierom.'

'Nee...'

'Hij heeft genoeg kansen gehad om het anders te doen. Echt.'

'Ja.'

Ik weet dat mama gelijk heeft. Wim was na een gevangenisstraf van elf jaar voor de Heineken-ontvoering en een straf van negen jaar voor de afpersing van onder anderen zijn witwasser Willem Endstra een gewaarschuwd mens. En een geluksvogel, want met slechts twee veroordelingen was hij goed weggekomen. Voor het opdracht geven tot liquidaties was hij tot dan toe de dans ontsprongen. En als Wim na zijn laatste vrijlating in 2012 zou hebben besloten te stoppen met moorden, dan hadden Sonja en ik hem daar uit lijfsbehoud mogelijk mee weg laten komen. Maar Wim wilde doorgaan.

'We zouden graag naar je toe komen, mam, maar...'

'Nee, niet doen! Jullie gaan geen onnodig risico nemen. Ik red me wel.'

'Zeker weten?'

'Zeker weten. Maak je om mij geen zorgen.'

'Oké.'

Mama klinkt sterk, maar ik weet dat zij het ook moeilijk heeft. Juist nu zouden we bij haar moeten zijn. Maar dit zijn van die dagen waarvan Wim verwacht dat we naar haar toe gaan. En hoewel mama slechts haar inner circle haar nieuwe adres heeft gegeven, kunnen ook zij het bewust of onbewust doorvertellen. En dan is er nog die bekende die ze een keer op de galerij tegenkwam. Genoeg mogelijkheden dus om erachter te komen waar ze woont. Of Wim er ook van op de hoogte is weet ik niet. Maar áls hij het weet, dan heeft hij plaats, dag en ongeveer een tijd: de drie componenten die nodig zijn voor een liquidatie. Zonder plaats zijn een dag en een tijd niet voldoende. Maar op een bekende dag als deze, met dit beperkte tijdframe, is het beter dat niet uit te proberen.

Sonja komt bij me staan. 'En? Hoe is mama eronder?'

Ik haal mijn schouders op.

'We hebben het er zo wel over,' zegt ze.

We worden geroepen, het is tijd voor vertrek. De beveiliging is zover. Sonja en ik worden als eersten weggebracht, tot bij Sonja voor de deur van haar woning. Daar stopt onze persoonsbeveiliging, want die is beperkt tot vervoer naar de rechtbank en weer terug. Verder moeten we zelf zorg dragen voor onze veiligheid.

Bij Sonja aangekomen stappen we meteen in mijn gepantserde auto. We gaan toch even naar mama toe.

'Gaat het?' vraagt Sonja zodra we op weg zijn.

'Jawel,' zeg ik. 'Maar ik stort een beetje in.'

We hebben naar de uitspraak toegeleefd. Het vonnis is keihard. Wim verdient zijn straf, maar het lijkt me vreselijk voor hem om aan te kijken tegen de uitzichtloosheid van levenslang.

'Ik gun het hem van harte,' zegt Sonja als ik die woorden uitspreek. 'Had hij het maar niet moeten doen.'

Zij heeft geen greintje medelijden met Wim. Logisch. Hij heeft haar man laten vermoorden, dreigde haar kinderen te doden, en omdat hij vermoedde dat Sonja met de politie praatte, had hij de opdracht voor haar liquidatie ook al gegeven. Meedogenloos elimineert Wim elk gevaar voor zijn vrijheid. Van de zes doden waar hij zojuist voor veroordeeld was, hadden er vier over hem gepraat. De andere twee kunnen dat niet meer. Sonja was als volgende aan de beurt. Zijn eigen zusje. En ik weet dat hij om die bloeddorst levenslang moet worden opgesloten. Toch doet het me pijn als ik terugdenk aan het blinde vertrouwen in zijn stem, tijdens de gesprekken waarmee hij zichzelf nietsvermoedend ophing. Ik was een van de weinigen die hij in vertrouwen nam. En dat vertrouwen heb ik beschaamd. En terecht. Maar toch...

'Vertrouwen beschaamd?!' roept Sonja. 'En mijn vertrouwen dan? En dat van de kinderen die met hem zijn opgegroeid? En Cor, zijn zwager, zijn bloedgabber? Je bent niet goed. As, ik heb mijn leven lang alles voor hem gedaan. Hij had het liefst mijn hele gezin uitgemoord. En als het aan hem ligt, doet hij dat alsnog.'

Sonja heeft gelijk, ik weet het, ik geef hem te veel krediet. Nog steeds.

We komen aan bij het ouderencomplex waar mijn moeder woont.

'We kunnen niet lang bij mama blijven. We moeten nog naar Peter,' zegt Sonja.

'Het hoeft niet lang. Als ze ons maar even gezien heeft.'

Het wooncomplex heeft vier ingangen met verschillende parkeergelegenheden rondom. Aan de zijkant van het gebouw ligt een weggetje. Aan het begin van die weg staat een verkeersbord: VERBODEN IN TE RIJDEN. Wij negeren het verbod en rijden door, want daarachter, verscholen tussen het groen, ligt nog een parkeerterrein voor het personeel. We kunnen er zo goed als voor de deur van de dienstingang parkeren. Het is de veiligste manier om de flat binnen te komen.

Sonja heeft de sleutels al in haar hand, en we schieten naar binnen en gaan twee trappen op naar de overdekte galerij tot aan mama's appartement. Sonja doet de voordeur open, want dat lukt mama niet zo vlot meer. Ze komt maar moeilijk overeind uit haar stoel en is slecht ter been. Ze ziet ons binnenkomen en roept: 'Hé, potverdomme, waarom doen jullie dit nou!'

'We willen je gewoon even zien. Ben je niet blij?'

'Ja, natuurlijk wel. Maar wat heb ik eraan als jullie straks op de grond liggen met dat eigenwijze gedoe?'

'Koffie, mam?!' schreeuwt Sonja vanuit de keuken.

'Nou, doe maar dan. Als jullie er toch zijn.'

'Ik ook, Son. Gaat-ie, mam?' Ik pak haar hand.

'As, het is niet anders. Ik weet toch hoe hij is. Ik vind het vooral voor jullie zo erg.'

'Wij redden ons wel.'

'En nu?' vraagt mijn moeder.

'Hij gaat in hoger beroep,' zeg ik, terwijl Sonja met de koffie binnen komt lopen.

'Dus het begint weer van voren af aan?'

'Ja.'

'En hoe lang gaat dat dan weer duren?'

'Dat is niet te zeggen. Misschien nog een jaar of drie.'

'Allemachtig. Er komt ook geen einde aan die ellende. Ik weet niet of ik dat trek.'

Sonja en ik kijken elkaar aan. Wij zijn ook moe. Vier jaar lang heeft Wim de aandacht van zijn misdaden afgeleid door het proces over ons te laten gaan in plaats van over hem. Vier jaar lang zijn we door hem uitgemaakt voor leugenaars en psychisch gestoorden. Het was alsof wij terechtstonden en niet hij. Wij waren de daders, hij het slachtoffer. Maar we hadden niet anders verwacht. Het is iedereen overkomen die ooit met Wim in aanraking is geweest en de waarheid over hem vertelde. Voor ons maakt hij geen uitzondering.

Toch was het afzien om te moeten aanhoren hoe hij ons, maar vooral zijn dode slachtoffers, de schuld gaf van wat hij had gedaan. Het was regelmatig misselijkmakend, maar we hebben het doorstaan. Sonja en ik – anders dan Wim had gehoopt – levend en wel.

'Ik zie er ook niet naar uit dat het allemaal weer opnieuw begint, mam,' zegt Sonja. 'Maar wat moet dat moet.'

'Ja, zo is het ook. Nou, nog een bakkie koffie dan maar?' zegt mijn moeder.

'Eentje nog en dan moeten we echt gaan.'

'Zo snel? Maar jullie zijn er pas.'

'Weet ik, maar Peter was ook bij de uitspraak en we hebben afgesproken elkaar vandaag nog even te zien. Het is voor hem ook een bijzonder moment nu Wim eindelijk veroordeeld is voor Cor...' leg ik haar uit.

'Waarom ga je niet mee naar Peter?' vraagt Sonja. 'Ben je er even uit.'

'Nee, dat is me te vermoeiend.'

'Een hele dag in je stoel zitten is veel vermoeiender. Ga mee, anders zit je hier maar te verpieteren.'

'Kom op, ouwe,' zeg ik liefkozend, en ik pak haar beet en geef haar een kus. 'Son, vraag jij Fran?'

'Ja, ik app haar.'

'Maar dan moet die meid weer helemaal hiernaartoe komen. Kan ik niet gelijk mee?'

'Nee, je bent te langzaam. En dan moet die rollator nog in de auto. Nee, Fran haalt je. Laten we gaan, As,' zegt Sonja. 'Ik start de auto vast.'

'Dag mam, tot zo,' zeg ik.

Sonja loopt naar buiten en ik houd de deur open; als er iemand staat, kan ze nog snel terug naar binnen. Er staat niemand. Ze stapt in en start de auto. Dat blijft een spannend moment. Er kan inmiddels een explosief onder zitten. Dat hebben we geleerd van Wim; omdat hij bang was voor represailles uit de omgeving van zijn slachtoffers, liet Wim Sonja altijd zijn auto starten, om te testen of er geen bom onder zat. Nu start Sonja om dezelfde reden mijn auto, maar vrijwillig, omdat ze vindt dat het geen zin heeft om samen de lucht in te vliegen.

Aangekomen op de plek waar we Peter verwachten, zien we mijn moeder weer en staat Rich in de tuin met een biertje in zijn hand. Miljuschka is in de keuken met hapjes in de weer en Francis is op zoek naar de juiste glazen. Ze heeft de fles champagne meegebracht die ze van haar vader een paar jaar voor zijn dood in 2003 heeft gekregen. Ze heeft hem altijd bewaard voor een bijzonder moment.

Als Peter er ook is, ontkurkt ze de fles en schenkt onze glazen vol.

'Op papa! Ik hoop dat hij nu rust kan vinden,' zegt ze, en we proosten met elkaar op de gerechtigheid die Cor vandaag eindelijk heeft gekregen.

Het is fijn dat Peter naar ons toe is gekomen. Cor en hij hadden een bijzondere vriendschap en in de jaren na Cors dood is hij die vriendschap altijd trouw gebleven. Bij zijn vertrek herinnert hij Sonja en mij opnieuw aan wat hij Cor heeft beloofd: hij zal er altijd voor Rich zijn.

Als Peter weg is, zitten wij nog even met elkaar bijeen. De afgelopen jaren waren zwaar, maar we zijn nog even hecht als vroeger.

Miljuschka neemt mij even apart. 'Hier, mam, ik heb nog iets voor je.' Ze geeft me een klein cadeautje. 'Pak maar uit.'

Ik pak het uit en het is een visitekaartje. Mijn naam staat erop, en daaronder staat: ADVOCAAT/AUTEUR/JOURNALIST. Ik kijk Miljuschka aan.

'Ga niet stilzitten, mam. Ik weet dat de afgelopen jaren je gesloopt hebben, maar blijf doorgaan. Je kan nog genoeg voor anderen betekenen. Laat je niet gijzelen door de situatie.'

'Je bent lief. Komt goed. Dit hebben we in elk geval gehaald.'

We nemen afscheid van elkaar en Sonja en ik rijden terug naar haar huis.

'Ik kan het niet uitstaan. Staat hij weer met een biertje in zijn hand,' zegt ze.

'Wie? Rich? Het is een heftige dag vandaag, Son. Zijn oom is veroordeeld voor de moord op zijn vader.'

'Maar waarom moet daar dan altijd een biertje bij? Het gaat helemaal niet goed met hem.'

'Nee. Ik bel hem morgen even.'

'Wat een dag, hè As?'

'Zeg dat wel. Een emotionele rollercoaster.'

'Ja, ik ben gesloopt.'

'Ik ook.'

Eenmaal thuis nemen we een kop thee en gaan naar bed.

'Lig je hier weer. Voor de zoveelste keer. Nou, ik ga slapen. Morgen weer een dag,' zegt Sonja.

'Ik ga ook zo slapen,' zeg ik.

Als ik in bed lig, krijg ik een berichtje op mijn telefoon binnen: *Hi lieverd, ik lees in de krant dat hij veroordeeld is. Fijn dat het nu klaar is voor jullie. Eindelijk over tot een normaal leven. Veel geluk.*

Was dat maar waar, typ ik. Maar ik wis het weer. Haar berichtje is lief bedoeld. En de verwachting die eruit spreekt is begrijpelijk: we vertrouwen erop dat gevangenissen ons beschermen tegen moordlustige types zoals Wim. We gaan ervan uit dat als ze achter slot en grendel zitten ze uit de samenleving zijn gehaald en geen kwaad meer kunnen doen. Maar helaas maakt het gevangenissysteem die terechte verwachting niet waar. 'Voortgezet crimineel handelen in detentie' wordt het genoemd. En dat betekent dat alles in de bajes gewoon doorgaat. Vrouwenhandel, handel in drugs, liquidaties – er is geen enkele vorm van criminaliteit die zich laat tegenhouden door gevangenismuren. Hoe dik ze ook zijn. Want een gevangenis runnen is mensenwerk, en waar mensen werken, is er de kans op bedreigd of corrupt personeel, op advocaten die zich wat al te zeer met de belangen van hun cliënt identificeren en anderen die door de charmes van de charismatische *bad boys* wat grenzen overschrijden. Voeg daarbij de partners, kinderen, vrienden, vriendinnen en familie die uit liefde hulp van buitenaf bieden, en de conclusie is wat de praktijk laat zien: dat alle vormen van criminaliteit gewoon doorgaan. Ook moordplannen laten uitvoeren om het verlangen naar wraak te stillen.

Nee, we gaan zeker niet over tot een normaal leven. Integendeel. Maar om dat nu in een reactie op een lief bedoeld berichtje te zetten, klinkt wel erg zuur. *Dank je, lief dat je aan ons denkt. Jij ook veel geluk*, stuur ik terug. Ik doe het licht uit en probeer te slapen.

JULI 2019

Rich – Justitie

Sonja moet naar de dokter en ik rij haar om haar af te zetten. Zo vermijden we de kwetsbare meters van de auto tot de deur.

Onderweg bel ik Rich. 'Hé Rich, mama zit naast me. Je staat op speaker. Gaat het wel goed met je?'

'Ja hoor, waarom?'

'Je was zo stil gisteren.'

'Ja, en?'

'Nou, ik dacht: misschien is er iets.'

'Weet je, As, hij is wel veroordeeld, maar je weet dat het niet over is. En dan zie ik gisteren al die mensen van justitie blij zijn en dan denk ik: jullie waren onze vijanden. Jullie geven geen reet om ons. Ze zien ons nog steeds als gajes, en weet je, voor hen is het voorbij – hup naar de volgende zaak – maar voor ons niet.'

Sonja en ik kijken elkaar gelaten aan.

'Rich, ze gaan niet over naar de volgende zaak, want er komt nog een hoger beroep.'

'Ja, en dan? Als ze de afgelopen jaren niets voor ons gedaan hebben, gaan ze dan nu ineens wél iets doen? As, ze weten dat hij jullie wil vermoorden, want daarom moeten jullie toch eigenlijk in een getuigenbeschermingsprogramma en naar het buitenland, of niet?'

'Ja.'

'Dus ze weten dat hij jullie wil vermoorden, maar ze doen helemaal niets voor jullie. Of voor ons. Wanneer ben jij voor het laatst met een vriendin wat gaan eten? Als je die nog hebt? Heb je die nog? Wees eerlijk.'

'Rich, het ligt gecompliceerd. We zijn in gesprek om dingen te verbeteren.'

'Dat bedoel ik. Hoe lang ben je al in gesprek zonder dat er iets verandert? Je schrijft een boek over hoe er met jullie wordt omgegaan. Dat jullie helemaal geen bescherming krijgen. Iedereen vindt dat krankzinnig. De minister van Justitie zegt op tv dat hij met je wil praten, maar hij moet je nu nog uitnodigen. Die gasten van justitie hebben jullie alleen maar gebruikt. Jullie hebben alles voor ze gedaan, maar wat doen zij nou voor ons?'

'We hebben elkaar toch?'

'O ja, elkaar? Wanneer hebben wij voor het laatst iets samen gedaan, dan? En dan bedoel ik niet die ene keer per jaar ergens sneaky naar binnen glippen, vol stress in je lijf een bak koffie drinken en dan overal om je heen moeten kijken als je weer naar buiten loopt. Dat was toch niet de afspraak! Jullie zijn gewoon keihard in de maling genomen.'

'Ik heb er zelf voor gekozen om te getuigen, Rich.'

'Getuigen, ja! Maar heb jij ervoor gekozen om al jaren niet met je kleinkinderen naar een speeltuin te gaan? Nee, As, daar heb jij niet voor gekozen. Daar kiest justitie voor. Ik zie mama ook amper. En dan zie ik ze daar zo staan, helemaal trots, maar zij gaan gewoon weer lekker naar huis. Naar hun kinderen met wie ze gezellig mee naar voetbal kunnen in het weekend. En jij zit binnen. Waarom kunnen wij nooit samen ergens heen?

Wilders kan dat toch ook? Ja, tuurlijk is Wim verantwoordelijk voor al deze ellende, maar justitie had al jaren geleden kunnen besluiten die ellende te verzachten. Zij weten precies wat ze doen. Zij zijn de overheid, geen stelletje kleine kinderen. Zal ik jou eens wat zeggen, As? Wim hoeft je niet eens te vermoorden. Je bent al dood. Justitie heeft jou levend begraven. Maar ik ga je nu hangen, want ik heb hier geen zin in.' Rich hangt op.

Ik ben helemaal van slag.

Sonja legt haar hand op de mijne. 'Hij heeft wel gelijk, As.'

'Ik weet het. Het is voor die kinderen ook niet te begrijpen. Maar misschien gaat er iets veranderen. Hij is nu net keihard veroordeeld voor "wie praat, die gaat". De rechtbank zegt heel duidelijk dat zijn slachtoffers in aanloop naar het moment dat ze vermoord werden allemaal hebben voorspeld dat Wim ze zou laten ombrengen. En dat zeggen wij ook al vanaf het eerste gesprek. Nu horen ze het van een rechter. Misschien verandert dat iets.'

'Ik hoop het. Maar As, er zit al een tijdje een auto achter ons, zie je hem? Neem de volgende afslag maar.'

Ik neem de afslag en kijk in mijn spiegel. 'Hij rijdt niet mee, Son. Hij gaat rechtdoor. Ik draai terug.'

Als we de praktijk van haar dokter naderen, wijst Sonja naar een geparkeerde auto rechts voor ons. 'Daar.'

Ik vertraag zodat we kunnen zien of er iemand in de auto zit.

'Nee, is niks. Leek zo,' zegt ze.

We rijden langzaam verder en werpen een blik in alle auto's in de omgeving. We zien niks vreemds, dus ik zet Sonja af en ga even de buurt uit tot ik haar voor de deur weer kan ophalen.

'En?' vraag ik als ze weer bij me in de auto stapt.

'Stress, zegt de dokter.'

Ik begin te lachen. 'Had je iets anders verwacht dan?'
'Ja, lach maar.'
Ik begin nog harder te lachen. 'Kom op, zus, we gaan even zelf de slingers ophangen. Waar wil je heen? Even wandelen op Schiphol? Ons gebruikelijke rondje? Of rijden we door naar Parijs en komen we nooit meer terug?'
'Liefst naar Parijs, maar ik moet mama nog eten voor vanavond brengen.'

JULI 2019

Rich – Hij mist je

Ik heb de hele nacht liggen draaien en geen oog dichtgedaan. Het telefoongesprek met Rich spookte de hele tijd door mijn hoofd. Gelukkig spreek ik Iris, mijn therapeute, vandaag via Zoom.

'Hij mist je. Dat is wat hij zegt,' legt Iris uit.

'Maar hij weet waar we het voor doen,' zeg ik.

'Maar dat is voor hem niet genoeg. Hij moet jou missen. En het contact met jou is voor hem belangrijker dan de strafzaak tegen zijn oom.'

'Dat snap ik. Vanuit zijn perspectief, dan. Maar de belangen zijn groter dan alleen hij en ik. Het gaat om het leven van zijn moeder. De dood van zijn vader.'

'Maar klopt het ook wat hij zegt?'

'Wat?'

'Dat je niet beveiligd wordt?'

'Ja.'

'Nog steeds niet? Dus al die keren dat je hier bent geweest, kwam je weer zonder beveiliging?'

'Ja.'

'Jeetje, wat slordig van mij. Ik dacht dat je inmiddels beveiligd werd.'

'Word ik niet, maar maak je geen zorgen, ik zorg dat ik veilig aankom. Voor mezelf, maar vooral voor jou.'

'Ik maak me geen zorgen, maar ik vind het een vervelende gedachte dat je hier eigenlijk zo voor de deur neergeknald had kunnen worden.'

'Nee, dat gebeurt niet, want niemand weet waar ik vandaan kom, waar ik heen ga of hoe ik eruitzie. En als ze dat al weten, dan zie ik dat onderweg hiernaartoe. Daarom doe ik over een afstand van honderd kilometer geen uur, maar twee uur. Altijd. Waar ik ook heen ga. En gelukkig kan nu veel via Zoom. Dat scheelt een hoop kilometers.'

'Dat begrijp ik. Maar justitie zorgt dus nog steeds niet voor beveiliging?'

'Nee, dat krijg ik alleen als ze zeker weten dat er een aanslag op mijn leven is beraamd.'

'Hoe weten ze dat dan? Dat gaan die boeven ze toch niet van tevoren vertellen?'

'Haha, nee natuurlijk niet, het kaliber criminelen dat liquidaties laat uitvoeren, loopt daar niet mee te koop. Dus de kans dat ik om die reden beveiliging krijg is uiterst klein, of te laat. Maar het gebeurt weleens dat er informatie uitlekt via lagere regionen van een organisatie. Of via een andere organisatie. Dus justitie hoort weleens dat er mogelijk iets speelt. En dat komt beveiliging dan vertellen.'

'En dan?'

'Dan gaan ze weer weg.'

'Niet waar! Serieus? Dat kan toch niet?'

'Zo gaat het.'

'En wat doe je dan?'

'Hopen dat het meevalt.'

'Dit lijkt wel een soap.'

'Zo gaat het.'

'Maar ik heb beelden gezien waar jij met een hele dikke auto de Bunker in werd gereden. Of zat jij daar niet in?'

'Jawel, maar als we moeten getuigen worden we wél beveiligd.'

'Dan wel?'

'Ja, want dan weet iedereen dat ik op dat moment bij de rechtbank ben. Als ik daar dan zonder beveiliging heen ga, is het een open uitnodiging aan een schutter. Daar wil justitie niet verantwoordelijk voor zijn. Zo gaan ze met getuigen om. Ik weet eerlijk gezegd niet wie me nou meer stress bezorgt: Wim of justitie.'

'De situatie met Wim had je verwacht. Die met de overheid niet. Begrijp jij dat ik als leek niets van die opstelling van justitie begrijp?'

'Ja, dat snap ik. Het is ook heel heftig. Toen we er in 2015 aan begonnen, beloofden ze passende veiligheidsmaatregelen te nemen. Maar tot nu toe doen ze nog steeds niets waardoor ik een beetje een normaal leven zou kunnen leiden. We passen niet in het systeem, dus vallen we tussen wal en schip en mogen we verzuipen.'

'Dat is onbetrouwbaar.'

'Nogal. In de afgelopen jaren is mij nog geen dag beveiliging aangeboden.'

'En dat doet je zeer.'

'Ja. Ik was graag eens onbezorgd een dag met mijn kleinkinderen naar een speeltuin gegaan.'

'Je hebt een hoop gemist.'

'Ja, en dat krijg ik nooit meer terug. Maar het ergste is dat ik maar niet kan begrijpen waarom ze ons dit aandoen. Ik kan er echt met mijn hoofd niet bij. We hebben alleen maar geholpen. En ze erkennen dat we levensgevaar lopen, maar ze doen vervolgens niets. Laten ons aan ons lot over. Ik kan het maar niet begrijpen...'

'Je praat niet met mensen, maar tegen een systeem.'

'Ja, dat is zo. En het systeem praat niet terug. Het heeft geen ziel. Geen hart. Voelt niet mee. Voelt zich niet verantwoordelijk. Het vreet aan me, elke dag, maar er valt niet tegen te vechten.'

'Heb je het opgegeven?'

'Ja, ik kan daar niet tegen op. Maar genoeg hierover, het is niet anders. Terug naar Rich.'

'Ja. Weten de kinderen hoe jullie verhouding met justitie is?'

'Nee, want daar praat ik zo min mogelijk over,' zeg ik.

'Maar Rich voelt dit natuurlijk ook allemaal. Alle onmogelijkheden waar je voor staat.'

'Tuurlijk. Alle kinderen voelen het, maar ze weten niet wat er allemaal speelt. Ik wil ze daar ook niet mee belasten. En ik schaam me ervoor. Dat ik zo naïef ben geweest.'

'Maar zij merken toch als geen ander de uitwerking van het leven dat je nu leidt? Je kunt nergens met ze naartoe.'

'Ja, dat klopt.'

'Dan belast je ze toch?' vraagt Iris.

'Ja, maar ik heb geen keus, Iris. Ik kan de opstelling van de overheid niet veranderen. Ik probeer dat al jaren, maar ik loop alleen maar tegen een muur aan. Dat is wat mij ook zo deprimeert. Ik zit volledig klem. Laten we er maar over ophouden, ik voel het maagzuur alweer branden in mijn keel als ik het erover heb. Ik word er ziek van. Echt fysiek ziek.'

'Sorry, het is niet mijn bedoeling het je nog moeilijker te maken,' verontschuldigt ze zich.

'Ik wil het wel uitschreeuwen, maar dan speel ik Wim in de kaart. Als hij weet hoe het echt zit, lig ik zo op de grond. Ik kan daar beter niets over zeggen. En dat weet justitie ook. We staan schaakmat.'

'En dat slaat naar binnen. Je lichaam in.'

'Precies. Alsof ik geen lucht meer krijg. We houden erover op.'

'Ja. Even over Rich nog. Probeer wat tijd met hem door te brengen.'

'Nee, dat gaat niet. Ik hou van hem, maar ik neem geen enkel risico.'

'Is hij een risico?' vraagt ze.

'Ja.'

'Waarom?'

'Hij drinkt.'

'Oké. Nou, spreken we elkaar volgende week weer, Astrid?'

'Dat is goed. Ik bel je dezelfde tijd.'

Ik hang op.

Meer tijd met Rich doorbrengen. Jammer, maar dat gaat niet.

AUGUSTUS 2019

Rich – Een vriend van je vader

Rich belt. 'Hoe gaat het, As?'

'Goed. Jij?'

'Ja goed, ik was gisteren nog uit eten. En wat ik nou weer meemaakte...'

'Wat dan?'

Rich vertelt. 'Nou, gisteravond ging ik uit eten met mijn vrienden. Zij zitten achterin aan een tafel en ik loop naar ze toe. Word ik halverwege de zaak tegengehouden door een wat oudere man. Hij pakt me bij mijn schouders, bekijkt me van onder tot boven en hij begint tegen me te praten: "Zeg me dat het niet waar is! Potverdomme! Niet te geloven. Ik schrok me de pleuris, ik dacht heel even dat ik je vader aan zag komen lopen. Jongen, wat lijk jij op die ouwe van je. Man, man, man, hoe gaat het met je? Wat heb ik jou lang niet gezien. Je bent een hele vent geworden. Je was nog maar een ukkepuk toen ik je voor het laatst zag. Weet je nog wie ik ben?" Maar ik wist het niet, dus ik zeg: "Nee sorry geen idee." Stelt hij zich voor als Klaas, een vriend van papa.'

'Oké, en toen?' zeg ik.

'Toen begon hij te vertellen. "Ik zie jou nog zo binnenkomen in de bezoekzaal. Je had altijd een enorme bos sleutels bij je en dan tilde je vader je in de lucht en riep: 'We hebben de sleutel, wie wil er naar buiten!' En dan lag de hele zaal plat. Ik heb zo'n lol gehad met je vader. Kom even zitten, jongen." Maar ik wilde naar mijn vrienden, dus ik zeg: nee, dank je. Maar hij duwt me naast hem neer op een kruk aan de bar en zegt: "Jawel, je komt gewoon effe gezellig bij me zitten. Neem een biertje van mij." En hij roept heel hard: "Barman, een Heineken voor de jonge Cor van Hout!"

Ondertussen zie ik mijn vrienden kijken van wat doe jij nou, en ik gebaar ze dat ik er zo aan kom. Want die man bleef doorlullen. "Ik heb zo'n mooie tijd met je vader gehad. Zo gelachen. Wat jouw vader allemaal flikte. Laat me je vertellen. Blijf even gezellig zitten. Luister, dit moet je horen, over die ouwe van je. Wereldgozer was het. Echt waar. Ben ik met hem uit eten, komt er een vriend van hem binnen. Loopt helemaal met zijn borst vooruit. Armen wijd, trots als een pauw op zijn splinternieuwe jas. Cor wenkt hem. Ga zitten, vriend, eet mee. Hij gaat bij ons zitten. Vraagt-ie aan Cor: 'En, wat vind je van mijn nieuwe jas?'

'Mooi, hoor. Heeft wat gekost, zeker?' zegt Cor.

'Vijftienhonderd gulden.'

'Poeh, vijftien meier. Je kan wel zien, geen geld maar wel spullen,' zegt Cor.

Terwijl we gezellig zitten te eten moet die gozer naar de wc. Op het moment dat die gozer op de plee zit, knipt Cor de mouwen van zijn nieuwe jasje af. Als we klaar zijn met eten en zuipen en iedereen weggaat, trekt die gozer zijn jasje aan en komt erachter dat ze mouwen eraf zijn! Hahahaha! Je had zijn gezicht moeten zien! Iedereen lag onder de tafel van het lachen. Die man kon wel huilen. Maar Cor had al vijfentwintighonderd gulden in zijn jaszak gedaan. Kon die gozer een nieuwe jas kopen, plus een mazzeltje erbij. Dat was je vader, jongen. Zo'n fijne man. En wat lijk je op hem. Twee druppels water. Neem nog een biertje. Barman, twee Heineken hier!"

Maar ik zeg: "Nee, ik moet nu echt naar mijn vrienden."

"Ach jongen, alsjeblieft. Eén biertje nog." Dus ik denk: nou, vooruit dan maar. De barman zet het bier voor ons neer en hij zegt: "Proost jongen, op je vader."

"Proost," zeg ik, en ik drink het glas in één teug leeg en sta gelijk op. "Zo, nu ga ik echt naar mijn vrienden. Leuk je gezien te hebben, Klaas."

"Wederzijds jongen, wederzijds," zegt hij als ik bij hem wegloop.

Goed, As, ik heb verder een gezellige avond, en één biertje werden er acht, bier werd wijn, wijn werd wodka en zo ging het de hele nacht door. Dus het werd nogal laat. Maar om halfzes gaat alweer de wekker en om zeven uur begint mijn eerste les. Ik denk dat ik twee uurtjes heb geslapen en ik kleed me snel aan en loop om kwart voor zeven de sportschool binnen. Mijn hoofd knalt bijna uit elkaar. Ik moet eerst koffie hebben en ik pak een dubbele espresso uit het koffieapparaat. Ik neem een slok en doe nog even mijn ogen dicht. Als ik ze opendoe, staat die Klaas ineens weer naast me en vraagt: "Laat geworden vannacht, jongen?"

Ik schrik ervan, maar laat niks merken en zeg: "Nogal."

Dan pakt hij een zakje uit zijn buideltas en gooit het in mijn koffie. "Hier, dit is Ascal, roeren en opdrinken. Dit nam je vader ook altijd tegen de kater."

Ik drink de koffie op.

"Goed zo. Nu ga je je snel beter voelen. Bikkel, hoor, toch trainen. 's Nachts een man, overdag een man. Net als je vader," zegt hij.

"Ik ga niet trainen. Ik moet zo lesgeven."

"Lesgeven?" vraagt hij.

"Ja, ik ben personal trainer."

Begint hij te lachen en fluistert dan heel serieus. "Ja, ik ook. Maar eeeuuhh, wat doe je zoal, jongen? Hasj, coke?"

"Ik doe niks," zeg ik. "Ik ben echt personal trainer. O, daar is mijn klant."

Als ik wil weglopen, houdt die Klaas me weer tegen. "Wacht even," zegt-ie. "Weet dat jij altijd bij me terecht ken, jongen. Hier heb je mijn nummer. Voor de zoon van Cor hebben we altijd wel wat te doen."

Toen ging hij weg. Ik zag hem nog in zijn auto stappen.'

'Wat voor auto?' vraag ik. 'Heb je het kenteken?'

'BMW. Nee, geen kenteken.'

'Heb je mama al gevraagd wie het is?'

'Nee. Maar weet jij of papa vroeger Ascal tegen een kater nam?'

'Ja, dat nam hij. Wacht, we voegen mama toe aan het gesprek.' Ik bel Sonja en ze neemt op.

'Hé mam,' zegt Rich. 'Ken jij ene Klaas? Hij zegt dat hij papa kent.'

'Dat zeggen ze allemaal, Rich. Heb je een foto?' vraagt Sonja.

'Nee.'

'Moet hij iets van je?'

'Nee.'

'Waarom vraag je het dan?'

'Zomaar.'

'Rich, pas op, hè,' zegt Sonja bezorgd.

'Ja, ma. Ik ben geen klein kind meer.'

'Weet ik, maar toch…'

'Ja, mam. Ik moet weer verder. Ik spreek jullie later.'

Rich hangt op, Sonja blijft aan de lijn.

'Weer een die zegt dat hij Cor kent. Ik word daar zo moe van,' zegt ze.

'Jij weet niet wie die Klaas is?' vraag ik.

'Nee. Maar wat moet die vent bij Rich in de buurt? Ik heb er een slecht gevoel bij. Probeer of Rich jou wat meer vertelt.'

'Ja, maar ik ga er niet gelijk weer over beginnen, dan weet hij dat ik hem van jou moet uithoren.'

'Nee, rustig aan. Maar misschien wordt die Klaas wel gestuurd om Rich uit te horen over ons.'

'Dat kan.'

Alles kan, want niets is wat het lijkt bij onderwereldfiguren. Ze hebben altijd een eigen agenda en spelen dubbelspel als het ze uitkomt. Dat hebben wij geleerd van de beste in dat spelletje: Wim. De kunst is die dubbele agenda te ontdekken voordat het te laat is. Waarom klampt deze man Rich aan? Waar is hij op uit? En de belangrijkste vraag: voor wie doet hij dat? De kinderen weten dat ze moeten oppassen. Maar ze kennen Wim niet zoals wij hem kennen, en herkennen de signalen zelfs nog niet eens als wij erover struikelen. Daarom is het zo belangrijk dat we de lijnen met ze openhouden, dat ze ons alles vertellen. Zodat wij op de achtergrond over ze kunnen waken.

SEPTEMBER 2019

Op zoek naar woonruimte

Sinds ik uit mijn appartement ben vertrokken, slaap ik bij Sonja. Ik ben al uren klaarwakker, Sonja ligt nog te slapen. Zij heeft een ander slaapritme dan ik en ik probeer me zo veel mogelijk aan haar aan te passen, maar ik kan het niet helpen dat ik 's nachts zo vaak en 's morgens zo vroeg wakker ben.

'Ben je weer aan het spoken?' roept ze vanuit haar slaapkamer.

'Ja,' zeg ik, en ik ga naast haar op bed liggen.

'Heb jij Ronald nog gehoord over jouw appartement?' vraagt Sonja.

'Nee, wel van Getuigenbescherming. Ze zeggen dat ik er zelf voor gekozen heb niet in een getuigenbeschermingsprogramma te gaan. Dus gaan ze niks doen. Ik moet zelf maar wat zien te vinden. Bewaken en Beveiligen heeft nog geprobeerd me te helpen, maar de verhuurder werd achterdochtig wie er kwam wonen en haakte af.'

'O, lekker dan. Nou ja, dan blijf je bij mij.'

'Nee. Wij samen op hetzelfde adres is niet ideaal. En ik zit hier alweer een tijdje. Ik heb een paar appartementen op Funda gevonden. We moeten maar gaan kijken of het wat is.'

'Waar wil je als eerste heen?' vraagt Sonja.
'Een appartement in Huizen.'

Voordat we van huis vertrekken, kijkt Sonja de camera's uit of er 's nachts iemand een gps-tracker onder haar auto heeft geplaatst. Er is niets te zien. Maar dat zegt niet alles. We rijden naar een parkeerplaats een paar kilometer verderop.

'Ik kruip er voor de zekerheid nog even onder. Als we naar nieuwe locaties gaan kijken, moeten we wel zorgen dat ze schoon blijven. Blijf jij maar zitten,' zegt ze, en ze stapt uit de auto.

Ik blijf zitten.

'Geen tracker te zien,' zegt Sonja, en ze stapt weer in.

'Achter je kentekenplaat?'

'Gekeken. Ook niks.'

'Oké, dan gaan we, Son.'

Dagen rijden we rond om woonruimte te vinden, maar overal vragen ze me het hemd van het lijf. Ik moet paspoort, loonstroken en bankgegevens verstrekken. Maar als ik dat doe, dan woon ik gegarandeerd niet anoniem.

Uiteindelijk vind ik ergens een studio waarvan de eigenaar niet geïnteresseerd is in mijn naam, als ik maar vooruitbetaal. Na een week moet ik daar weer weg. Het blijkt dat de eigenaar geen honden in het appartement toestaat. Ik probeer hem ervan te overtuigen dat Abbey niet echt een hond is, omdat ze kleiner is dan een kat en in haar gedrag meer een mens dan een dier. Hij gaat bijna overstag, maar ik verlies de discussie op het moment dat Abbey in zijn broekspijpen hangt omdat hij iets te dicht bij me komt staan.

Samen met Sonja zoek ik verder, maar door de hoeveelheid gegevens die ik moet overleggen, lukt het me niet om ergens iets te huren. Ik moet iemand in vertrouwen nemen die het namens mij wil doen. Maar wie? Mijn neefjes en nichtjes hebben ook een bekende achternaam, en de naam van mijn dochter trekt al helemaal de aandacht. Wie dan? Met wie durf ik het aan om mijn woonadres te delen, mijn kwetsbaarste plek? Met niemand, eerlijk gezegd. Want het klinkt heel lullig, maar een verrader komt meestal uit eigen kring.

Na weken zoeken en wat gegoochel met namen vind ik toch wat en ik betrek een appartement met voldoende ruimte om het niet benauwd te krijgen als ik voor langere tijd binnen zit. Het ligt in een drukke winkelstraat waar veel camera's hangen.

Ik woon er fijn. Het beste aan het appartement is dat ik aan de achterkant een terras heb om buiten te zitten. Ideaal om mijn vitamine D op peil te houden. En ik heb er mijn eigen trainingsruimte ingericht.

Ik ben onderweg naar mijn appartement als Miljuschka belt. 'Mam, wat is er aan de hand? Ik kan jou en Sonja niet bereiken. En ik zie de snelweg vol met sirenes. Ben je oké?'

'Ja.'

'Oké, maakte me zorgen. Waarom neem je dan niet op?'

'Ik heb je niet gehoord. O sorry, ik zie dat mijn telefoon op stil staat. Geen idee hoe ik dat nou weer heb gedaan.'

'Al goed. Maar blijf alsjeblieft bereikbaar.'

'Ja, sorry. Ik parkeer even in, blijf aan de lijn. Ha! Een mooi plekje voor de deur. Ik sta. Ik stap nu de auto uit. Ik ben er.'

'Ben je binnen?'

'Yes!'

'Fijn. Wat ga je doen vandaag?' vraagt Miljuschka.

'Ik ga zo sparren met Bob.'

'Wie is Bob?'

'Mijn trainingsmaatje.'

'Oké... En die komt bij jou op jouw geheime locatie? Weet hij wie je bent?' vraagt ze verbaasd.

'Jazeker.'

'Mam, je gaat toch geen vreemde binnenlaten? Heb je hem laten screenen?' fluistert ze door de telefoon.

'Het is een prima vent, hoor. Ik zal je even voorstellen,' zeg ik.

Ik loop naar mijn trainingsruimte en ondertussen vertel ik haar dat Bob geen vlieg kwaad doet. 'Bob, mag ik je even voorstellen, dit is mijn dochter.' Ik leg mijn armen om Bobs brede schouders en breng onze gezichten in beeld.

'Heel grappig, mam.'

'Hahaha, vind ik ook.'

'Goh, wat ben jij kinderachtig! Zo'n flauwe grap dit.'

'Ja, leuk hè! Ik vind hem zelf ook lekker flauw, hahaha.'

'Nee, niet leuk. Ik raakte helemaal in de stress. Nou, ben je uitgelachen?'

'Nee, ik ga nog even door,' antwoord ik lachend.

'Oké, dan bel ik je later wel, als je weer normaal kan doen. Dag mam!'

'Mil, wacht!' schreeuw ik door de telefoon.

'Ja, wat is er?'

'Zeg Bob ook even netjes gedag.'

'Ja, doei mam.'

Bob is mijn bokspop. In hem heb ik eindelijk de man gevonden naar wie ik al mijn hele leven op zoek ben. Hij is de rust zelve en kan tegen een stootje. Ik geef hem een aai over zijn bol en loop naar boven.

In de woning naast me is muziek te horen. De buren geven een feest en een aantal gasten zit buiten op hun dakterras. Ik ga ook op mijn dakterras zitten en luister naar het ontkurken van flessen, het gekletter van bestek op borden en het geroezemoes van mensen. Onzichtbaar voor de feestgangers aan de andere kant, ga ik wat dichter bij de schutting zitten en laad me op aan de menselijke warmte. Heerlijk. Ik wil meer, kruip zo dicht mogelijk tegen de schutting aan, doe mijn ogen dicht en geniet. Ik kan nu zelfs de gesprekken volgen. Ik hoor een dame praten over de mate van elasticiteit in de ceintuur van haar jurk. Die is 'niet fijn' en in de volgende tien zinnen zegt ze nog twintig keer 'niet fijn'. Tussendoor reageert haar gesprekspartner vier keer met een overdreven 'Wat erg!', waarvan drie keer op een volledig verkeerd moment. Het is gênant. Ik schuif mijn stoel een meter verder langs de schutting, weg van het gesprek over de elasticiteit van de ceintuur, en kom terecht in een dodelijk saai gesprek over het weer en hoe lekker het toastje met eiersalade is. Ik voel de energie weer uit me lopen. Op dit soort momenten vind ik het relatieve isolement waar ik in zit zo slecht nog niet. Ik sta op, pak een bak koffie en ga naast Bob zitten.

OKTOBER 2019

Mama – Boodschappen

Ik bel Sonja. ‘Hé Son, wat ga je doen vandaag?’

‘Ik moet naar mama. Ik heb haar medicijnen bij de apotheek opgehaald. Die heeft ze vandaag nodig. Maar ik heb een slechte dag vandaag. Ik zag gisteren weer een rare gozer voor haar deur. Ik vind het toch een lastige plek, hoor.’

‘Oké. Ik rij er ook heen. Kijken of ik niks geks zie. Bel me en hou me aan de lijn.’

Twintig minuten later belt Sonja. ‘Kust veilig?’

‘Ja. Kom maar, Son.’

‘Oké… Dan stap ik nu uit… Ik ga nu de deur door… Ik ben bij mama.’

‘Zet me op speaker, Son. Hai mam, heb je nog wat nodig?’ roep ik door de telefoon.

‘Mijn wc-papier is bijna op,’ hoor ik mijn moeder op de achtergrond zeggen.

‘App maar een lijstje van wat je wil dat ik haal. Hoe lang ben je bezig, Son?’

‘Zeker vier uur. Ik moet haar hele huis doen. En strijken. Nee, ik neem het strijkgoed wel mee naar huis, doe maar drie uur.’

‘Oké. Bel me een uur van tevoren. Ga ik nu wc-papier halen.’

Ik reken uit: drie uur, dus als ik een winkelcentrum drie kwartier verderop pak, heb ik een uur voor de boodschappen, drie kwartier weer terug en dan heb ik nog een halfuurtje speling.

Toen mama nog in de Jordaan woonde, deed ze zelf haar boodschappen bij de kleine Turkse supermarkt aan de overkant. Wij hielden ons hart vast als ze alleen, wiebelend achter haar rollator, de weg overstak. Maar het was haar niet uit haar hoofd te praten. Ze hield vast aan haar zelfstandigheid. Totdat ze met het wiel van haar rollator tussen de tramrails kwam en viel. Vanaf dat moment brachten wij haar de boodschappen of deden haar buren dat voor haar. Maar met de buren waar ze nu woont, wil ze nauwelijks contact. Sinds ze lieten doorschemeren te weten wie haar zoon is, houdt ze de deur voor hen dicht. Dus zorgen wij – 'haar meiden' – voor haar. Francis, die als een dochter voor mama is, gaat elke dag. Ze ruimt haar huis op, doet de boodschappen en kookt. Nora, haar dochter, helpt mee. Zo klein als ze is, klimt ze op het aanrecht, pakt de boter en smeert haar brood, omdat mijn moeder dat met haar kromme reumavingers nog maar moeilijk kan. Ze brengt haar drinken en legt haar keer op keer geduldig uit hoe die rottelefoon werkt. Sonja gaat bijna elke dag, ze doet de was, maakt haar huis schoon en vaak eten ze samen. Miljuschka gaat gezellig op visite en brengt de taarten mee die ze heeft gebakken en oma wil laten proeven. Ik kom wanneer ik kan en blijf dan vaak een paar nachten slapen, zodat ik de deur niet in en uit hoef.

Naast dat we haar verzorgen, zijn we ook haar sociale leven. We bellen haar de hele dag door. Ze begint en eindigt de dag met 'haar meiden'. We vragen haar hoe ze geslapen heeft. Vertellen haar wat we aan het doen zijn en zeggen haar welterusten. Ze wordt overal bij betrokken. Van haar kleinkinderen naar school brengen tot de was doen. Overal krijgt ze foto's van. We delen allemaal een ander aspect van ons leven met haar. Samen met Nora belt Francis oma elke ochtend op weg naar school en haar werk. Sonja heeft het met haar over de dagelijkse huishoudelijke dingen. Miljuschka belt altijd na een optreden. Ik deel met haar onze liefde voor sport, dieren en alles wat er in de wereld gebeurt. Ik betrek haar bij het schrijven. Laat haar alles lezen en vraag haar om advies. We verheugen ons allebei op internationale toernooien, het maakt niet uit in welke sport. De Tour de France, Olympische Spelen... En we huilen allebei zodra het volkslied begint. Zo laten we mama onze dagen op afstand meebeleven. We doen zo veel mogelijk met haar, al vervangt het niet de vanzelfsprekendheid van de contacten die ze in de Jordaan had. Ze mist haar buren, maar vraagt ze niet op visite, omdat ze niet wil dat haar nieuwe adres bij Wim bekend wordt. Alleen haar inner circle weet waar ze nu woont. Zelf doet ze er heel luchtig over.

'Het is niet anders, As. Ik kan moeilijk blijven wonen waar hij weet dat ik woon.'

Toch is het voor haar ook aanpassen.

In de XL-supermarkt sla ik meteen een voorraad voor mezelf en voor Sonja in. Bonen, aardappelen; alles wat lang houdbaar is en waar ik lange tijd mee vooruit kan, gooi ik in de boodschappenkar.

Drie uur later sta ik op de uitkijk en kan Sonja veilig haar auto weer in. Bij de molen laden we de boodschappen over in haar auto.

'Die voor mama breng ik naar Fran,' zegt Sonja. 'Zij brengt ze morgen naar haar toe. Ik wil daar vandaag niet nog een keer voor de deur staan.'

'Ja. Beter. Kom op, we gaan rijden. Zet je telefoon aan.'

Ik houd Sonja aan de lijn tot ze in haar huis is. En zij houdt mij aan de lijn tot ik thuis binnen ben. Als er van de auto tot in huis iets gebeurt, zijn we daar in elk geval bij elkaar live getuigen van. Het geeft ons een veilig gevoel. We moeten van Bewaken en Beveiligen 112 bellen als er gevaar dreigt, maar ik heb al eerder meegemaakt dat dat niet werkt als je in een stressvolle situatie terechtkomt. Dus bellen wij elkaar; als er dan iets is, horen we dat meteen en kunnen we voor elkaar 112 bellen.

Eenmaal thuis ben ik moe. Ik ga voor de verandering vroeg naar bed, maar kan de slaap niet vatten. Om halftwaalf krijg ik een bericht. Gelukkig, afleiding. Het is Rich. Hij stuurt een selfie van zichzelf en een vent in een roze blouse.

R: Ken je hem? Henk Rood.
A: Nope.
R: Westerstraat, Jordaan.
A: Geen idee.
R: Oké. Hij heeft alles van me vader geleerd. Hij was de grootste daarna. Maar dacht je kent hem wel.
A: Nee.
R: Oké. Morgen lunchen?
A: Ik kan niet. Maar ik hou wel heel veel van je.
R: Hahaha. Dat is mooi. Andersom ook.

Ik voel me lullig. Ik kan wel, maar ik wil nergens met hem heen. Ik hou van Rich, maar vertrouwen doe ik hem niet. Hij weet niets van mij, niet waar ik woon en niet wat ik op een dag doe. Sinds hij te vaak te veel drinkt, ga ik niet meer op een afspraak met hem. Door de drank weet hij de volgende dag vaak niet meer wat hij heeft gedaan, laat staan dat hij nog weet wat hij heeft gezegd. Wat hij aan wie heeft verteld. Het klinkt onaardig, maar voor mij is hij een risico. Dus kan ik alleen op afstand over hem waken.

Ik stuur zijn apps door naar Sonja.

Ze appt terug.

S: Wie is dat nou weer? Ik word zo moe van die jongen. Dat wordt weer de hele nacht wakker liggen.

A: Ja, ik ga proberen te slapen, Son. Maar dan weet je waar hij uithangt.

NOVEMBER 2019

Rich – Kleine Cor

Ik spreek Ronald.

'Ik wil je vragen om toch vooral te blijven melden als je iets ziet,' zegt hij.

'Weet je de laatste keer nog dat ik dat gedaan heb, Ronald? Dat is me toen niet goed bevallen.'

Ik was die dag aan het verhuizen omdat er een oud-cliënt van mij in de flat bleek te wonen. Voor mijn deur zat er een vent in een auto, die daar maar bleef zitten en niet uitstapte. Ik vertrouwde het niet en belde Bewaken en Beveiligen. Ik kreeg te horen dat 'het niet goed was', maar dat ze niet konden zeggen of het voor mij bedoeld was. En dat was het dan. Succes ermee. Daar zakte mijn broek van af. Waarom moet ik iets melden als er toch niks mee gedaan wordt?

'Astrid, het is belangrijk dat we voorverkenningen in een vroeg stadium onderkennen,' benadrukt Ronald.

'Ronald, die keer maakte ik me echt zorgen. Ik moest naar buiten, maar jullie deden niks.'

Ik heb toen maar een pruik en een pet opgezet en ben zo naar beneden gegaan. Daar stond een gozer in de hal. Met een bomberjack en een ijsmuts tot op zijn ogen. Dat was raar, want het was bloedheet die dag. Ik denk wel vijfentwintig graden. En hij hield iets met zijn rechterhand links onder zijn jas. Hij was helemaal gefixeerd op iedereen die langsliep. Ik ben er zo ontspannen mogelijk langsgelopen. Maar mijn hart klopte in mijn keel. Ik heb meteen over die gast met die ijsmuts gebeld.

'Maar ik heb er niks meer over gehoord, Ronald. Niets. Nooit meer. Waarom moet ik dan melden?'

'Astrid, hoe vaker we verdachte situaties registreren, des te groter de kans dat we in een vroeg stadium weten of er iets niet klopt.'

'Ja, achteraf. Als het net zoals bij Derk Wiersum al gebeurd is.'

'Niet alleen achteraf.'

'Maar Ronald, volgens jullie is alles altijd in orde zolang de auto maar niet gestolen is en de bestuurder geen strafblad heeft. Dat begrijpen wij niet. Denk je nou echt dat een slimme spotter de omgeving in kaart brengt in een gestolen auto? Waarom zou hij? Hij doet "toch niks verkeerd", hij rijdt een beetje, kijkt een beetje. Dat mag toch? Als hij dat met een gestolen auto zou doen, kan hij net zo goed een uithangbord op zijn dak zetten. Het is een beetje arrogant te denken dat alle boeven zo stom zijn.'

'Toch blijft melden belangrijk. Zicht krijgen gaat niet van vandaag op morgen. Maar in de loop van de tijd gaan we misschien toch dingen zien en dan kunnen we verbanden gaan leggen.'

'Als jij het zegt, dan ga ik dat doen. Maar ik vraag me af of het wat oplevert.'

Ik heb er in elk geval niet veel vertrouwen in. Er zit een groot gat tussen de manier waarop justitie naar de onderwereld kijkt en hoe wij die zien. Als wij uitleggen wat Wim gaat doen, dan is dat 'slechts een voorspelling' waar zij niets mee kunnen. Voor hen moet het op iemands voorhoofd geschreven staan wat hij gaat doen en dan komen ze pas in actie. Dan kúnnen ze pas in actie komen, want het zijn niet de mensen die niet willen, maar de regels waardoor ze het niet kunnen en die mensen zoals Wim op voorsprong zetten. Ronald en zijn afdeling staan gewoon machteloos. Ze zouden veel meer opsporingsbevoegdheden moeten hebben om goed te kunnen zorgen voor hun te beveiligen personen. Die bevoegdheden hebben ze niet. Maar volgens Ronald ziet de wereld er anders uit dan toen wij in 2013 begonnen met getuigen. Door de moord op de broer van de kroongetuige in het Marengo-proces en zijn advocaat Derk Wiersum bemoeit de politiek zich ermee.

'Er is een nieuw bewustzijn,' zegt Ronald. 'De opstelling naar de te beveiligen personen is aan het veranderen.'

Ik ben benieuwd. Maar het is intens triest dat de aanleiding daarvoor is gelegen in de dood van twee onschuldige mensen. Dat had nooit mogen gebeuren.

Het is nog net voor middernacht als ik de tv uitzet. Ik ga zo mijn bed in en sta mijn tanden te poetsen als mijn moeder appt.

M: As, mijn telefoon doet het weer niet.
A: Hoe kan dat nou?
M: Er staat 'niet verbinden'.
A: Je kan wel appen?
M: Dat wel, want dat doe ik toch nu?
A: Kan je opnemen als ik je bel?

Ik bel haar, maar ze neemt niet op.

Ik bel Sonja. 'Son, mama neemt niet op. Ze appt dat haar telefoon het niet doet.'

'Ze heeft natuurlijk weer met die grote vingers overal op lopen drukken.'

'Kun jij erheen?'

'Zal wel moeten, As. Ik lag al te slapen.'

'Ze kan de nacht niet in zonder dat ze ons kan bellen.'

'Nee, natuurlijk niet.'

'Oké. Moet ik naar je toe rijden, dat we samen gaan?'

'Nee, we blijven wel aan de lijn.'

Even later belt Sonja terug. 'Ik ga nu naar buiten... Zit in de auto... Ik ga nu de flat van mama binnen.'

'Zet me op speaker.'

'Mam, ik ben er!' hoor ik Sonja schreeuwen.

'Hai mam, ik ook!' roep ik door de telefoon.

'Hé Son, hé As. Ik word gek van dat rotding,' zucht mijn moeder.

'Geef maar hier. Je moet ook niet overal op drukken, mam,' zegt Sonja geërgerd.

'Heb ik niet gedaan, Son! As, ik heb nergens aangezeten.'

'Het gaat niet vanzelf, moeders,' antwoord ik.

'Hier, mam, hij doet het weer.'

'O, fijn. Dank je, Son. Vervelend dat je nou weer dat hele end terug moet.'

'Maakt niet uit, verschoon ik gelijk even de kattenbak. Wat wil je morgen eten? Dan haal ik wat.'

'Och, kind, ik vind het zo moeilijk. Doe maar weer andijviestamppot.'

'Waarom neem je niet een keer roti of zo? Dat vond je vroeger zo lekker,' zeg ik.

'Ja, dat kan ik best wel weer eens doen. Doe dat dan maar, Son.'

'Oké. As, ik ben klaar hier. Ik loop nu de deur uit. Slaap lekker, mam,' zegt Sonja.

'Slaap lekker, moeders!' roep ik door de speaker.

'Welterusten, meiden.'

En dan begint het ritueel weer van voren af aan.

'Ik ga nu naar buiten,' zegt Sonja. 'De auto in... Ik zit... Pfff, ik ben morgen weer gesloopt... Om de hoek... In mijn straat... Ik ben binnen.'

'Slaap lekker, zus.'

'Jij ook.'

Om halftwee 's nachts schrik ik wakker van mijn telefoon. Mama weer? Ik kijk; het is Rich.

Hij appt een selfie van zichzelf en een onbekende man, armen om elkaars schouders, glazen in de lucht. Met daaronder de tekst: *Mijn nieuwe vriend. Een van de rijkste mannen van Nederland.*

Ik stuur de foto direct door naar Sonja. Ze doet toch geen oog dicht als Rich gaat stappen.

A: Is dit die Klaas?

S: Geen idee. Ik weet niet wie Klaas is en ik weet niet wie die gozer op de foto is.

Ik app Rich.

A: Is dit Klaas?

R: Nee, dit is Michiel.

A: Oké.

R: Hij zegt dat hij je kent.

A: Ik denk dat-ie een glaasje te veel op heeft, want ik ken hem niet, nooit gezien.

R: Oh, oké.

A: Ga je zo naar huis?

R: Ja, zo.
A: Wat is zo? Het is al bijna twee uur in de nacht.
R: Ik ga zo, As.
A: Doe wel voorzichtig, ja?
R: Ja. Doe ik.

Het is halfzes. Ik laat het koffiezetapparaat warm worden en stap ondertussen onder de douche. Ik sta net mijn haar te wassen als mijn telefoon gaat. Ik kijk even wie het is: Rich. Door het tijdstip waarop hij belt, giert de adrenaline onmiddellijk door mijn lijf. Hij was uit, met die man, die loog dat hij mij kende. Wat is er aan de hand? Ik zet de douche uit en neem de telefoon op.

'Hé Rich, alles goed?'

'Hé Assie!'

Ik hoor aan zijn stem dat hij dronken is.

'Alles goed?' vraag ik nogmaals.

'Ja, alles goed met Kleine Cor! Hahaha.'

'Oké, waar ben je?'

'Ik ben net thuis en ik dacht: ik bel me lieve tantetje effe.'

'Ja, lief van je. Dus je bent thuis? Laat zien dan.'

Rich schakelt over op video. Zijn gezicht is opgeblazen en zijn ogen rood doorlopen. Hij is ver heen. Hij draait zijn telefoon de kamer rond.

'Zie je. Alleen. Niks aan de hand.'

'Oké. Ga lekker slapen, jongen.'

'Ik ben geen jongen, ik ben Kleine Cor.'

'Ook goed. Ga maar slapen.'

'Ga maar slapen, Kleine Cor, zeg je dan.'

'Ja, truste, Rich.'

'Nee...'

Ik hang op en stap weer onder de douche. Gelukkig, hij is oké. Maar het gaat niet goed met hem.

Vanavond vieren we de verjaardag van Francis, die binnenkort jarig is.

Mijn moeder, Sonja, Rich, Miljuschka en haar gezin en Francis en haar gezin – ze zijn er allemaal als ik binnenkom. We koken, eten en drinken. Spelen spelletjes met de kleinkinderen.

In de auto op weg naar huis zit ik na te genieten. Rich bleef nuchter vanavond. Mijn moeder was vrolijk. En Francis en Miljuschka hadden het ouderwets gezellig samen. Door Sonja en mij leven ze onder omstandigheden waarover ze met niemand kunnen praten. Ze moeten over alles wat ons betreft geheimzinnig doen om te voorkomen dat ze plaats, dag en tijd prijsgeven. Elk contact is ingewikkeld. Vooral voor Miljuschka en mij. Ze heeft een bekend gezicht en ik wil zo anoniem mogelijk blijven. Dat gaat niet samen. De kans dat anderen mij via haar identificeren als Astrid Holleeder is reëel. Daarom gaan we nooit samen ergens heen, behalve zoals nu naar familie.

'Zullen we doorrijden?' zeg ik over de telefoon tegen Sonja, die naar haar eigen huis onderweg is.

'Waarheen?'

'Maakt me niet uit. Ergens.'

'Nee, ik ben moe.'

'Oké.'

'Je probeert het uit te stellen, hè?' zegt Sonja.

'Ja.'

Straks kom ik weer in dat lege huis. Na een leuke dag heb ik altijd moeite om van de drukte naar de leegte te gaan. Dan wil ik het liefst doorrijden, want ik weet dat als ik over de drempel stap, ik weer in mijn gouden kooi zit, afgesneden van de rest van de wereld, omdat niemand mag weten waar ik woon. En dan wil ik blijven rijden om het alleen zijn uit te stellen.

'Gelukkig heb je Abbey,' zegt Sonja.

'Ja. Maar zie je niet hoe heerlijk zij het vindt om te spelen met de kleinkinderen? Dan twijfel ik of dit wel een fijn leven voor haar is. Zo opgesloten met mij. Soms wil ik Abbey aan Francis geven. Dan is ze misschien gelukkiger.'

'Dat denk ik niet. Als jij aan het getuigen bent en Abbey is bij Fran, ligt ze de hele dag naar de deur te kijken.'

'Dat doet Wim misschien ook.'

'Naar de deur kijken? Ja, of hij die open kan krijgen om de benen te nemen, niet omdat hij hoopt dat jij door die deur komt. Abbey kan geen dag zonder je. Als ze maar bij jou is, is ze gelukkig. Maak je daar maar niet druk om. En maak je ook niet druk om hem, want hij heeft hiervoor gekozen.'

'Tja.'

'Heb je nou nog steeds medelijden met hem?'

'Ik probeer geen medelijden te hebben. Maar ik mag wel medeleven hebben, toch?'

'Wat is het verschil?'

'Dat ik niet meelijd maar meeleef.'

'Nou, leef... We leven niet echt hoor, As. Daarom snap ik ook niet dat je het nog zielig voor hem vindt. Kijk waar we in zitten. Wat we met hem mee hebben gemaakt. Hij had de opdracht voor mij al gegeven, weet je nog? Justitie kwam ons vertellen over honderdduizend euro die al klaargelegd was voor de schutter. En we hebben nooit meer gehoord wat er met die ton euro's is gebeurd.'

'Misschien ligt het er nog. Kan de schutter de draad zo weer oppakken. Mmm, als ik hierover nadenk, ben ik toch liever afgesneden van de rest van de wereld.'

NOVEMBER 2019

Wim wil in de EBI blijven

De Extra Beveiligde Inrichting in Vught, of de EBI, zoals het ook genoemd wordt, staat bekend om het strengste gevangenisregime van Nederland. Het is eigenlijk een aparte gevangenis op het terrein van de gevangenis van Vught. Gedetineerden worden daar geplaatst als ze een onaanvaardbaar maatschappelijk risico vormen. Wanneer een gedetineerde het niet eens is met die plaatsing, kan hij daartegen in beroep bij de Raad voor Strafrechtstoepassing en Jeugdbescherming (RSJ). De RSJ beoordeelt dan of de gedetineerde uit de EBI mag. Vanwege het strenge regime wil iedere gedetineerde er het liefst zo snel mogelijk weg. Maar Wim niet. Hij zit al sinds 10 april 2015 in de EBI, maar is nog nooit tegen zijn plaatsing in beroep gegaan. Hij verblijft daar vrijwillig. Dat is bijzonder afwijkend en voor ons veelzeggend.

Maar ik moet toegeven: hij kan beter in de EBI zitten dan in een reguliere gevangenis, waar het vrijheid, blijheid is, waar een telefoon makkelijk te krijgen is, waar hij bezoek zonder toezicht heeft en waar een leger aan hongerige, meestal zwakbegaafde jongens om hem heen hangt die alles voor de Aap op de Rots willen doen. Als hij daar zou zitten, zijn wij helemaal aan de goden overgeleverd.

En hij gaat daar een keer naartoe. Want geen enkele gedetineerde blijft voor altijd onderworpen aan het strenge regime van de EBI; het maakt niet uit hoeveel moorden hij op zijn geweten heeft, het doet er niet toe dat het iemand is die denkt dat hij over leven en dood mag beschikken, of hoe onmenselijk die gedetineerde heeft bewezen te zijn – op humanitaire gronden wordt niet toegestaan dat plaatsing in het EBI-regime te lang voortduurt. Er komt dus een dag dat Wim naar een reguliere gevangenis wordt overgeplaatst. En als hij daar eenmaal zit, weten Sonja en ik – net als mijn broer Gerard Holleeder – heel goed wat er dan gaat gebeuren. Mijn broer Gerard was daar tijdens zijn verhoor in 2015 luid en duidelijk over toen de politie hem vroeg of hij net als zijn zussen bereid was tegen zijn broer te getuigen.

G (Gerard): Maar ik zal je heel eerlijk zeggen, ik heb haar [Astrid] ook uitgelegd: op het moment dat je het doet, dan weet je gewoon wat gaat er gebeuren. Hij gaat nu in die EBI. Oké, allemaal lekker veilig we kunnen gewoon lekker praten en doen, maar hij blijft niet in die EBI. En vanuit die EBI gaat-ie weer ergens anders naartoe en dan komt-ie in de gewone gevangenis. En uit die gewone gevangenis ken hij gewoon alles doen. Ken-ie gewoon alles doen. Ken-ie die Marokkanen, want in principe wordt-ie geadoreerd door Marokkanen, dat zijn de meest, sorry, grootste mafkezen, weet je. Dus ik zeg: nou sorry, maar ik durf niet te getuigen wat dat betreft, want als ik dat doe, uiteindelijk komt-ie gewoon in de gevangenis en uiteindelijk, hij laat je neerleggen, hoe dan ook. Hij bespeelt alles en iedereen. Al zou hij geen geld hebben, hij zou nog mensen kunnen overtuigen dat te laten doen met de beloften die hij misschien niet eens waar kan maken, maar hij kan de mensen zo inpraten. [...]

[...]

G: Weet je, dus, hij is zo link... [stemverheffing]

V (verbalisant): Je vertelt hetzelfde verhaal als je zussen, Gerard.

G: Maar hij is zo link. Hij is niet te peilen, ik weet zeker datie Sonja en Astrid [...]

[...]

G: Dat is waar die voor leeft, dat is zijn drijfveer om door te gaan. Want in principe als je weet dat ze zoveel hebben verteld bij de politie, dan denk je bij je eigen: ja, het zal wel afgelopen zijn. Nee, sterker nog: hij blijft doorgaan. Net zo lang tot-ie denkt van: zo, nou pak ik ze terug. En dat gebeurt gewoon. Nou, en dan heb ik zoiets van: ja, dan leggen we straks allemaal onder de groene zoden, heb me moeder helemaal niemand meer. En me kinderen moet ik ook niet aan denken, want kijk, en me vrouw, weet je, die zijn toch ook allemaal... En dat is, ja, dat is eigenlijk, ja, mijn grootste angst [...]

[...]

G: Maar het is gewoon, het is een feit! 't Is echt een feit! Hij gaat het doen! Honderd procent! [stemverheffing]

V: Daar ben je van overtuigd?

G: Jaaaa, want hij weet zo mensen te bespelen. Maar kijk, ook die mensen daar in die gevangenis, kijk, die hebben allemaal een fout gemaakt, dus dat zijn ook niet allemaal de slimsten. Die trappen er wel in bij hem. Dat weet ik zeker. Bij hem trappen ze er allemaal in!

V: Hij heeft een bepaalde status.

G: En hoe lang duurt het voordat-ie in de gewone gevangenis zit?

V: Ja, kijk, Gerard, wij zitten ook al wat langer in het vak en wij weten ook dat het gaat zoals dat jij zegt.

G: Ja, maar zo heb ik het ook altijd gebracht.

V: Dat van die jonge kanslozen die hem als een soort heilige beschouwen.

G: Ja, en dat weet ik wel zeker, hij bespeelt al gewoon normale mensen, laat staan dat soort mensen, weet je.

V: Ja.

G: En die hebben ook helemaal voor de rest ook geen leven, moet je maar denken. Die vinden dat stoer.

[...]

G: Ja, maar weet je, het voelt ook alsof ik ze in de steek laat.

V: Wat was hun reactie?

G: Ze begrijpen het ook wel. Ik bedoel, straks zijn we allemaal dood, mijn moeder heb dan niemand meer.

[...]

G: 't Is gewoon eh, hij is gewoon té gevaarlijk.

V: Ja, oké.

[...]

G: Nee, hij gaat er honderd procent voor, hoor... en ik wil ze absoluut niet in de steek laten, maar ja, straks is er helemaal niemand meer. Uiteindelijk komt-ie in de gevangenis. Met al die gekken.

V: Ja.

G: Hij komt daar.

[...]

G: En dan zet ik me hele gezin op het spel. Weet je...

Ja, dat weten Sonja en ik. En de recherche begreep dat Gerard daarom niet wilde getuigen. Wim komt een keer in een reguliere gevangenis en dan kan hij doen wat hij wil.

Maar momenteel zit hij nog in de EBI en de vraag is: waaróm wil hij niet naar een regime dat hem zoveel meer mogelijkheden geeft?

'Simpel toch,' zegt Sonja, 'dan heeft hij in de EBI nóg meer mogelijkheden dan in een andere gevangenis. Anders wil hij er wel uit.'

'Hij zegt dat hij hangende het hoger beroep in zijn strafzaak niet naar een ander regime overgeplaatst wil worden.'

'As, het is zó streng maar hij wil daar graag blijven? Nee, dat doet hij niet zomaar.'

Ik ben het met Sonja eens. Wim doet niets voor niets. Zeker niet als het invloed heeft op zijn dagelijkse comfort. Hij heeft in zijn leven al in verschillende huizen van bewaring en gevangenissen gezeten; van de kerkers van de Santé-gevangenis in Parijs tot aan het open kamp in Veenhuizen en alles daartussenin. Hij kent alle regimes die het gevangeniswezen te bieden heeft. De EBI heeft veruit het strengste regime. En daarom blijft hij er alleen zitten als de voordelen daar groter zijn dan het voordeel van een regulier regime.

Een aantal voordelen kan ik wel bedenken. Allereerst is de EBI zijn alibi. Wat er buiten ook gebeurt, hij 'ken het niet gedaan hebbe'. Want hij zit daar in dat strenge regime afgesloten van de buitenwereld. Toch? Hmm, nee, niet echt. En het bewijs daarvoor heeft hij zelf geleverd. In 2007 zat Wim namelijk ook al eens in de EBI, en hij wist het toen toch voor elkaar te krijgen vanuit die o zo zwaarbeveiligde inrichting een telefonisch interview te geven aan John van den Heuvel. Dat leidde tot veel ophef en zelfs tot Kamervragen. Hoe was het mogelijk dat een gedetineerde vanuit de EBI ongestoord met de buitenwereld kon communiceren? Nou, het wás mogelijk, en als hij daar jaar in, jaar uit vrijwillig blijft, zal het voor hem ongetwijfeld nog steeds mogelijk zijn.

Een ander voordeel is dat er in de EBI goed op Wim wordt gepast. Hij hoeft zich daar geen zorgen te maken om mogelijke wraakacties van collega's die ook levenslang hebben gekregen, omdat hij ze in zijn gestoorde wraakacties heeft meegesleept.

Nog een voordeel is dat hij daar niet lastiggevallen wordt door berooide verslaafden die komen bedelen om sigaretten, of door kruimeldieven die misschien als informant voor de politie werken. Nee, hij zit daar met de top van de onderwereld, professionals net als hij, en dat communiceert een stuk makkelijker.

En last but not least: hij heeft er een douche op cel.

Alles bij elkaar opgeteld zijn het behoorlijk wat voordelen, maar het verklaart nog steeds niet afdoende waarom hij niet uit de EBI weg wil.

'Hij moet ergens mee bezig zijn,' zegt Sonja.

'Zeker. Iets wat hij van daaruit moet regelen. Of doen. Maar wat? Waar is hij mee bezig?'

Het is voor ons onmogelijk om daarachter te komen. De EBI mag onze vragen niet beantwoorden, want zij moeten de privacy van de gedetineerde respecteren. Bewaken en Beveiligen geeft ons hetzelfde antwoord. Alles is de 'privacy van de gedetineerde'. Maar juist die 'privacy' maakt het mogelijk dat Wim binnen door kan gaan met waar hij buiten al mee bezig was. Kijk naar zijn geschiedenis. Regels worden door hem nooit geëerbiedigd, maar misbruikt. Worden omgebogen totdat het nadeel ervan in zijn voordeel werkt. Dat is wat hij al zijn hele leven doet, daar is hij goed in, maar het levert nooit iets goeds op.

'Alle getuigen hebben hun eigen dood voorspeld,' zegt de rechtbank. Wij doen dat ook. Daarom is het voor ons van levensbelang om te weten of hij daar al vorderingen in maakt. Maar zijn recht op 'privacy' gaat boven ons recht op leven. Waarom? Simpel gezegd: omdat het niet de taak is van de EBI om op ons te passen. Het is de taak van de EBI om op Wim te passen en daarbij zíjn rechten te eerbiedigen. De EBI richt zich op de rust en orde binnen de inrichting, en niet op de opsporing van nieuwe strafbare feiten. De focus ligt op de gedetineerde, en dat is nou precies wat Wim nodig heeft om de situatie daar naar zijn hand te zetten. Zonder dat ze er erg in hebben – want hij is inmiddels 'een vriendelijke oude man' – lopen bewaarders, afdelingshoofden, directeuren en psychologen een grote kans zo door hem gehersenspoeld te worden dat ze niet meer zelfstandig kunnen denken. Heeft hij zich van gevallen knuffelcrimineel inmiddels opgewerkt tot knuffelgedetineerde. Hebben ze niet in de gaten dat hij niet bij hén in de EBI woont, maar dat zij inmiddels in zijn spiegelpaleis wonen, waar zijn schijn in de plaats is gekomen van de werkelijkheid en zij onmogelijk nog kunnen zien met wie ze echt te maken hebben. Dat hij inmiddels zo in hún systeem zit, en dat hij daarmee hét systeem al zo heeft ontregeld dat men de regels niet meer durft toe te passen. Dat hij iedereen zo heeft weten te beïnvloeden en bespelen dat ze oprecht zijn gaan denken dat het voor Wim écht wat uitmaakt dat hij binnen zit. En als dat zo is, als ze daarbinnen in Willems Wereld leven, dan begrijp ik dat hij daar graag blijft. Want dan heeft hij misschien weinig bewegingsvrijheid, maar wel volledig vrij spel.

Tijd om wakker te worden; Wim is een intellectuele dader. Hij beraamt zijn misdrijven in zijn hoofd en laat ze door anderen in de werkelijkheid uitvoeren. Hoe? Dat is de *million dollar question* waarvan hij er wel voor zorgt dat niemand die kan beantwoorden. Omdat hij daar weer zoveel schakels tussen plaatst dat het niet meer tot hem te herleiden is. Zo was hij ook weggekomen met de moorden waar hij nu levenslang voor vastzit, totdat Sonja en ik onze gesprekken met hem opnamen en de hele wereld het hem zelf kon horen zeggen. Maar dat zal hem geen tweede keer gebeuren. En dat hoeft ook niet, want van zijn overgebleven oude garde heeft verder niemand zich tegen hem gekeerd. Zijn vriendinnen die hij heeft bedrogen, uitgescholden, gebruikt en soms ook nog geslagen, hebben hem niet in de steek gelaten. Ze zijn hem niet minder loyaal. Zijn witwassers houden zich ook gedeisd, waarschijnlijk omdat ze stilletjes hopen dat ze ervandoor kunnen gaan met de buit waar ze op zitten. Zijn mededaders die nog in vrijheid zijn, hoor je al helemaal niet, bang voor een gevangenisstraf, zoals al meer van zijn kompanen is overkomen. Ze hebben bewezen betrouwbaar te zijn. Daar kan hij nog steeds mee werken. En dat hij zo graag in de EBI blijft, betekent voor ons dat hij een manier heeft gevonden om ze te bereiken. En dat lijntje naar buiten wil hij niet opgeven voor een overplaatsing.

'Geloof me. Hij heeft zijn weggetje naar buiten allang gevonden,' zegt Sonja.

'Het is ook niet zo moeilijk. Wij weten hoe het werkt.'

'Ja. Maar het is wel doodeng. Aan de andere kant, als hij weer met mensen buiten kan praten, praten die mensen ook weer met mensen.'

'En die mensen praten ook weer met mensen. En zo komt het misschien wel weer bij ons terecht.'

'Het komt altijd uit, As. Altijd. Alleen hopen dat het niet te laat is.'

DECEMBER 2019

Iris – Wraak is zoet

Ik heb een Zoom-gesprek met Iris. 'Heb je nog iets leuks gedaan met je verjaardag?' vraagt ze.

'Ik heb rustig aan gedaan. Misschien dat ik het nog ergens volgende maand ga vieren.'

'Met je familie?'

'Misschien.'

'Ik hoor al twee keer misschien.'

'Ja, het hangt ervan af. Hoe de zaken er dan voor staan.'

'Of je hulp krijgt van de overheid?'

'Ik krijg geen hulp van de overheid om een verjaardag te vieren. Je snapt het nog steeds niet, hè?'

'Nee. Ja, sorry. Waar wil je het over hebben vandaag?'

'Nou, eigenlijk heb ik geen zin meer om verder te praten. Vind je het goed om te verplaatsen?'

'Raak je nu geïrriteerd?'

'Ja. Ik moet jou gaan uitleggen wat ik zelf niet begrijp.'

'Oké, dan laten we het onderwerp voor nu rusten. Hoe gaat het met Rich?'

'Met Rich? Ook zo'n leuk onderwerp. Ik denk dat het beter is als we er voor vandaag mee stoppen.'

'Nee, we gaan door. Ik heb dit uur voor jou gereserveerd. Kies jij maar een onderwerp. Wat houdt je bezig?'

'Wat mij bezighoudt is overleven: hoe kan ik voorkomen dat Wim wraak neemt? Waar komt die drang naar wraak vandaan?'

'Wraak is zoet. Dat heeft hersenonderzoek uitgewezen. Als mensen besluiten wraak te nemen, dan geeft dat een golf van neurale activiteit in een gebied van de hersenen waarvan bekend is dat het beloningen verwerkt. Het deel van de hersenen dat ook geniet van het gebruik van cocaïne en nicotine.'

'Wraak is lekker.'

'Ja, maar het lost de woede niet op. Integendeel. Het blijkt dat mensen die wraak nemen hun daad herkauwen en zich slechter voelen dan degenen die niet wreken. Mensen denken dat wraak ze een beter gevoel zal geven, dat het ze helpt om een afsluiting te krijgen, maar dat is niet zo. Wraak is maar heel even zoet.'

'Wraak is misschien kort zoet, maar als het te vergelijken is met cocaïne, ook verslavend. En dan kun je het slechte gevoel na afloop verdringen door weer een nieuwe dosis wraak te nemen. Voordat Wim door ons vast ging, had hij alweer een flinke dodenlijst. Tel mij daarbij op en hij heeft nog genoeg rekeningen te vereffenen, waardoor hij de komende jaren kan blijven gaan voor de high van het moment dat iemand op de grond ligt. En is die high weg, dan gaat hij gewoon weer verder naar de volgende high.'

'Ik zou willen dat het anders was,' zegt Iris.

'Het is zoals het is. Hij is een wraakjunkie. Dat zie je ook aan zijn strafblad. Al die moorden. Waarom moesten Endstra en Thomas van der Bijl nog dood, als ze toch al over hem verklaard hadden? Uit wraak. Maar waarom wil ik geen wraak? Ik zou toch wraak moeten willen voor het leven dat hij me aandoet?'

'Wraak komt voort uit woede en haat. Jij haat je broer niet.'

'Iedereen verklaart me voor gek, dat ik geen haat voel. Maar ik ken hem, dus het is voor mij logisch dat hij zo reageert.'

Ik weet dat het zijn manier van omgaan met situaties is. Hij kan niet anders. Als ik terugkijk, is alles bij hem gebaseerd op wraak. Hij is als puber de criminaliteit in gegaan als wraak op zijn vader, die wilde dat hij bij de politie ging. Hij moest op sollicitatiegesprek en de avond ervoor sloeg hij Wim een dikke lip en een blauw oog, omdat hij zich 'fatsoenlijk moest gedragen en beleefd moest zijn'. Wim ging niet naar het gesprek en zocht zijn heil juist aan de andere kant van het maatschappelijk spectrum. Daarna volgde de ultieme wraak op zijn vader; de ontvoering van zijn werkgever, de man die hij adoreerde en om wie het bij ons thuis draaide: Freddy Heineken. En vanaf dat moment is het makkelijk uittekenen hoe het gelopen is. Krenk je Wim, doe je iets wat hem niet bevalt, dan krijg je te maken met zijn wraak. De lijst van doden spreekt voor zich.

'Nee,' zeg ik tegen Iris. 'Ik voel ook geen woede naar hem. Ik heb beleefd hoe mijn vader zijn haatgevoelens voedde. Als je als klein kind alleen maar geslagen wordt door een vader die altijd dronken is...'

'Misschien was de ontvoering niet alleen wraak op zijn vader, maar ook op de alcohol die hem van zijn vader beroofde. Hield hij onbewust de bierbrouwer Heineken verantwoordelijk voor het alcoholisme van jullie vader, waardoor hij een vader moest missen. Hij zal best boos zijn geweest op de flessen bier die tot zijn vaders stemmingswisselingen leidden.'

'Die verklaring ligt zo voor de hand dat ik hem nooit serieus heb kunnen nemen. Of misschien wees ik die gedachte af, omdat het zou betekenen dat Wim toch van mijn vader hield. Dat hij óm mijn vader wraak nam en niet óp mijn vader wraak nam.'

'Dat is dan een stukje van jou. Maar onderschat de kracht van de vader-zoonrelatie niet.'

'Maar uiteindelijk blijft het dezelfde reactie: wraak.'

'En dat is in de kern onverwerkte woede.'

'Ik heb ook vaak woede in me en die boosheid is voor mij ook wel brandstof om dingen recht te zetten.'

'Maar daar heb jij de ander bij nodig. Als ik jou verkeerd behandel, dan wil je dat rechtzetten, je wil dat ik inzie wat ik verkeerd doe. Jij wil dat ik voel wat jij voelt. En dat is normaal. Het moet van beide kanten komen. Dan is het ook bevredigend. Wraak is eenrichtingsverkeer. Daarom geeft het ook maar even een goed gevoel.'

'Als ik nadenk over wraak nemen op Wim, dan zou ik niets kunnen bedenken wat hem raakt.'

'Je hebt eraan bijgedragen dat hij levenslang heeft. Dat raakt hem.'

'Ja. Maar niet uit wraak. Ik heb het niet uit emotie gedaan, uit woede of haat. Want ik hou nog steeds van hem. Als ik mijn gevoel had gevolgd, had ik hem juist niet verraden. Als ik hem zie, nu nog, op een foto bijvoorbeeld, vind ik hem aandoenlijk. Hij heeft op zijn manier echt geprobeerd om verder te komen in het leven.'

'Maar wraak stopt groei. Het weerhoudt je van het erkennen van je eigen fouten. Het is een makkelijke manier om niet naar jezelf te hoeven kijken. Zo kom je niet verder en val je bij een volgend obstakel in het leven weer terug in hetzelfde patroon: wraak. Zo hoef je je eigen schadelijke gedrag nooit onder ogen te komen.'

'Als ik met hem praatte, was hij letterlijk doof voor alles wat maar een beetje naar kritiek klonk. Praatte daaroverheen. Het ging altijd alleen over wat een ander had gedaan, wat hem was aangedaan, er was nooit enig moment van zelfreflectie. Als hij nou gewoon eens zou toegeven aan zichzelf dat anderen vermoorden niets heeft opgelost. Juist het anderen vermoorden heeft hem gebracht waar hij nu zit. Zijn slachtoffers wisten wat hun te wachten stond. Hij heeft ze laten vermoorden, maar niet op tijd monddood gemaakt.'

'Kan je je nog herinneren dat je altijd zei dat als je geen meisje maar een jongetje was geweest dat je hetzelfde zou zijn geworden als je broer?'

'Ja.'

'Ik denk dat je in het thema wraak nu eindelijk het verschil tussen jullie beiden ziet. Hij handelt uit haat en woede. Jij handelt uit een rechtvaardigheidsgevoel. Daarom ben jij ook advocaat geworden en hij crimineel. Hij zoekt wraak, jij zoekt gerechtigheid. Daarom past hij zo goed in de onderwereld en genoot jij zo van je werk als advocaat.'

'Misschien is dat wel zo. Het zou een hoop verklaren.'

Aan het einde van de sessie rondt Iris af met de woorden dat een ander niets aan Wims wraakgevoelens kan veranderen. Het besef dat wraak niets oplost moet hij zelf ontwikkelen, en dat vereist zelfinzicht en oefening.

'Vergeet het dan maar. Dan zijn we allemaal kansloos en is het afwachten wie hij als eerste van zijn lijstje kan afstrepen.'

'Ik vind het spijtig dat je tot die conclusie moet komen, Astrid. Maar je tijd zit er nu op. O, wat zeg ik nou? Sorry, verkeerde woordkeuze.'

'Maakt niet uit, Iris. Ik kan wel wat hebben.'

'Gelukkig. Ik bedoelde te zeggen dat jouw sessie ten einde is.

Dan wens ik je ten slotte nog een goed uiteinde. Of nee, dat klinkt in jouw geval ook niet goed. Onze sessie loopt niet echt lekker vandaag, hè? Ik bedoel te zeggen: fijne jaarwisseling en een goed en gezond 2020.'

'Jij ook, Iris.'

JANUARI 2020

Rich – Garnalenman

Sonja belt me.

'Is er iets?' vraag ik.

'Kijk dit even.' Ze stuurt me een video.

Rich staat boven op de bar in een kroeg te schreeuwen. 'Ja, ja! Wat een feest! Armen in de lucht! Hop, hop!' Om hem heen staan mensen hem toe te juichen. Ze hebben de grootste lol. De meesten, inclusief Rich, zijn behoorlijk dronken. Het gros overduidelijk van het type aan wie wij wel kunnen zien hoe ze hun geld verdienen.

'As, is hij nou wel goed bij zijn hoofd? Ik lig nachten wakker door hem. Ik ben zo bang dat hem nog een keer wat overkomt.'

Bang dat hem iets overkomt zijn we praktisch zijn hele leven al. Om precies te zijn al sinds hij drie was.

Het is 27 maart 1996. Cor en Sonja hebben samen Rich opgehaald van de peuterspeelzaal. Cor parkeert zijn auto voor de deur van hun huis in de Deurloostraat. Richie staat achterin tussen de twee voorstoelen zijn lievelingsliedje 'Funiculì Funiculà' van Helmut Lotti mee te zingen. Schuin links van hen komt een man in een donkere jas op de auto aflopen. Hij nadert het zijraam, richt een vuurwapen op Cor en begint te schieten. Kogels vliegen in het rond. Cor buigt in een reflex over Sonja heen. Zij doet de deur open, rolt de auto uit, opent het achterportier, trekt Richie uit de auto en rent met hem haar huis in.

Cor is meerdere keren geraakt, maar leeft nog en weet uit de auto te komen. Rich is wonder boven wonder ongedeerd en binnen houdt Sonja hem weg van de hectiek die zich voor de deur afspeelt. Weg van zijn vader die hevig bloedend in het trappenhuis van de buren zit, wachtend op een ambulance.

Rich heeft van de schoten op het raam stenen en vuur gemaakt. We zijn blij dat zijn voorstellingsvermogen niet verder reikt.

Cor duikt onder en laat zich door Wim vertellen dat het duo Klepper en Mieremet erachter zit en waarom. Hij houdt er rekening mee dat het karwei zal worden afgemaakt. De vraag is: waar en wanneer. De wereld ziet er ineens heel anders uit. De kogels hebben niet alleen Cors kaak verbrijzeld, maar ook de onbezorgdheid waarmee hij door het leven gaat aan gruzelementen geschoten. Lang leve de lol is veranderd in een leven van vaste routines zonder vaste patronen. Cor duikt voorlopig onder op een onbekend adres. Bij het afscheid van zijn kinderen zegt hij: 'Rich, pas jij goed op je moeder en je zussie. Als papa er niet is, ben jij de man in huis.'

Na die eerste aanslag in 1996 wil Wim van mij weten waar Cor verblijft. En daarmee laat hij zien aan welke kant hij staat. Hij zegt te fungeren als boodschapper van Klepper en Mieremet en wil Sonja ervoor behoeden dat er een raket bij haar naar binnen wordt geschoten die niet alleen Cor, maar haar hele gezin zal doden: Cor, Francis, Rich en Sonja. Ik ben bang voor de Wim die mij dit wil laten doen, maar vertel hem niet waar Cor is. Hij voert de druk op door Rich als joker in te zetten. En hij gaat daar heel ver in. We willen toch niet dat er wat ergs met hem gebeurt? Sonja en ik houden met moeite voet bij stuk en het noodlot blijft uit. Tot Cor op 20 december 2000 na een avond in Café Murk te hebben doorgebracht, besluit om een nacht bij zijn gezin te slapen.

Hij rijdt de straat in, parkeert de auto voor de deur en stapt uit. Een schot klinkt en Cor laat zich in een reflex vallen. Vanachter de bosjes tegenover Sonja's huis wordt met een snipergeweer gericht op hem geschoten. Hij schreeuwt naar Sonja dat ze de deur open moet doen, zodat hij naar binnen kan vluchten. Over de grond kruipt hij weg uit het schootsveld en weet ongeschonden binnen te komen. Rich slaapt door het lawaai van de knallen heen, maar wordt wakker van het rumoer dat daarop volgt en gaat op de herrie beneden af. Daar speelt zich een chaotische situatie af. Paniek, verbijstering en woede volgen elkaar in rap tempo op. Cor is razend en schreeuwt dat Wim hiervoor verantwoordelijk is. 'Je lieve broertje zit hierachter!' roept hij tegen Sonja. De politie komt en tot diep in de nacht blijft het onrustig. Pas tegen de ochtend valt Rich doodmoe naast Sonja in slaap.

'Doe voor Rich maar zo normaal mogelijk,' zegt Sonja tegen me.

Dat proberen we. En dat blijven we proberen, maar het wordt steeds lastiger. Rich wordt ouder en de dagjesmensen die naar de kogelgaten in de muur komen kijken, maken hem duidelijk dat hij in een wat ongewoon gezin opgroeit. En dat zal niet snel veranderen, want nu ook deze poging niet is geslaagd en de daders niet zijn gepakt, duurt het gevaar voor Cor onverminderd voort. Net als voor Sonja en de kinderen als zij in zijn omgeving zijn. Het is voor Sonja een bron van stress om niet te weten wanneer de huurmoordenaar weer toeslaat en of Francis en Rich bijkomende schade zijn.

Een jaar gaat voorbij en alles lijkt rustig. Cor en Rich staan samen bij de Champions League-wedstrijd tussen Ajax en AS Roma. Een speler van AS Roma trapt de bal metershoog het publiek in. 'Daar komt-ie, Rich, daar komt-ie!' Cor houdt zijn ogen op de bal en plukt hem uit de lucht. 'Hebbes.' Hij stopt 'm vlug onder zijn jas, doet alsof er niets is gebeurd en geeft Rich een knipoog. 'Zo, die is voor jou, Richieman.' Rich kijkt vol bewondering omhoog naar zijn vader. De scheidsrechter fluit het eindsignaal. De wedstrijd is afgelopen. Ajax wint. Samen rennen ze met de bal naar de uitgang. Buiten het stadion geeft Cor de bal aan Rich. 'Wees er zuinig op, jongen.'

Als Cor Rich thuis afzet, zegt hij: 'Papa moet gaan. Jij bent de man in huis als je vader er niet is. Wees lief voor mama en Fran.'

Het wordt januari 2003. Nog steeds lijkt alles rustig.

'Ik ga een biefstukkie eten met de kinderen bij Loetje. En morgen neem ik Rich mee naar voetbal.'

'Oké,' zegt Sonja. 'Doe voorzichtig.'

Cor neemt voor de zekerheid een paar extra ogen mee. In restaurant Loetje kiest hij een tafel bij het raam en bestelt eten en drinken. Op tafel liggen bierviltjes met het Heineken-logo. Rich pakt er een en begint erop te tekenen. Cor ziet vanuit zijn ooghoeken een man buiten lopen. Hij is alert. Een motor rijdt door de straat. Cor vertrouwt het niet. Francis ziet haar vader kijken.

'Kijk, pap, Flipper.' Rich laat aan Cor zien wat hij tekent. Een dolfijn.

'Papa's bijnaam is Flipper,' zegt Francis.

'Weet ik allang,' zegt Rich. 'Papa was Nederlands flipperkampioen.'

Cor lacht, blij met het voetstuk waar zijn zoon hem op plaatst. Na het diner bestellen ze een toetje.

'Hier, pap, voor jou. Dolfijnen. Zie je?' Richie geeft trots het viltje aan Cor.

'Dank je wel, Richieman. Heel mooi getekend.'

Cor ziet de man die eerder zijn aandacht trok nu aan de overkant lopen. Francis volgt zijn blik. De motor komt weer voorbij. Cor staat op. 'Laat dat toetje maar zitten. Kom op, we gaan.'

Francis staat meteen op en trekt Rich aan zijn arm mee van tafel. Rich kan nog net het bierviltje met de tekening voor zijn vader meegrissen.

De volgende dag, 24 januari 2003, loopt Cor met Robert ter Haak, zijn afspraak van die middag, een Chinees restaurant uit als er een motor nadert en de bijrijder hem met een automatisch vuurwapen met kogels doorzeeft. Cor is op slag dood.

Op de dag van de begrafenis zit Rich verscholen in een hoek van zijn kamer en speelt met het bierviltje waarop hij de dolfijntjes voor zijn vader heeft getekend.

'Ga jij je ook omkleden, lieverd? We gaan naar papa. Ik heb je hemd en je broek al gestreken. Ze liggen op je bed,' zegt mijn moeder tegen hem.

Rich reageert niet. Ik ga naast hem op de grond zitten en kijk toe hoe hij het bierviltje laat tollen. Keer op keer. 'Zal ik je helpen aankleden?' vraag ik.

'Ik wil niet naar papa,' zegt hij nauwelijks hoorbaar. Tranen vullen zijn ogen. 'Ik ga niet.'

'Ik denk dat papa graag wil dat je komt.'

Hij blijft stil voor zich uit kijken en schudt zijn hoofd.

'Mama heeft je nodig. Denk je niet dat papa wil dat je er vandaag voor mama en Frannie bent?'

Hij staart naar het viltje en laat het weer ronddraaien. Zijn betraande ogen volgen hoe het langzaam tot stilstand komt en omvalt. De dolfijntjes wijzen naar boven. Zijn vinger volgt hun omtrek, alsof hij ze opnieuw tekent. Dikke tranen biggelen langs zijn wangen en landen zacht op de vloerbedekking.

'Ik ben de man in huis als papa er niet is,' zegt hij zacht.

'Ja, jij bent de man in huis als papa er niet is.'

De tranen stromen nu.

'Zullen we dan toch maar gaan?' vraag ik.

Hij knikt. Ik sta op en pak zijn hand. Voorzichtig trek ik hem omhoog. Onvast loopt hij naar het bed waar zijn kleding klaarligt. Met trillende handjes doet hij de nette pantalon aan. Hij trekt het keurig gestreken overhemd over zijn schouders, maar het lukt hem niet de knoopjes dicht te maken. Ik pak zijn trillende handjes vast en houd ze stil. 'Laat mij dat maar doen.'

Ik knoop zijn overhemd dicht en kam zijn haar. Hij ziet er op z'n zondags uit. Precies zoals Cor het mooi vindt. 'Je bent prachtig. Papa is trots op je,' zeg ik, en ik neem hem aan mijn hand mee naar beneden.

Even later rijden de rouwauto's voor en aan de hand van zijn moeder stapt Rich in. In de aula waar de dienst plaatsvindt, zit Rich naast Sonja. Zijn vader ligt bedolven onder rouwkransen tegenover hem. Francis staat naast de kist en spreekt haar vader voor de laatste keer boven de grond toe.

Lieve papa, je bent op een brute manier uit het leven gerukt, en waarom allemaal? We hebben het vaak over het leven gehad en jij zei altijd: Frannie, Boxie, Richie, het leven is hard, we moeten knokken en het komt goed. Maar het komt niet meer goed. Want jij bent er nu niet meer.

Na de dienst stapt Rich aan de hand van zijn moeder weer in de rouwauto en volgt zijn vader in zijn witte kist, op een witte koets, getrokken door acht witte paarden, via de Westertoren naar de begraafplaats. Daar aangekomen tillen de kistdragers Cor op hun schouders. Rich loopt voorop. Zijn kleine vingers raken nog net de houten planken waar het levenloze lichaam van zijn vader op rust. Langzaam en met een lijkbleek gezichtje brengt hij hem naar zijn laatste rustplaats.

In de jaren die volgen neemt Wim de plaats van Cor als hoofd van het gezin over. Rich weet niet wat wij weten, over de rol die zijn oom bij de dood van zijn vader heeft gespeeld. Het is te gevaarlijk om hem dat te vertellen. Intuïtief mijdt hij Wim en creëert zijn eigen wereld op de tennisbaan. Zo veel mogelijk weg van huis, waar hij moet ondergaan hoe Wim zijn gezin binnenkomt wanneer hij wil, in zijn bed seks heeft met zijn minnares als hij daar zin in heeft, op zijn wc poept met de deur open als hij aandrang voelt, en zijn moeder gebruikt hoe en wanneer hem dat uitkomt.

Naarmate Rich ouder wordt, begint hij steeds meer op Cor te lijken, in uiterlijk en qua karakter. Wim ergert zich aan hem. Of aan Cor. Of misschien kan hij dat onderscheid niet eens maken. Hij houdt Rich wakker als hij moet trainen. Hij gunt hem geen successen. Rich moet falen. Hij kleineert zijn volledige bloedlijn – noemt zijn vader een nobody, zijn moeder een pisbak en Rich 'de Son of Nobody'. Hij moet geknakt en gebroken worden voordat hij kan uitgroeien tot de boom van een vent die zijn vader was. Fysiek en mentaal.

Maar Rich knakt niet, en zijn verzet, dat stil was toen hij nog maar tien jaar was, wordt steeds luider. Als hij tegen Wim opmerkt dat 'hij toch ook een keer moet slapen', komt dat oorverdovend bij zijn oom binnen. Wij weten dat Rich hierdoor met stip op nummer één belandt in de categorie 'kinderen niet groot laten worden, zodat ze geen wraak kunnen nemen'. En wij weten: Rich moet hier weg. Ver bij Wim vandaan.

Als Rich de kans krijgt om te tennissen in Amerika, sturen we hem daar ook heen. Weg van hier. Veilig. Voordat hij vertrekt, vertellen we hem dat we bezig zijn met de moord op zijn vader, maar dat we er verder niets over kunnen zeggen. Hij moet zich niet druk maken en genieten van zijn tijd in Amerika. We zwaaien hem uit op Schiphol, zonder te beseffen dat hij alleen in het vliegtuig stapt met koffers vol verborgen trauma's.

In Amerika weet niemand wie Rich van Hout is, waar hij vandaan komt of welk verhaal hij met zich meedraagt. Hij is daar niet belast met de familiegeschiedenis en hij kan voor het eerst in zijn leven zichzelf zijn. En daar gaat het mis. Rich verwart 'zichzelf zijn' met 'doen wat zijn vader deed' en komt twee jaar later terug met een verslaving aan drank en gokken. En ook dat hebben we aanvankelijk niet door. Hij feest, ja, want hij is jong. Hij wil plezier maken. Logisch. En wij tillen overal zo zwaar aan. Dat is ook waar. Dus wat is nou het probleem? Nou, het probleem is dat er in de twee jaar dat hij weg was hier niets is veranderd. Hier domineert zijn oom nog steeds zijn moeder, zijn zus en zijn tante. Hier begint alles weer opnieuw. En daarvoor moet hij scherp zijn, want we willen niet dat hij verstrikt raakt in het web van zijn oom.

'Je hebt grote armen. Je krijgt een paar duizend euro als je meegaat om iemand een pak rammel te geven,' zegt Wim in een poging Rich bij zich in te lijven.

Maar Rich geeft niet thuis. Houdt afstand. Tot grote ergernis van Wim slaagt hij er niet in zijn neefje onder zijn controle te krijgen. Ondertussen heeft Sonja ook nog eens het lef zich niet volledig naar zijn wil te schikken. De woede die daarop bij hem ontstaat, viert hij bot op wat haar het meest dierbaar is. Ze mag tossen om wie van haar kinderen het eerst gaat: Francis of Rich. Wims arrestatie stelde het onmiddellijke gevaar voor Sonja's kinderen voorlopig uit, maar Wim dreigde Sonja niet zomaar met haar kinderen. Hij weet dat ze alles voor haar zijn. Dat hij haar via hen het hardst raakt. En dat maakt Rich zo kwetsbaar en ons zo bang dat er een keer wat met hem gebeurt.

FEBRUARI 2020

Wim wil uit de EBI

'Son?'

'Ja?'

'Wim heeft beroep aangetekend tegen de verlenging van zijn plaatsing in de EBI.'

'Hij wil eruit?' vraagt Sonja verschrikt. 'Maar hij wilde er toch pas na het hoger beroep uit? Wij zijn nog niet eens als getuigen gehoord.'

'Ja, maar hij wil er nu kennelijk toch weg.'

'Dat kan maar één ding betekenen, As.'

'Dan heeft hij de EBI niet meer nodig als alibi.'

'Precies.'

'Dan heeft hij daarbinnen voor elkaar wat hij voor elkaar wilde krijgen.'

'Het is echt oppassen vanaf nu.'

'Ja.'

'Stel: hij wint het beroep. Wanneer is hij er dan uit?' vraagt Sonja.

'Dat kan zomaar een paar maanden duren.'

'Dan moeten we in de tussentijd nog scherper zijn.'

FEBRUARI 2020

Niet dat je denkt dat ik iets van plan ben

Het is kwart voor negen 's ochtends. Rich belt. 'As, moet je luisteren. Ik loop vanmorgen naar de sportschool om een bootcamp te geven, staat er tegenover het gebouw een blauwe Golf. Er zit een man in met blond haar die mij van top tot teen bekijkt. Nu ben ik klaar en ik kijk, staat die auto er nog steeds, met diezelfde gozer erin.'

'Oké, probeer een foto te maken,' zeg ik.

'Ik rij nu net weg.'

'Rij even terug dan.'

'Ja, doe ik... Shit. Hij is al weg, As.'

'Oké. Doe voorzichtig. Hou het in de gaten.'

De volgende dag belt Rich weer. 'As, die auto staat er weer. Nu naast de ingang van de sportschool met zijn raam open en diezelfde gozer erin. Ik vertrouw het niet, maar ik laat het. Ik kijk of hij er nog staat als ik klaar ben.'

Drie uur later belt Rich terug. 'Die auto staat er nog steeds. Ik ga er nu op af. Ik bel je zo terug.'

'Rich, nee, blijf aan de lijn!' roep ik, maar hij heeft me al opgehangen.

Na vijf minuten belt hij me terug.

'En?' vraag ik meteen.

'Ik ben erop afgelopen. Die gozer in die auto ziet mij aankomen, steekt zijn hoofd uit het raam en zegt: "Jij bent toch Rich?"

Dus ik zeg: "Wie vraagt dat?"

Begint hij te lachen. Kijk ik in zijn auto, ligt die vol met etensresten en lege blikjes Red Bull, alsof hij er al dagen in woont.

"Ik heb nog met je vader gekaart, vroeger in Marktzicht," zegt hij en begint weer te lachen. Raar, denk ik, maar ik zeg: "Nou, leuk je gezien te hebben." En ik draai me om en loop naar mijn auto.'

'Dit klinkt als een spotter,' zeg ik. 'Ben je daar nu weg?'

'Ja, maar ik heb nog wel een foto van zijn auto gemaakt. Ik stuur hem jou nu... Zie je die foto?'

'Ik voeg Son toe.'

'Hé As. Is er iets?' vraagt Sonja.

Rich vertelt Sonja in het kort wat hij mij zojuist vertelde.

'Hoe kan hij weten dat ik Rich ben? Het is ook raar dat hij daar al twee dagen achter elkaar staat.'

'Hoe oud is hij?' vraagt Sonja.

'Mijn leeftijd, denk ik.'

'Dan kan hij toch niet met je vader gekaart hebben?' zegt Sonja. 'Hij is veel te jong. Dus dat klopt niet.'

De volgende ochtend belt Rich opnieuw. 'Die auto staat er weer. Ik loop erheen.'

'Blijf aan de lijn. Ik voeg Sonja toe.' Maar Rich heeft alweer opgehangen.

Vijf minuten later belt hij terug.

'Vertel, Rich,' zeg ik.

‘Ik loop naar zijn zijraam en op het moment dat ik naast hem sta, zegt hij meteen: “Ik heb niet met je vader gekaart, hoor. Dat was een lulverhaal. Niet dat je denkt dat ik wat van plan ben.”

Dus ik zeg: “Nee, tuurlijk niet. Wat zou je van plan moeten zijn, dan?”

Zegt hij: “Precies.” En hij begint te lachen. Ik denk dat hij gezien heeft dat ik een foto van zijn auto heb gemaakt. Daarom zegt hij dat hij niks van plan is. Maar dat zeg je niet als je echt niks van plan bent.’

‘Nee, dit is vreemd gedrag. Kun je niet even ergens anders lesgeven, Rich?’

‘Nee, dat gaat niet.’

‘Je moet ook niet meer zo vaak in de stad rondhangen, Rich, met al die gekkies,’ zegt Sonja. ‘Daar komt het door. Je valt veel te veel op. En dan heb je ook nog eens een grote mond. Straks pakken ze jou. Hij heeft altijd al een hekel aan je gehad.’

‘Of ik nou in de stad rondhang of naar mijn werk ga, het is allemaal hetzelfde, mam. Het kan overal gebeuren.’

En dat is waar, het kan Rich ook overkomen.

Dat was ook het dilemma waar justitie mee zat toen ze dit avontuur met ons aangingen. Ze hebben Sonja en mij nodig om een aantal moorden op te lossen, maar ze vragen zich hardop af of het gelet op de veiligheid van onze kinderen wel verantwoord is om ons als getuigen in te zetten, want: ‘De kans dat Holleeder de getuigen of hun kinderen zou (laten) vermoorden als hij zou ontdekken dat zij belastende verklaringen tegen hem hadden afgelegd, werd als zeer reëel ingeschat.’

Wim vindt kinderen leuk, maar alleen als hij ze kan gebruiken. Ze zijn een middel tot een doel. Hij weet dat de weg naar het hart van de moeder en het vertrouwen van de vader via de kinderen gaat. Hij zal poeslief tegen ze zijn zolang de ouders hem geven wat hij wil hebben. Doen ze dat niet, dan is Wim ineens niet meer lief voor de kinderen. De meeste papa's en mama's nemen geen risico dat er iets met hun nageslacht gebeurt en doen wat hij zegt. Af en toe spartelt er iemand tegen en zoekt hulp bij de politie, maar dat heeft tot nu toe nog niemand overleefd. Wim laat zich zijn vrijheid niet afpakken.

Zeker niet door zijn kleine zusje Sonja. Zij is met haar kinderen door dezelfde hel gegaan als iedereen op wie Wim het voorzien had. Met één groot verschil: ze heeft niet alleen gepráát met de politie, ze heeft het ook overlééfd. En daardoor zit Wim nu levenslang vast. En dat kan hij maar op één manier verwerken: door wraak. En op wie is wraak het allerzoetst? De achilleshiel van iedere liefhebbende moeder: haar kinderen. Sonja en ik maken ons grote zorgen om Rich.

MAART 2020

Bent u een advocaat?

Ik bel Sonja. 'Hoi Son.'

'Hé As.'

'Ben je klaar bij mama?'

'Ja, alles is weer lekker fris. Het was een bende. Die kat is een ramp. Overal haren en kattenkorrels. Ik ga nu wat te eten voor haar halen.'

'Als je naar de molen rijdt, dan pik ik je daar op. Gaan we samen. Ik wil er even uit.'

'Zeker?'

'Ja, zeker. Ik word gek binnen. Ik zie je daar.'

Ik rij in de auto van Miljuschka. Op de afgesproken plek is Sonja er al. Ik parkeer naast haar auto en ze stapt meteen in.

'Waarom deze auto?' vraagt ze verbaasd.

'Die pantser moest naar de garage. Die is morgen weer klaar, hoop ik. Het voelt heel anders, zo'n gewone auto. Net alsof er niks aan de hand is.'

'Ja, was dat maar zo. Doe nou maar voorzichtig. We moeten juist weer wat scherper zijn.'

'Ik weet het, maar dit is overmacht. Wil je liever uitstappen?' vraag ik.

'Nee, ben je mal.'

'Oké. Waar gaan we heen dan?'

'Die supermarkt in de buurt van de bloemenstal,' zegt Sonja.

'Oké.'

Daar aangekomen stappen we uit en gaan de winkel in.

'Mandje of karretje?'

'Mandje,' zegt Sonja. 'Zoveel heeft mama niet nodig. Hier. Augurken. Ze wil leverworst met zuur.'

We zakken allebei door onze knieën, op zoek naar de juiste augurken.

'Deze?'

'Ja, die zijn goed.'

Sonja komt overeind en ik kijk naar haar omhoog. Op dat moment schiet er een man langs ons heen. We kijken allebei zijn kant op.

'Huh? Hé Berry! Berry, alles goed?!' roept Sonja de man na.

Berry komt uit een beruchte criminele familie en is een goede bekende. Terwijl hij doorloopt, kijkt hij schuchter om en zegt: 'Ja, hoor. Ja.' Vervolgens loopt hij snel door.

'Hè, waarom loopt hij nou door?' zegt Sonja.

'Geen idee. Het lijkt wel of hij ons niet wil kennen.'

'Gek, hè? Normaal lult hij vijf kwartier in een uur. En dat wegkijken. Met die pet helemaal over zijn ogen. Raar. Kom mee, erachteraan. Kijken wat hij doet.'

We lopen snel achter Berry aan.

'Kijk, hij rent door de kassa. Rekent niet eens af. Dat is niet goed, As.'

'Nee, schiet op. Weg hier. Laat die boodschappen maar staan.'

Buiten gekomen staat links van ons een auto met draaiende motor. Er zitten twee mannen in met een pet op, weggedoken in hun jas.

'Kijk, die auto, As. We worden gespot.'

Snel stappen we in Miljuschka's auto. Ik voel me onbeschermd, kwetsbaar. 'Kutauto. Had ik die andere maar mee.'

Eenmaal onderweg zeg ik tegen Sonja: 'Dit was een hele rare situatie.'

'Ja. We zijn niet scherp genoeg, As. We moeten echt weer wat scherper zijn.'

De volgende ochtend laat ik de gebeurtenis van de avond ervoor nog een paar keer in gedachten de revue passeren. Het kan een samenloop van omstandigheden zijn geweest, maar ik heb sterk het gevoel dat we gespot zijn. Berry heeft me naar mijn idee aangewezen aan de mannen in de auto. Daarom rende hij de winkel uit, voordat wij eruit kwamen. Hij kwam vroeger veel bij Sonja en Cor thuis en hij weet hoe ik eruitzie. Er circuleren wel wat foto's op internet waar mijn naam bij staat, maar dat ben ik niet. Een recente afbeelding van mij aan een schutter geven kan dus niet. Iemand moet me aanwijzen, anders weet een vreemde niet hoe ik eruitzie. Misschien vergis ik me en is het niks, wordt er niet op me geloerd, maar ik neem liever het zekere voor het onzekere. Ik kan het maar één keer fout doen. Gelukkig kan ik vandaag mijn pantserauto ophalen, dan zit ik in de auto tenminste weer veilig. Abbey, mijn hondje, gaat zoals altijd mee in haar draagbare bench.

Ik ben de deur nog niet uit als Ronald belt. Hij heeft een boodschap voor me. Het komt erop neer dat het team Bewaken en Beveiligen er lang over heeft nagedacht of ze me dit zouden vertellen, maar ze vinden toch dat ik het moet weten: Wim zit al maanden niet meer geïsoleerd, maar samen met bepaalde criminele kopstukken op een afdeling. Ze kunnen onbelemmerd met elkaar communiceren.

Ik voel de koude rillingen over mijn rug lopen. Dit is slecht nieuws.

'Bepaalde criminelen? Met wie zit hij dan?' vraag ik aan Ronald.

'Dat mogen we niet zeggen. Privacy van de gedetineerde.'

'Privacy? En het is al maanden zo? Waarom horen we dat niet gelijk? Want als dit mogelijk een risico is, dan was het dat maanden geleden ook al.'

'Privacy.'

'Maar Ronald, wij moeten onze eigen veiligheid regelen. Dan moeten we toch ook weten waar we aan toe zijn?'

'Privacy van de gedetineerde,' herhaalt Ronald.

'En waarom stoppen jullie juist die mensen bij elkaar? Daarmee laten jullie ze hun krachten bundelen. Dat is toch vragen om problemen?'

'We kunnen niet anders. In het begin zat Wim zo ongeveer alleen. Nu loopt de EBI langzamerhand vol,' antwoordt hij. 'Maar goed, ik wilde je dit even mededelen.'

Onderweg naar de garage ligt Abbey op de achterbank in haar draagbare bench rustig te slapen. Haar zachte gesnurk heeft altijd een kalmerend effect op me. Maar vandaag niet. Door de mededeling van Ronald sta ik weer volledig aan. Ik blijf me altijd weer verbazen over de naïviteit van het gevangeniswezen. Hoe kunnen ze de top van de onderwereld bij elkaar zetten en ze ongestoord met elkaar laten communiceren? Denken ze echt dat er dan alleen over koetjes en kalfjes wordt gepraat? Dit is precies waarvoor wij justitie al van het begin af aan waarschuwen: zet Wim niet bij andere criminelen die een netwerk buiten de gevangenis hebben waar hij gebruik van kan maken, want dat gaat hij dan gegarandeerd doen. Hij is nota bene enkele jaren geleden nog aangehouden in zijn cel op verdenking van opdracht geven voor de liquidatie van Sonja, onze medegetuige Sandra, Peter R. de Vries en mij. 'Die advocaat moet eerst,' vertelde de opdrachtnemer spontaan aan de politie. Ook toen maakte Wim gebruik van zijn medegedetineerden en hun netwerk buiten. Het is wachten tot er weer wat gebeurt.

Bij de garage aangekomen krijg ik slecht nieuws: de auto is nog niet klaar. Of ik niet gebeld ben. Nee, natuurlijk niet. Als ik gebeld was, dan was ik hier niet naartoe gereden.

'Maar nu ik hier toch ben, Henk, kun je deze auto even op de brug zetten? Kijken of er iets onder zit?'

Zo te zien zit er geen tracker onder de auto van Miljuschka en gevolgd ben ik zeker niet, dus kan ik op de terugweg net zo goed even sokken halen voor mama. Ze vraagt er al weken om. Haar onderbenen zijn zo gezwollen dat haar sokken te strak zitten. Ze wordt er gek van.

In de winkel bel ik haar. 'Hai mam. Switch even naar video, dan kun je meekijken. Zijn deze goed? Ze hebben een extra brede bovenrand.'

'Ja, die zien er goed uit.'

'Zal ik ze nemen dan?'

'Ja. Laten we het maar proberen.'

Ik reken af en loop nog even bij een slager ernaast naar binnen voor wat boodschappen.

Daarna stap ik weer in de auto, rij richting mama's huis en bel Sonja. 'Ben je er al?' vraag ik.

'Ja. Fran heeft even op de uitkijk gestaan.'

'Is ze daar ook?'

'Nee, ze moest gelijk weg.'

'Oké. Ik kom eraan.'

Bij het appartement van mijn moeder parkeer ik het liefst zo dicht mogelijk bij de deur, maar vandaag zijn al die plekken bezet.

Ik stap uit en pak alles wat mee moet naar mama. Ik gooi mijn rugzak om mijn rechterschouder en de bench om mijn linker. De tas met eten neem ik in mijn rechterhand. De sokken die ik zojuist voor haar heb gekocht houd ik los in mijn andere hand. Op dat moment gaat mijn telefoon in mijn jaszak. Ik duw de sokken tussen mijn kin en vis mijn telefoon uit mijn zak. Het is Ronald. Hij belt allesbehalve gelegen, maar ik neem toch maar op. Na de mededeling van vanmorgen kan het belangrijk zijn.

'Hai Ronald!' roep ik. 'Blijf even hangen, ik moet eerst ergens naar binnen.' Ik haast me naar de ingang. Dan bedenk ik dat ik mijn sleutels nog uit mijn handtas moet pakken. Wat stom van me! Normaal heb ik die altijd al in de hand, klaar om naar binnen te gaan, maar doordat ik de telefoon opnam ben ik dat vergeten. Mijn sleutels pakken kost tijd, maar aanbellen en wachten tot mama de deur opendoet ook. Ik kies toch voor aanbellen en loop door naar de vooringang van het complex, zo'n honderd meter verderop. Ronald is nog aan de telefoon. 'Blijf hangen, ik ben bijna binnen,' roep ik.

Als ik de personeelsingang passeer en de hoek omga richting de vooringang, zie ik naast een betonnen pilaar een man verdekt opgesteld staan. Hij is volledig gekleed in het zwart: een zwarte parka met bontkraag – een dure, valt me op – en een zwarte joggingbroek, zwarte gympen en een zwart mutsje tot op zijn ogen. Onder het mutsje zie ik kort, zwart haar. Zijn ogen zijn donker in een krachtig gezicht, een stoppelbaard, volle lippen en een mooie symmetrische neus. Eind twintig, misschien begin dertig. Zijn handen heeft hij in zijn zakken.

Ik schrik me kapot. Niet op de manier zoals ik schrik als iemand me verrast, maar een schokgolf die door mijn hele lichaam dendert. De wetenschap dat het onheil is gearriveerd: ik ben opgewacht, dit is foute boel. Ik heb Ronald nog steeds aan de lijn en zeg tegen hem: 'Ronald, ik ben opgewacht, ik ga dit niet redden.'

De man staat krap anderhalve meter bij me vandaan en ik begin te rennen. Ik moet de afstand tussen ons vergroten. Ik ren richting de vooringang. De man komt achter me aan. Ik hoor hem roepen. 'Mevrouw, mevrouw, mag ik u iets vragen?!'

Hij spreekt algemeen beschaafd Nederlands en zijn correcte spraakgebruik doet me aarzelen. Hij wil me misschien alleen maar iets vragen. Er is niets aan de hand. *Trap er niet in!* schreeuwt mijn instinct tegelijkertijd. *Niemand staat daar, op die manier, op die plek. Doorrennen! Niet antwoorden!*

Ik volg mijn instinct en ren door. Ik moet me niet laten aanklampen, dan verkleint hij de afstand. Ik kom bij de ingang en druk op de bel. Als door een wonder gaan de glazen schuifdeuren onmiddellijk open. Ik ren naar binnen de hal door naar de volgende deur. Ik hoor de stem van de man weer. 'Mevrouw, mag ik u iets vragen?'

Hij klinkt dichtbij en ik voel dat ik het niet ga redden. Als ik aan hem wil ontkomen, moet ik eerst nog de volgende deur door, vier trappen op en de gang door rennen om bij het appartement van mijn moeder te komen. Hij is groot, veel jonger. Hij haalt me ongetwijfeld in en een vuurwapen zal de resterende afstand tussen ons eenvoudig kunnen overbruggen. Wanhoop overvalt me. *Het is zover, accepteer het maar.*

Maar niet zonder dat ik bewijs verzamel van de dader.

Ik moet een foto van hem maken. *Schiet me maar af, maar je komt er niet mee weg, klootzak, want ik heb jou op beeld.*

Ik sta stil, zet de bench met Abbey en mijn tassen neer en draai me om.

Mijn telefoon houd ik op buikhoogte voor me uit. Ik durf hem niet hoger te houden, want stel dat ik ernaast zit. Dat dit alles onschuldig is. Dat ik de situatie toch verkeerd interpreteer. *Weer dat fatsoen. Hou toch op!* Ik moet hem filmen.

Mijn handen trillen terwijl ik naar de cameraknop zoek. Hij staat vier meter van me vandaan. Hij zoekt oogcontact. Ik probeer nog steeds de juiste knop te vinden. 'Bent u een advocaat?' vraagt hij.

Weer dat keurige taalgebruik. En terwijl hij dat zegt, hoor ik de woorden van Wim aan de opdrachtnemer die in 2015 was ingehuurd om me te doden. *Die advocaat moet eerst.* Dat was de uitdrukkelijke opdracht: ik moet eerst. Niet Sonja, niet Sandra, maar ik. En daarom zoekt deze vent de bevestiging dat ik het ben. Ik ben de advocaat van ons drieën.

Even heb ik de natuurlijke neiging dat te bevestigen, maar mijn instinct grijpt op tijd in. Ik herpak mezelf, probeer het trillen van mijn lichaam te onderdrukken en zeg op agressieve toon: 'Ken ik jou?' Mijn toestel houd ik nog steeds voor mijn buik.

Hij geeft geen antwoord op mijn vraag, maar herhaalt op nog dwingender toon: 'Bent u een advocaat?'

Hij weet kennelijk niet of hij de juiste persoon voor zich heeft. Ik loop in de jas van Miljuschka. Ligt daar mijn ontsnapping? Ik zet een stap richting de glazen deur en zeg nog agressiever: 'Ken ik jou dan?!' Het toestel houd ik nu op borsthoogte. Hij kijkt, begrijpt wat ik doe. Ik houd de camera nu recht voor me en zet nog een stap in zijn richting. Ik zie twijfel in zijn ogen, hij wiebelt van het ene been op het andere. Ik blijf staan. Trillend. Mijn camera vooruit. Hij kijkt me kil en berekenend aan. Dan loopt hij weg langs de glazen pui, zijn ogen nog steeds op mij gericht. Ik loop naast hem mee, gescheiden door de glazen pui, en blijf hem filmen. Halverwege kijkt hij mij doordringend in de ogen. Ik schrik. Dan draait hij met zijn wijsvinger naast zijn linkerslaap en zegt: 'Je bent gestoord, kankerwijf!'

Twee meter naast waar ik hem aantrof, springt hij op een oranje elektrische fiets en gaat ervandoor. Ik grijp mijn tassen, gooi de bench met Abbey om mijn schouder en ren zo snel mogelijk de trap op naar de eerste verdieping. Daar kijk ik door het raam of ik hem nog zie. Daar is hij. Ik wil hem niet uit het oog verliezen, bang dat hij omdraait en terugkomt. Maar hij fietst door.

Met trillende handen bel ik Ronald. Ik probeer over te schakelen naar videobellen, zodat hij mee kan kijken als de man tussen de bomen verdwijnt.

'Ronald! Zie je hem?'

Ik blijf kijken tot ik hem niet meer zie. Hij is weg. Dan flitst er door me heen dat hij misschien niet alleen is. Ik ren de volgende trap op naar de galerij. Ik moet zo snel mogelijk bij mama naar binnen. Haar appartement is halverwege de gang en ik ren zo hard ik kan. Sonja staat in de deuropening.

'Naar binnen, naar binnen, snel!' Ik duw haar naar binnen en doe de voordeur achter me dicht. Bevend van angst sta ik in de woonkamer. Mama en Sonja staren me aan.

'Wat is er?'

'Ik ben opgewacht.'

'Waar?'

'Beneden. Ik heb hem gefilmd.'

'Echt?!'

'Toen ik op hem afliep.' Opgewonden scrol ik door mijn video-opnamen. 'Ik kan het niet vinden!'

'Doe rustig. Je handen trillen. Kijk goed.'

'Nee, ik kan niks vinden! O nee, hoe dan?!'

Het is niet gelukt. Ik heb geen beelden van hem. Ik was met Ronald aan het bellen toen ik de man zag en toen ik hem wilde filmen, moet ik in paniek op de verkeerde knoppen hebben gedrukt.

'Heb je helemaal niks? Laat me kijken.'

'Hier, ik heb alleen een bewogen foto van hem. Shit, Son! Ik heb het verprutst. Nu komen we er nooit meer achter wie het was!'

Ronald belt.

'Ronald, heb je het gevolgd?' vraag ik.

'Je drukte me weg. Wat is er aan de hand?'

Ik vertel hem wat er gebeurd is. 'Ik probeerde hem te filmen, maar het is niet gelukt. Hebben jullie camerabeelden?'

'Ik ga ermee aan de slag. Ik laat het je weten.' Hij hangt weer op.

'Toen ik de auto parkeerde, zag ik vanuit mijn ooghoeken iemand aan komen lopen,' zegt Sonja. 'Ik kreeg er een heel naar gevoel bij, daarom ben ik ook doorgerend naar de ingang die jij hebt genomen, omdat die andere deur zo moeilijk sluit. Ik wilde je net gaan zoeken. Ik voelde dat er iets mis was. Je hebt geluk gehad,' zegt ze.

'Ja, met jou. Omdat jij de deur opendeed. Als ik op mama had moeten wachten, was ik er al niet meer geweest.'

'Nee, je bent met je camera op hem afgelopen en dat verwachtte hij niet.'

'Die kans kreeg ik omdat hij twijfelde. Hij wist niet zeker of ik het was. Daarom vroeg hij: bent u een advocaat? Logisch, ik rij in Mil haar auto, loop in haar jas, draag mijn haar zoals zij.'

'Net als gisteren in de supermarkt. Daar zijn we al gezien. Maar dan zijn ze met meer.'

'Ja. Ze hebben ons op zijn minst vanaf dat moment in de

gaten gehouden. Maar hoe? Ik heb geen vast patroon. Heb jij iemand verteld dat ik ook naar mama zou komen?'

'Nee, natuurlijk niet, As.'

'Hoe kon hij dan weten dat ik eraan kwam?'

'Misschien zit er wat onder de auto van Mil?'

'Die heb ik gisteren nog laten nakijken. Ik denk dat ze hier in de buurt staan te posten. Omdat ze weten dat we voor mama moeten zorgen.'

'We moeten de kinderen vertellen wat er gebeurd is. Ze moeten voorzichtig zijn,' zeg ik.

'Als ze hier de boel in de gaten houden, dan kunnen ze ons overal naartoe zijn gevolgd. Weten ze waar we wonen, alles. Als ik goede beelden had gehad, waren we er misschien achter gekomen wie het zijn. Vergeet dat nu maar. Hoe kan ik zo stom zijn, Son?'

'En nu?' vraagt mama.

'Hopen dat justitie wel beelden heeft. En voorlopig maar zo veel mogelijk binnenblijven tot we misschien meer weten.'

'Ga je naar je huis?' vraagt Sonja.

'Misschien weten ze mijn huis ook al. Ik ga maar naar Mil. Ik denk dat het daar voor mij momenteel het veiligst is. Dan kan ik haar gelijk vertellen wat er precies gebeurd is en haar een beetje geruststellen. Kom op, Abbey, we gaan. Hup, in de tas.'

'Oké, ik loop voor je uit naar de auto. Je weet nooit of er eentje achter een deur verstopt staat. Geef me je sleutel. Kom op. Een, twee, nu!'

Met een bonzend hart ren ik achter Sonja aan het pand uit naar mijn auto, bang alsnog in de val te lopen.

'Snel kijken of er wat onder zit,' zegt Sonja. Ze gaat op haar rug liggen en schuift onder de auto. 'Ik zie niks.' Ze start de auto. 'Alles goed,' zegt ze, en ze stapt in haar eigen auto.

Onderweg naar Miljuschka probeer ik te bedenken hoe het kan dat ze me gevonden hebben. Er zijn niet veel mensen die weten waar mama woont, alleen de inner circle. Miljuschka, Francis, Sonja, Rich, mijn jongste broer Gerard en tante Leen. Verder niemand. Geen van hen zou mij verraden. Hoe weet die gozer dan dat mama daar woont? En hoe kon hij timen wanneer ik daar aankwam? Ik probeer de puzzel in mijn hoofd te leggen, maar het lukt me niet. Ik zet mijn gedachten uit, concentreer me op de weg en de omgeving en zorg dat ik goed bij Miljuschka aankom. Vlak daarna belt Ronald. Ik word zo bezocht door de recherche. Ze komen een verklaring opnemen.

Niet veel later arriveren er twee rechercheurs. Ze zijn van een ander team en zijn gevraagd mij te horen. Ik geef ze koffie en vertel ze wat er gebeurd is. Ze luisteren, maar maken geen notities. Ik vraag ze of ze mijn verklaring niet opschrijven. Dat is niet nodig, zegt de vriendelijke van de twee. Enigszins ongemakkelijk ga ik verder met mijn verklaring. Als ik klaar ben met vertellen, valt er een stilte. Dan vraagt een van de twee zich hardop af of Wim nog wel voldoende macht heeft om een liquidatie te organiseren. Miljuschka komt op datzelfde moment binnenlopen en kijkt me verbijsterd aan. Ik schaam me tegenover haar voor de manier waarop ze me impliciet als fantast neerzetten en vraag ze mee te gaan naar de plek waar het incident is voorgevallen, maar ze houden het af. Ook dat vinden ze niet nodig. Ik snap dat ze het druk hebben, maar ik dring toch aan, zodat ze zich er een beeld bij kunnen vormen. Met frisse tegenzin stemmen ze in.

Daar aangekomen kijken ze om zich heen en zuchten een paar keer diep. En ja, ze moesten het met me eens zijn, het was wel een heel vreemde plek om naar een advocaat op zoek te gaan. Maar nu moesten ze weer verder. Ik zie op de plek waar de man stond een paar sigarettenpeuken liggen en vraag de rechercheurs of ze die niet moeten meenemen voor DNA-onderzoek. Maar dat is niet nodig: die peuken konden van iedereen zijn. Dat is dus precies wat ik bedoel: ook van degene die mij daar stond op te wachten. Als er een match is, kunnen ze hem misschien horen en vragen wat hij daar precies deed. Maar ook dat was niet nodig. Ze moesten nu gaan en wensten me een fijne dag. De sigarettenpeuken bleven achter.

Boos app ik hun teamleider, die zich onmiddellijk distantieert van de ongepaste opmerking, die volgens hem nooit gemaakt had mogen worden. Hij belooft beter. Daar heb ik weinig vertrouwen in, want het gaat om de overtuiging die achter die opmerking zit. Willem Holleeder zit toch levenslang achter de tralies? Wat zeur ik nou? Het is dit soort naïviteit dat Wim op een ongekende voorsprong zet.

Terug bij Miljuschka probeer ik niets van de vervelende ervaring van zojuist te laten merken. Ik zie dat ze bezorgd is, en ik wil haar geruststellen.

'Blijf hier, mam. Hier ben je veilig. Dan ben ik bij je. Zijn we samen. Ik wil niet meer dat je bij me weggaat.'

Ik blijf bij haar, maar ik doe die nacht geen oog dicht. De volgende ochtend sta ik heel vroeg op om het huis uit te gaan voordat iedereen wakker wordt. Ik sta al met de deurkruk in mijn hand als ik ineens achter me hoor: 'Waar ga jij heen?' Het is Miljuschka.

'Ik ga zoeken. Kijken of ik iets kan vinden wat me op het spoor van de dader zet.'

'Nou, dat dacht ik niet. Jij blijft gewoon hier. Ben je wel helemaal lekker?'

Ik zie de angst in haar ogen en laat de deurkruk onmiddellijk los. 'Je hebt gelijk, lieverd. Koffie dan? Of is dat te vroeg?'

'Doe maar. Ik kan toch niet slapen. Hoe hebben ze jou kunnen vinden, mam?'

'Er zijn verschillende scenario's, Mil. Maar ja, welke is het?'

Ik zet koffie voor ons en open de deur naar de tuin om even lekker in de frisse lucht te gaan zitten.

'Wat ga je doen?'

'Even in de tuin zitten.'

'Niks daarvan. Straks zien ze je.'

Ze trekt de deur uit mijn hand en doet hem dicht. Dan gaat ze aan de keukentafel zitten en begint onbedaarlijk te snikken.

'Hé, lieverd, wat is er nou? Er is niks aan de hand. Alles komt goed.' Ik sla mijn armen om haar heen. 'Sst, rustig maar. Er is niks aan de hand.'

Haar snikken wordt langzaam minder. 'Mam, ik ben hier al zo lang zo bang voor,' fluistert ze zachtjes, alsof door het hardop uitspreken de woorden werkelijkheid kunnen worden. 'Ik wil niet dat je naar buiten gaat.'

'Maar lieverd, je kan me hier niet opsluiten. Ik moet voor mezelf op een rijtje zetten hoe het kan dat ik het niet heb zien aankomen. Wat heb ik gemist? Ik wil ter plekke gaan kijken. Weten waar ze stonden toen ik de straat in kwam. De route rijden die die gozer op zijn fiets nam. Misschien vind ik die fiets. Of dat mutsje. Ik moet iets doen, Mil. Ik kan me dit niet aan laten doen. Ik ga geen slachtoffer zijn. Dat zou hij wel willen. Oké? Kijk me aan. Oké?'

Ze knikt.

'En we moeten oma verzorgen. Dus vandaag of morgen moet ik er toch weer heen. Kan ik net zo goed vandaag gaan. Misschien kom ik die gozer daar wel weer tegen en blijkt het een hele normale jongen te zijn.'

Ze rolt met haar ogen en zegt: 'Ga maar dan.'

'Hou van jou, lieverd.'

'Hou van jou.'

Ik stap in de auto en bel Sonja. 'Ik kom weer bij jou slapen. Ik wil Mil niet met die stress opzadelen. En ik wil mijn eigen gang kunnen gaan. Dat trekt zij niet.'

'Dat snap ik,' zegt Sonja. 'Ze is bezorgd.'

'Ja, maar ik wil proberen uit te vinden waar dit vandaan komt. En als ik dat doe, geef ik haar alleen maar spanning. Zij wil zich er het liefst voor afsluiten. En ik wil het er alleen maar over hebben. Het zit me zo hoog. Dus ik kom naar jou.'

'Vind je het bij mij veilig genoeg?'

'Nee, maar twee zien meer dan een. Zo hebben we het altijd gedaan en dat moet nu maar weer.'

Bij Sonja aangekomen pak ik voor de zoveelste keer mijn tassen uit en maakt zij ondertussen een cappuccino voor me.

MAART 2020

Het verraad zit altijd dichtbij

De hele nacht lig ik te malen. Slapen lukt niet en om vijf uur ga ik mijn bed uit.

Sonja ligt ook wakker. 'Kun jij ook niet slapen, As?' zegt ze.

'Nee, ik lag te denken. Weet je nog, die gozer die Rich vorige maand bij de sportschool aansprak? Die zogenaamd met Cor had gekaart? Misschien is Rich vanaf dat moment gevolgd en zijn ze zo achter het adres van mama gekomen.'

'Het kan ook dat ze hem naar mij zijn gevolgd en mij naar mama.'

'Ja, kan ook.'

'Maar als ze weten waar ik woon, waarom hebben ze jou hier dan niet gepakt?'

'Bij jou hangen overal camera's, bij mama niet. Bij jou kunnen ze niet lang rondhangen zonder op te vallen, bij mama wel. En Wim kent die buurt bij mama.'

'Wim?' vraag ik verbaasd.

'Ja, hij heeft daar om de hoek een box gehad. Daar moest ik die zwarte gepantserde BMW altijd neerzetten.'

'Dat meen je niet. Daar kom je nu mee! Hoe heb je mama hier dan kunnen laten wonen?'

'Die box had mama al een tijd geleden opgezegd.'

'Ja, maar dan kent hij de locatie toch als zijn broekzak! Waarom heb je dat nooit verteld?'

'Heb ik wel verteld. Maar mama moest zo snel mogelijk weg uit de Jordaan en justitie had niks anders. Dit was de enige plek waar ze naartoe kon.'

'Waar is die box dan?'

'Als we in de straat bij mama aan komen rijden, is er toch die grote parkeerplaats op de hoek? Dan moet je daar dat tunneltje onderdoor. Daar is het.'

'Jeetje, Son. Ik denk dat we vanaf die grote parkeerplaats altijd in de gaten zijn gehouden. Ze kunnen ons vanaf daar aan zien komen rijden en dan op de elektrische fiets binnen vijf seconden achter die paal bij de dienstingang staan. Dit is goed voorbereid. Ze zijn hier al een tijdje mee bezig.'

'En misschien nog.'

'Hoe gaan we dat met mama doen vanaf nu?'

'Ik ga er gewoon heen. Ik zal wel moeten. Ik kan haar niet aan haar lot overlaten. Ik zou haar vandaag vers brood brengen.'

'Oké, dan ik rij achter je aan. Ik wil even terug naar die plek. Kijken of die gozer misschien iets heeft achtergelaten. Een aanknopingspunt waarmee de politie verder kan.'

'Laten we nu gaan dan.'

Op de plek aangekomen liggen de sigarettenpeuken er nog steeds. Samen doorzoeken Sonja en ik de omgeving en gaan de verschillende vluchtroutes langs. Op een van die routes vinden we een zwart mutsje. We geven het door aan de recherche, maar ook dat 'hebben ze niet nodig'.

Niet veel later krijg ik bericht: uit het onderzoek komt voorlopig niks bruikbaars. Er rijden honderden oranje elektrische fietsen rond en er zijn duizenden jongemannen met parka's met een bontkraag en een mutsje op. Camerabeelden zijn er niet, want er hangen geen camera's, ook niet in de omgeving. Er is alleen mijn verklaring en een onscherpe foto. De recherche heeft geen aanknopingspunt om verder onderzoek te doen. Ze houden mogelijke verbanden met andere zaken in de gaten en laten het me weten als ze iets op het spoor zijn.

Ik kan mezelf wel voor mijn kop slaan. Had ik maar beelden gehad. Dan was de zaak heel anders gelopen. Maar ik kon geen twee dingen tegelijk: hem in de gaten houden én mijn telefoon bedienen. Dus moet ik iets hebben wat ik op mijn lichaam draag en opneemt zonder dat ik daar iets voor hoef te doen.

Ik vraag het Miljuschka. Zij zal dat wel weten, zij werkt veel met camera's.

'Dus even voor mijn begrip, mam: je wil je eigen moord filmen?' vraagt ze.

'Nee, ik wil mijn moordenaar filmen. Als het gebeurt, wil ik dat hij op beeld staat. Maar het moet op een manier kunnen dat ik er niks voor aan of uit hoef te zetten als het zover is.'

'Ik zou een bodycam nemen, als ik jou was.'

Goed idee. Ik vind er een op internet die de politie ook gebruikt. Waterdicht, schokvrij, crashbestendig, nachtzicht en kan uren opnemen. Supersimpel te bedienen en neemt uitstekende beelden op. Ik koop er ook een voor Sonja.

'Hier, Son, ik heb nog wat voor je. Een bodycam. Schokvrij. Kun je rustig dood mee neervallen, dan blijft-ie gewoon opnemen.'

'O, wat goed. Dank je.'

'Nu hebben we altijd beeld. Het gebeurt me niet meer dat ik door de stress de verkeerde knopjes op mijn telefoon indruk. Als ik goede beelden had gehad, had de politie daarmee verder gekund. Die kans heb ik verprutst.'

'Wees blij dat je het kan navertellen. Dan maar geen beelden.'

De volgende ochtend zit ik met Sonja aan de koffie.

'Ik heb een bericht van Ronald. Ik moet hem even bellen,' zegt ze.

Sonja belt met Ronald. Als ze ophangt, zegt ze: 'De buren hebben de politie gebeld. Er staat een man met een rugzak die zich verdacht gedraagt bij mij in de straat. Ronald gaat foto's sturen. Of we willen kijken of wij hem herkennen.'

We herkennen hem niet. Maar dat zegt niets.

'Jij kan hier beter niet blijven, As. Misschien willen ze het opnieuw proberen,' zegt Sonja.

'Waar moet ik heen?'

'Naar je eigen huis. Die kunnen ze alleen weten als ze je zijn gevolgd. En dat lijkt me sterk, want daar ben je scherp op.'

'Eens, laten we maar het zekere voor het onzekere nemen.'

'Ja, want As, tussen de mensen die weten waar mama woont, zitten er ook een paar die weten waar ik woon. En dan is het niet zo gek dat er nu weer een verdacht persoon in mijn straat staat.'

'Maar dan zit het verraad wel heel dichtbij, Son.'

'Dat is toch altijd zo, As?'

APRIL 2020

Miljuschka – Ben ik haar kwijt?

Ik bel Sonja. 'Waar ben je nu?'

'Om de hoek bij mama.'

'Oké, ik kom eraan. Ik wil heel even naar haar toe.'

'Doe nou niet, As. Dat geeft haar alleen maar stress.'

'Er is niks aan de hand als jij het buiten in de gaten houdt. O, wacht even, Mil belt. Ik bel je later.'

'Oké, laat me weten.'

'Mil?'

'Mam?' Ze klinkt in paniek.

'Wat is er?!'

'Ik ben… Mam? Ik bel je zo terug…'

'Mil?'

De verbinding wordt verbroken. Ik probeer haar terug te bellen. In gesprek. Ik bel opnieuw. Nog steeds in gesprek. Haar vriend belt me.

'Flip! Heb jij iets van Mil gehoord?'

'Er zat een motor achter haar aan.'

'Wat zeg je?'

'Een motor. Achter haar aan. Ze belt nu met Bewaken en Beveiligen. Verder weet ik het ook niet. Maar ik heb gelijk de beelden nagekeken en daar zie je een motor achter haar aan gaan.'

'Nee! En nu? Waar is ze?'

'Ze moet ergens in de buurt zijn.'

'Ik kom eraan.'

Sonja belt. 'As! Wat is er met Mil?'

'Iets met een motor achter haar aan. Ik weet het niet precies. Ik ga je hangen. Ik moet naar haar toe.'

'Nee, As, doe dat nou niet. Misschien is dat wat ze willen!'

'Ben je gek? Natuurlijk ga ik! O, ze belt...' Ik verbreek het gesprek met Sonja. 'Mil, wat is er?! Waar ben je?!' schreeuw ik.

'Het is goed, mam, ik ben oké.'

'Flip zei...'

'Ja, er zat een motor achter me aan. Maar het is niks.'

'Niks?'

'Nee.'

'Waar ben je?'

'Ik rij, ik moet naar de studio voor opnames.'

Het raast door mijn hoofd. Ik geloof haar niet. Flip ziet een motor achter haar aan rijden, ze belt me in paniek, hangt op, zegt dat er niks aan de hand is en dat ze doorrijdt naar de studio. Stel dat iemand haar meegenomen heeft? Ik zoek naar de juiste vragen waaruit ik kan opmaken of Miljuschka inderdaad alleen is en naar haar werk rijdt.

'Hoe laat moet je er zijn?' vraag ik kalm.

'Zeven uur. Ik heb haast. Ik ben te laat door dat stomme gedoe.' Ze klinkt naturel gefrustreerd. Ze faket niet. Gelukkig. 'Er zit niemand bij me in de auto, hoor, mam. Ik weet wat je denkt.'

'Oké,' antwoord ik. Maar ik denk: ze kan ook gedwongen worden dit te zeggen.

Ze schakelt over naar videobellen. 'Zie je?'

Een golf van opluchting gaat door me heen. 'Vertel me, wat is er gebeurd?'

'Nou, ik reed de weg op en toen zag ik in mijn achteruitkijkspiegel een motor snel op me inrijden. Dus ik geef gas. Maar hij ook. Ik denk: dat is foute boel, en geef nog meer gas. Hij ook en toen reed hij me min of meer klem. Er stapte een vent af en die komt naar mijn raam. Ik zat te shaken. Hij zegt: "Ik ben van de politie." Ik denk: je kan me nog meer vertellen. Dus ik zeg door de intercom dat ik mijn raam niet naar beneden doe. Ik wilde eerst zijn pas zien. Hij laat zijn pas zien, maar toen ik daar een foto van wilde maken, werd hij boos. Dat mocht niet. Ik zeg: "Ik stuur dat door naar Bewaken en Beveiligen, dan kunnen ze je pas checken." Hij bleef maar op het raam tikken en zeggen dat ik mijn ID moest geven, en ik was hartstikke bang. Dat werd soort van ruzie en toen heb ik mijn raam naar beneden gedaan en mijn ID gegeven. Ik ben zo geschrokken. Ik zit nog te shaken.'

'Serieus, Mil, je hebt je raam naar beneden gedaan?'

'Ja, mam, maar ik voelde dat het politie was.'

'Je hebt je raam naar beneden gedaan voor iemand waarvan je "voelde" dat het politie was. Het heeft toch geen zin om in een kogelwerende auto te rijden als je je raam naar beneden gaat doen?'

'Ja mam, dat snap ik ook wel, maar... Ach, laat maar, ik heb hier zo geen zin in. Ik ga je hangen.'

'Ja, hang maar weer op als het je te veel wordt.'

'Ja, inderdaad. Ik word zo moe van dat gezeik van jou.'

Miljuschka hangt op. Ik bel haar terug. Ze neemt niet op. Ik bel weer, en krijg een berichtje: *Laat me maar even. Ik spreek je wel weer.*

Ik haat mezelf. Ik blijf bellen. Ze neemt niet op. Ik ben ook zo stom. Waarom moet ik dat nou zeggen? Waarom kan ik me niet beheersen? Ik had haar moeten troosten in plaats van terechtwijzen. Nu heeft ze het enige lijntje dat ik met haar heb verbroken. Ik stuur haar een bericht: *Het spijt me, Mil. Ik had dat niet moeten zeggen, maar ik ben zo bezorgd.*

Geen reactie.

Sonja belt.

'Mil is oké,' zeg ik, en ik vertel haar wat er is voorgevallen.

'Gelukkig, ik schrok me kapot.'

'Maar ze is nu boos, omdat ik er wat van zei dat ze was gestopt en haar raam naar beneden had gedaan.'

'Echt, As, ben je daarover begonnen?'

'Son, dat is het laatste wat ze moet doen!'

'Ja, maar goed, ze is zich net kapotgeschrokken. Dan ga je haar daar toch niet mee lastigvallen!'

'O, gelukkig, ze belt! Ik ga je hangen.'

'Mil? Sorry dat ik...'

'Ja, het is goed. Even een update voor je gemoedsrust. Beveiliging weet welke agent het is. Hij werkt daar in de buurt.'

'Maar waarom doet hij dit?'

'Marion van Bewaken en Beveiligen zegt dat hij vond dat ik te agressief reed.'

'En daarom ging hij achter jou aan?'

'Kennelijk. Hij wist ook wie ik was.'

'Maar dan moet hij toch begrijpen dat hij jou hiermee de stuipen op het lijf jaagt?'

'Dat heeft beveiliging hem denk ik nu wel uitgelegd. Ik moet verder. We hebben het er later nog wel over.'

'Is goed, lieverd. En sorry voor net.'

Ik voel me diep ellendig dat ik zo gereageerd heb, op het moment dat Miljuschka nog vol in de adrenaline zat van het gebeuren. Maar dat neemt niet weg dat ik wel gelijk heb. Ze had het niet moeten doen. Daar moeten we aan werken.

De volgende middag bel ik haar. 'Hé lieverd, kun jij in je agenda een paar data voor me blokken?'

'Waarvoor?'

'Ik heb een cadeautje voor je.'

'O, wat leuk. Is dat vanwege gisteren?'

'Ja, dat is vanwege gisteren.'

'Wat lief… Of… Nee, wat heb je nou weer bedacht? Ga het nou niet weer overdrijven, hè mam! Er was niks aan de hand.'

'Nee, en dat moeten we ook zo houden. Dus ik heb voor de hele familie een paar cursusdagen geregeld. Gezellig familie-uitje.'

'Maar dan anders.'

'Gezellig toch? En best spannend. Dan kunnen we allerlei livesituaties oefenen op onverwachte momenten. Kijk, daar heb je wat aan.'

'Mam, je weet dat ik er een hekel aan heb als je mijn tijd gaat invullen. En altijd op dezelfde manier. Misschien kunnen we echt een keer samen iets gaan doen? Zou weleens leuk zijn. Of ben je vergeten hoe je dat moet?'

Ik schrik van haar cynisme.

'Maar Mil, ik kan de situatie toch niet veranderen?'

'Nee, maar je hoeft hem ook niet altijd aan mij op te dringen wanneer het jou uitkomt. Zodra jij vindt dat je mij weer zo nodig moet beschermen.'

Het voelt als een stomp in mijn maag.

'Ik wil alleen maar het beste…'

'Ja, maar ik heb niet altijd zin om aan deze ellende te denken. Een cursus van vier dagen? Waar denk je dat ik de tijd vandaan haal? Maar als ik het niet doe, voel ik me weer schuldig naar jou, omdat ik weet dat je alleen maar het beste met me voorhebt. Maar ik heb een agenda. Jij zit binnen, maar ik moet in de buitenwereld opereren. Verschrikkelijk voor je, mam, maar het is voor mij niet veel leuker. Ik krijg alles over me heen. Kan me niet verstoppen, zoals jij. Wat denk je dat een stress dat met zich meebrengt, en dan ga jij ook nog lopen pushen met allerlei cursussen. Ik wil niet altijd maar geleefd worden door de situatie. Ik heb hier helemaal geen zin in. Ik bel je later wel terug, voordat ik dingen ga zeggen waar ik spijt van krijg.'

Ontgoocheld zit ik met de telefoon in mijn hand. Miljuschka's woorden komen hard aan. Het is duidelijk dat de rek er voor haar een beetje uit is. Maar ik zet de cursus toch door. Dan haat ze me maar. Ze weet dan in elk geval wat ze de volgende keer moet doen. Ik heb liever dat ze boos op me is maar veilig, dan dat ze onveilig is en van me houdt. Het is niet anders.

MEI 2020

Wim wil weer in de EBI blijven

Ik bel Sonja.

'Son?'

'Ja?'

'Wim wil toch weer wel in de EBI blijven.'

'Echt waar?'

'Ja, hij heeft zijn beroep ingetrokken.'

'Dat is toevallig.'

'Nogal.'

'Dat doet hij niet voor niks.'

'Nee, hij heeft zeker weer behoefte aan zijn EBI-alibi.'

MEI 2020

Sonja – Ik wil hier weg, As

Het is nu twee maanden geleden dat ik bij mama's huis ben opgewacht en ik tast nog steeds volledig in het duister hoe ze me op het spoor gekomen zijn. Het zit me enorm dwars dat anderen weten hoe ik eruitzie, in welke auto ik rij en waar mama woont, maar dat ik niet weet wie zij zijn. En ik vertrouw daardoor momenteel helemaal niemand meer. Zelfs mijn eigen familie niet. De mogelijkheid dat een van hen, al dan niet bewust, loslippig is geweest, kan ik moeilijk van me afzetten. Ik ga bijna nergens meer heen. Blijf het liefst thuis.

John van den Heuvel appt: *Zullen we even bellen? Ik heb je zo lang niet gesproken.*

Ik bel hem en we praten bij over wat er de laatste tijd is gebeurd. 'En nu? Je kan niet voor altijd binnenblijven, je moet toch ook een beetje leven,' zegt John.

Hij bedoelt het lief, maar onze situaties zijn totaal verschillend. Hij wordt tot de tanden toe beveiligd en ik moet voor mijn eigen veiligheid zorgen. En dan brengt elk 'beetje leven' risico's met zich mee. En die risico's weeg ik zorgvuldig af. Wil ik wel buitenshuis zitten met een vriend van wie ik niet weet of hij heeft laten vallen dat hij mij gaat zien, mij misschien in zijn kantooragenda heeft gezet, of zelf door iemand gevolgd is. Is dat uitje het risico en de stress die het oplevert waard? Nee, maar sinds het incident bij mijn moeder voor de deur zit ik wel erg veel binnen. Het is af en toe om gek van te worden. Mijn sociale contacten waren al minimaal maar zijn nu op een nulpunt. Ik krijg weinig impulsen van buitenaf en er gebeurt niets spontaans in mijn leven. Zou het niet fijn zijn om weer eens een gesprek te voeren met iemand met dezelfde of juist met volledig andere interesses dan ik? Ja, dat zou zeker fijn zijn. Misschien moet ik er dan toch maar weer eens uit? Laat ik het gewoon voorzichtig proberen.

'Wát wil je doen?' vraagt Sonja.

'Even eruit. Ik heb morgen met Erik afgesproken in het Vondelpark. Ik heb de energie van een ander mens nodig.'

'O, dank je wel. Ben ik niet goed genoeg, dan?' zegt ze beledigd.

'Je weet toch wat ik bedoel. Ik sta met jou op en ik ga met je naar bed, figuurlijk dan. Ik wil ook weleens andere mensen zien. Ga je mee?'

'Als jij durft.'

'Ja, zo verdergaan is ook niks. En de schrik is er wel al een beetje af.'

'Maar jouw auto staat bij de garage,' zegt Sonja.

'We gaan met de jouwe. Die heb je net een paar dagen.'

'Durf je dat aan?' vraagt ze.

'Nee, maar ik word helemaal gek van dat alleen binnen zitten. Ik moet menselijke energie voelen. Dus ik neem de gok.'

Erik is een vriend en oud-collega. Met hem kan ik met een gerust hart afspreken. Ik sta bij hem niet in een agenda en hij vertelt niemand dat hij mij gaat zien. Sonja is meegegaan. We ontmoeten hem voor de ingang van het Vondelpark. Met z'n drieën lopen we heerlijk door het park. Wind door mijn haar. Zon op mijn huid. Het geroezemoes van mensen om me heen. Een gevoel van vrijheid. Tot er iemand achter ons loopt die plotseling versnelt en voor ons gaat lopen. Tien meter voor ons blijft hij staan, draait zich om en bekijkt Sonja en mij met te veel belangstelling. Hij pakt zijn telefoon en begint druk te praten, terwijl hij ons blijft aankijken. Instinctief vertragen Sonja en ik allebei onze pas. We kijken elkaar begrijpend aan. Dit type, zijn uiterlijk, zijn gedrag: in alles is het een spotter. We worden mogelijk in de gaten gehouden.

We laten niets aan Erik merken, want we willen hem niet onnodig de stuipen op het lijf jagen. Misschien is het niks, maar we hebben het allebei gezien en nemen het zekere voor het onzekere: tijd om richting de uitgang van het park te koersen. Als die gozer van zojuist inderdaad foute boel is, dan is het mogelijk dat we bij de auto opgewacht worden. Dus maken we onder het mom van 'Waar staat onze auto ook alweer?' een lus om de auto heen. Niemand te zien. Snel instappen. Ons gezelschap trekken we zachtjes mee. We zeggen hem niets en hij geeft me niet het idee dat hij iets merkt van de stress die bij Sonja en mij is toegenomen. Eenmaal in de auto geeft Sonja flink gas en ik kijk of er iets achter ons zit. Ik zie niks. Dan zal het wel niks zijn geweest.

We hadden met Erik afgesproken wat te gaan eten en ik wil ons samenzijn niet abrupt beëindigen. Dat roept vragen op en dan wil Erik misschien nooit meer afspreken. Maar nu ergens in een openbare gelegenheid zitten eten, wil ik liever niet. Dus doe ik alsof ik ongelofelijk veel zin heb in een vegetarische hamburger van een populaire afhaalkiosk. Ik stel voor daar wat te halen en het 'gezellig' in de auto op te eten. Als er dan iets aankomt, kan Sonja meteen gas geven. Je kunt de auto direct voor de kiosk parkeren en dan is het nog geen vijf meter lopen over een brede stoep. Sonja gaat de auto uit om te bestellen. Terug in de auto zegt ze dat het eten over vijftien minuten klaar is.

Na twee minuten komt er een scooter aan rijden die schuin voor onze auto gaat staan. De bestuurder stapt niet af en kijkt onderzoekend in onze richting. Sonja en ik hebben hem allebei gezien, maar dit kan niet voor ons zijn. Wij zijn niet gevolgd vanaf het park. Misschien gaat hij ook wat te eten halen? Maar hij toont geen enkele interesse voor de afhaalkiosk, blijft vier minuten schuin voor ons staan en rijdt dan weg.

Nog negen minuten, dan is het eten klaar.

Na twee minuten is de scooter terug. De bestuurder gaat er weer schuin mee voor de auto staan, leunt met zijn armen op het stuur en kijkt onze richting uit. Minutenlang blijft hij zo zitten. Het eten is intussen klaar, maar Sonja en ik willen nu niet de auto uit en laten de tijd verstrijken. Na enige tijd rijdt de scooter weer weg en ik stap snel uit en haal het eten op. We voelen ons niet op ons gemak. Sonja neemt snel twee happen en gaat meteen weer rijden. Al die tijd heeft onze vriend niets in de gaten.

Als we Erik even later thuis hebben afgezet, zegt Sonja: 'Gezellig hè, As, doen alsof we een normaal leven hebben.'

'We hebben het in ieder geval weer geprobeerd, Son. Maar goed, deze dag is nog niet voorbij, laten we er nog iets van maken en even bij Mil langsgaan.'

Bij Miljuschka aangekomen is er koffie en een proeverij van haar nieuwste taarten. Ik verlies me in de tijd en we zitten alweer twee uur te kletsen als Sonja zegt dat we moeten gaan. Ze heeft gelijk, het wordt snel donker buiten, maar op het laatste moment besluit ik toch wat langer te blijven. Sonja gaat alvast. Ik neem wel een andere auto mee naar huis.

Miljuschka's partner Flip schuift nog even bij ons aan en ik vertel ze wat een lekkere dag ik heb gehad. Het deel over de vreemde types laat ik weg en daardoor klinkt het ook echt als een leuke dag. Dan gaat mijn telefoon. Op de display zie ik dat het Sonja is en ik neem op.

'As, hij heeft me willen beschieten!'

Haar stem klinkt als die keer dat ze me vertelde dat Cor was doodgeschoten. Pure angst en paniek.

'Wat?! Wie?! Ben je geraakt?'

'Nee, een gozer, hij richtte op me. Ik gaf gauw gas.'

'Waar ben je?'

'Ik was in de straat bij mama. Hij zat in een zwarte jeep. Hij rijdt hier ergens rond.'

'Bel Ronald!'

'Heb ik gedaan, maar hij neemt niet op. Daarom bel ik jou.'

'Oké. Ik bel Ronald. Blijf rijden. Niet stilstaan. Hoor je me: blijf rijden. Ik kom naar je toe.'

Miljuschka en Flip kijken me onthutst aan.

'Wat is er aan de hand?' vraagt Miljuschka.

'Iemand heeft Sonja willen beschieten. Doe alle ramen en deuren dicht en blijf binnen. Blijf binnen, hoor je me!'

Ik ren naar mijn auto en bel ondertussen Ronald, die nu gelukkig wel opneemt.

'Ronald, iemand heeft Sonja vanuit een auto willen beschieten. Die auto is daar nog in de buurt. Je moet haar helpen.'

Hij hangt op. Ik bel Marcel van Bewaken en Beveiligen en vertel hem ook het verhaal. Dan bel ik Francis en Rich en zeg dat ze binnen moeten blijven tot ik weet wat er aan de hand is. Ondertussen rij ik richting het huis van mijn moeder.

Ik bel Sonja. ‘Waar ben je?’

‘Ik moet van Ronald naar het bureau aan de Van Leijenberghlaan rijden. Daar wachten ze op me. Waar ben jij?’

‘Ik ga ze zoeken. Ik rij ze dood, die bloedbakken.’

‘Ze zijn al weg. Doe rustig.’

‘Niks rustig. Ik ga kijken of ik ze kan vinden. Anders hebben we weer geen bewijs.’

In de straat waarvan Sonja zei dat het gebeurd was, is de zwarte jeep al weg. Ik rij rond in de omgeving, elk straatje zoek ik af, maar er is nergens een zwarte jeep te bekennen. Ik ben te laat. Natuurlijk ben ik te laat. Die zijn er meteen vandoor gegaan.

Ik rij naar het bureau, waar ik Sonja tref. Het team dat de zaak behandelt, is onmiddellijk in actie gekomen. Met helikopters wordt de buurt afgezocht in de hoop dat de auto nog gevonden kan worden. Sonja vertelt me het hele verhaal. Een witte man met een rond hoofd kwam heel langzaam op haar auto toe rijden en richtte vanuit zijn raam een pistool op haar voorruit. Gelukkig gaf ze in paniek gas.

‘Hoe kan het, As? Hoe konden ze weten dat ik daar op dat moment zou zijn? Ze weten alles van ons. Het Vondelpark. Waar we zijn. Waar we naartoe gaan. De afhaalkiosk. Alles tot op de minuut. Hoe dan?’

‘Ik weet het niet, Son. Ik weet het echt niet.’

Die nacht doen we allebei geen oog dicht. We lopen alle scenario’s langs, hoe dit kon gebeuren en wie de man met het wapen zou kunnen zijn. Net als bij mij zes weken eerder was de timing perfect. Sonja is bang dat ze weten waar ze woont en dat ze aan de deur komen om het karwei af te maken. Ik beloof haar dat ik voorlopig bij haar blijf.

De volgende dag ben ik alweer vroeg wakker. Sonja slaapt nog.

Normaal als ik bij haar ben, staat ze rond halfacht op om een cappuccino voor me te maken. Vandaag niet. Ik breng haar ontbijt op bed. Ze wil niets. Ook geen lunch.

Aan het einde van de middag moet ze naar het ziekenhuis voor een controle die ze niet kan missen. Met moeite krijg ik haar uit bed, en ze kleedt zich aan. Maar ze maakt zich niet op en doet haar haar niet. 'Ik durf niet te rijden,' zegt ze.

Ik herken dit. Ze zei hetzelfde tegen me na de eerste aanslag op haar, Cor en Rich in de Deurloostraat. Toen durfde ze ook niet in haar auto te stappen, omdat ze in die auto beschoten was. De harde knallen, het raam dat werd verbrijzeld. Het ploffen van de kogels in Cors lichaam. De pijn van het schampschot in haar rug. De angst dat Rich geraakt was. Het is allemaal in alle hevigheid terug.

'Als je nu niet rijdt, rij je nooit meer. Je moet je eroverheen zetten.'

'Nee, dat kan ik niet. Ik zie het steeds voor me. Die auto, die kop, dat wapen... Nee, dan ga ik maar niet.'

'Je moet,' zeg ik dwingend. 'Het is te belangrijk. Ik ga met je mee.'

'Ben je gek of zo! Heb je al gedacht aan het scenario dat hij niet schoot omdat jij niet naast me in de auto zat? Je denkt toch niet dat ik ooit nog bij jou in de auto ga zitten? Echt niet! As, we waren de hele dag samen. En de hele dag in een niet-gepantserde auto. Wij zijn gespot door die gasten bij het Vondelpark. Zag je hoe ze steeds lachten? Zij wisten al dat het zou gebeuren. Hoe het zou gebeuren. We zaten in een gewone auto. Ze zouden jou vol in beeld hebben en net als bij Cor dwars door het raam schieten.'

'Ik weet niet...'

'Ik weet het wel. Ik ga niet meer met jou in een auto zitten!

Ik voel dat soort dingen aan. Ik heb er al een keer naast gezeten en een keer naast gestaan toen bij Cor de kogels om zijn oren vlogen, hè! Ik heb de spotters gezien toen niemand me geloofde en ik heb achteraf altijd gelijk gehad. Ook bij George. Ik ben niet gek, As. Ik weet hoe ik het moet inschatten.'

'Oké, rustig maar! Ik wil je alleen maar helpen. Ik vraag beveiliging wel of ze je kunnen brengen.'

Ik leg Bewaken en Beveiligen voor dat Sonja naar de dokter moet, maar dat ze niet alleen durft. Ik vraag of zij haar kunnen brengen.

'Nee, dat doen wij niet.'

'Dat doen jullie niet?'

'Nee.'

'Wie dan wel?'

'Niemand.'

'Maar vinden jullie het verantwoord dan, dat zij in de auto gaat rijden waar iemand gisteren een wapen op heeft gericht? Ik bedoel, maakt het niet uit dat ze weten in welke auto ze rijdt?'

'Ze kan een taxi nemen.'

'Meen je dit serieus? Dat is het antwoord?'

'Ja, helaas.'

'Bel het ziekenhuis maar af, As. Ik ga niet,' zegt Sonja als ik haar vertel dat ze niks voor haar doen.

In de dagen erna gaat het steeds slechter met Sonja. De angst die ik bij haar zie, is dezelfde angst die ik zes weken eerder had leren kennen. Ze was al de hele dag alert, maar zag het toch niet aankomen. Verwachtte niet dat de huurmoordenaar wist dat ze daar op dat moment was. En die gedachte, dat hij weet wie je bent en waar je bent, zonder dat jij weet wie hij is, maakt je onzeker. Kwetsbaar. En bang. Ze blijft in bed. Wil er niet meer uit. Slaapt hele dagen. Is volledig in zichzelf gekeerd. Ik maak me zorgen. Ze is normaal heel nuchter, zegt al snel bij iets of iemand die ons opvalt dat het niks is. Vaak ben ik het daar niet mee eens. Vrouwen, minderjarigen – ik sluit niemand zomaar uit. Maar ik vertrouw op haar oordeel. Ze heeft van nature een scherpe intuïtie. Bij de eerste aanslag op Cor in 1996 had zij al vreemde figuren zien lopen. Ze had Cor ervoor gewaarschuwd. Cor dacht dat het misschien politie was. In die jaren was dat eigenlijk het enige waar wij als familie op bedacht waren, politie, omdat niemand van ons verwachtte wat er later zou gebeuren. En ook voor de tweede aanslag op Cor had ze een vreemd figuur zien lopen en Cor gewaarschuwd. Ze let al vijfentwintig jaar scherp op haar omgeving en ze weet wanneer het foute boel is. En dat is het nu. Ze krijgt dat gevoel niet uit haar systeem en het verlamt haar.

'Ik wil hier weg, As. Maakt me niet uit waarheen.'

Sonja wil zo snel mogelijk weg uit deze omgeving. Nog niet eerder is ze bereid geweest alles en iedereen achter te laten, zelfs mijn moeder.

Ik vraag Ronald of ze alsjeblieft iets voor ons kunnen regelen. En dat kan. We begrijpen het soms niet. Sonja naar het ziekenhuis brengen kan niet, maar een safehouse verzorgen wel. Ik ga met haar mee. Haar in haar huidige toestand alleen laten, kan niet.

'Kan jij voor oma zorgen als wij weg zijn?' vraag ik Francis.

'Ja. Ga alsjeblieft, ik kan het niet meer aanzien. Ik zorg voor oma.'

'Hier, Fran, draag in elk geval deze pruik als je naar oma gaat. Je lijkt zoveel op Son. Voor hetzelfde geld denken ze dat je haar bent.'

'Is goed, As.'

'We houden contact.'

De volgende dag stuurt ze me een selfie met dik zwart lang haar en oma, allebei lachend. Ik stuur haar een selfie terug.

F: Nieuwe pruik?
A: Nee, ik heb even genoeg van die pruiken. Ik heb mijn haar kort geknipt, permanent erin en zwart geverfd.
F: Staat je goed. Weer even heel wat anders.

Door justitie worden we naar een schuiladres gebracht. Daar aangekomen pak ik mijn koffer uit en ruim de kast in. Als ik de lade opentrek, zie ik een bef liggen. Het is niet moeilijk te raden dat hier een bedreigde advocaat heeft gezeten. Het is hier dus een komen en gaan van mensen die beveiliging nodig hebben. Laten we hopen dat het adres dan nog veilig is. Ik besluit maar even niets tegen Sonja te zeggen.

De volgende ochtend heb ik zin in koffie en de vorige bewoner is gelukkig zo aardig geweest wat koffiecups achter te laten.

Sonja wordt wakker en komt bij me in de keuken zitten. 'Heb je nog nagedacht over wat ik laatst zei?'

'Wat?'

'Dat ze jou wilden pakken.'

'Het kan. Het kan ook voor jou bedoeld zijn.'

'Nee, dan had hij wel geschoten. Denk maar terug. Ik ben met jou in de auto vertrokken, we zijn de hele dag samen geweest, maar ik kwam zonder jou in de auto terug. Omdat jij bij Mil wilde blijven. Dat was puur toeval. Zij gingen ervan uit dat jij nog bij mij in de auto zat, een gewone auto, niet kogelwerend. En toen hij zag dat het niet zo was, heeft hij het gelaten. Ik denk dat jij nog steeds op nummer één staat.'

'Mmh, gelukkig maar dan... voor jou.'

Sonja krijgt een appje. 'Rich weer. Kijk, As. Wij zitten op een schuiladres en hij is gisteren gewoon de stad in gegaan om de boel op zijn kop te zetten. Ik word gek van die gozer.' Sonja toont een filmpje van Rich, dansend en zingend op een luidruchtig feest. Dronken. 'Hij let totaal niet op. Ze kunnen hem zo achter in een kofferbak gooien als ze dat willen.'

'Ja, hij wil het maar niet begrijpen.'

We besluiten mama even te bellen.

'Hai ma, hoe heb je geslapen?'

'Wat denk je zelf? Ik kan er niet over uit. Weer bij mij voor de deur! Potverdomme, denk je veilig te zitten. Ben ik eindelijk een beetje gewend, krijg je dat weer. Dat is toch treurig.'

'Ja.'

'Allemaal door die rat. Zei ik ook tegen de politie, hoor. Ik moest een verklaring afleggen. Ik zeg: "Ze hadden kenne weten dat het zou gebeuren. Ik heb twee brieven geschreven, daar staat precies in wat er nu gebeurt."' Mama refereert aan de brieven die ze aan de EBI heeft geschreven waarin ze de directeur van de EBI erop wijst dat haar zoon hoe dan ook wraak wil nemen. 'En wat nou? Kenne ze nou verders niks?'

'Nee. Ben jij een beetje oké?' vraag ik.

'Hè? Nou ja, eh, als ik hier blijf zitten in mijn hok... Ik durf amper het balkon op... Maar ja, van daaruit kennen ze niet schieten, toch?'

'Nee mam, dat gaat niet,' stel ik haar gerust.

'Ja, ik... ik weet niet hoe het gebeurd is en dat wil ik weten, want dan heb ik daar een beeld bij. Kan Son niet effe zeggen hoe het kwam?'

'Jazeker. Hier is ze.'

'Nou, mam, sinds dat met As gebeurd is, rij ik altijd op die weg langs jouw flatgebouw en dan kijk ik of er iemand staat. Of ze weer aan het afleggen zijn,' zegt Sonja.

'Ja, en?'

'Ik stond op die weg langs jouw huis voor het stoplicht, maar ik zag niks. Het stoplicht gaat op groen en ik ga rijden. Dus ik rij en ik zie een grote zwarte jeep me tegemoetkomen en uit het raam richt die chauffeur een wapen op mij. Zo is het gegaan.'

'Hoe weten die gasten nou hoe jouw auto eruitziet?'

'We weten het niet, mam,' zeg ik.

'Ik kan nu alleen je huis niet meer doen, mam,' zegt Sonja.

'Dan doe ik het zelf; het is niet anders. Moet wel,' zegt mijn moeder.

'Ik durf niet meer te komen, mam, ik heb echt een trauma.'

'Ik vind het ook geen lekker idee. Eerst As, en nou jij. Ik heb vannacht de rollator maar voor de deur gezet.'

'Ben je bang dat ze binnenkomen?' vraag ik.

'Nou, echt lekker lig ik niet. Ik weet niet wat zich hierbeneden allemaal afspeelt. Ik heb nog gezocht naar een stok om de deur mee dicht te maken, maar die had ik niet.'

'Nee, maar mam, we moeten er ook in kunnen als er met jou wat is,' zegt Sonja.

'Ja, ik moet ook zorgen...' Ze begint te huilen. 'Want ik trek dit niet, hoor...'

'Wat trek je niet, mam?' vraag ik.

'Nou, dat jullie dit allebei mee heb moeten maken, wat denk je dat het mij doet?' zegt ze met tranen in haar stem.

'Maak je niet druk om ons, mam,' zeg ik. 'Maar ik vind het wel vervelend dat je bang bent in je eigen huis. Wil je toch niet liever verkassen?' vraag ik.

'Nee, niet weer. Ik kan toch niet alleen naar buiten en ik hou de deur goed dicht. Fran komt zo. Ze komt eten brengen. Wat had ik gemoeten zonder die meid? O, ze is er. Ik hang op.'

'Oké mam, dan spreken we je later weer,' zeg ik.

Sonja en ik kijken elkaar aan.

'Ze is bang,' zeg ik. 'We moeten terug.'

'Nee, As, ik ga daar niet terug. Ik kan het niet. Echt niet.'

JUNI 2020

Acht, nog vier jaar te gaan

Miljuschka belt, maar het is Stientje aan de telefoon. 'Kom je, oma?' vraagt ze.

'Nee, lieverd, vandaag niet.'

'Aaaah, waarom niet?'

'Oma heeft toch al cadeautjes laten brengen? En heb je dat grote pakket al gezien? Er staat bij mama op de slaapkamer een heel groot pak. Dat is ook nog voor jou. Dat mag je vandaag uitpakken.'

'Nog een cadeau?'

'Ja, ga maar snel kijken. Oma komt gauw weer, oké?'

'Oké, oma. Ik ga kijken. Doei.'

'Doei, oma,' hoor ik Storm nog net schreeuwen als Stientje ophangt.

Wat hou ik toch van ze. Miljuschka belt me terug. Op de achtergrond hoor ik een blije Stientje enthousiast praten over de speelgoedkeuken die ik voor haar heb gekocht.

'Hai mam. Nou, je hoort het: schot in de roos. Zeg oma even dankjewel, Stientje.'

'Dank je wel, oma!' schreeuwt ze.

'Ze is er dolblij mee,' zegt Miljuschka.

'Fijn. Komen er veel kinderen vandaag?'

'De hele klas. Ben je er wel oké mee dat je niet kan komen?'

'Ja, natuurlijk. Dit is nou eenmaal de situatie en daar passen we ons op aan.'

'Jawel, maar ik vind het zo lullig dat je er niet bij kan zijn,' zegt Miljuschka bedrukt.

'Lieverd, ik vind het zo logisch als wat.'

'Zit je in de auto?' vraagt ze.

'Ja, ik moet even tanken.'

'Is Son bij je?'

'Nee, ze sliep nog toen ik wegging.'

'Oké. Ik ga je hangen, mam. We gaan de taart met kaarsjes doen.'

'Ja, leuk. Stuur me foto's.'

'Doe ik. Hou van jou, mam.'

'Hou van jou, lieverd.'

'Zeg oma even gedag, jongens!' roept Miljuschka.

'Daaag oma, hou van jou!' roept Storm.

'Ik ook!' roept Stientje.

'Ik meer!' schreeuwt Storm.

'Niet! Niet toch, oma?!' roept Stientje.

'Evenveel! We houden allemaal evenveel van elkaar!' zeg ik om de strijd te beslissen. 'Veel plezier, kinderen!'

Ik hang op. Ik ben blij dat Stientje weer een jaar ouder is. 'Nog vier jaar te gaan,' zeg ik hardop tegen mezelf.

Ik geniet van de rit naar het tankstation; eindelijk ben ik even alleen. Ik heb Sonja achtergelaten in het safehouse. Ik hou van haar, ze is mijn zus en mijn beste vriendin, maar ik vind het zwaar om dag in dag uit de hele dag met haar samen te zijn. Ik vind genoeg afleiding in lezen, maar met Sonja gaat het in het safehouse niet beter dan thuis. Ze blijft angstig en vraagt de hele dag mijn aandacht. Ik ben blij dat ik me even aan haar heb kunnen ontworstelen. Na het tanken ga ik naar binnen om af te rekenen. Ik vind het gezellig om in de rij te staan met de forensen die net als ik snakken naar een vers bakkie. Terug in de auto geniet ik met volle teugen van mijn koffie. Op de terugweg stop ik bij een volgend tankstation en haal wat boodschappen.

Als ik het huis binnenkom, is Sonja wakker. 'Gefeliciteerd met je kleindochter,' is het eerste wat ze zegt.

'Dank je. Ik heb lekkere verse croissantjes met roomboter, jam en hagelslag gehaald om het te vieren.'

Sonja pakt de boodschappen uit en ik dek de tafel. Ze gaat zitten en staart weer als een zombie voor zich uit.

'Nou, zitten we dan weer,' zeg ik.

'Wat zullen we gaan doen vandaag?' vraagt ze gedachteloos.

'Wandelen?'

'Alweer?' antwoordt ze.

'Er is hier niet veel anders te doen, Son. Het is wandelen of binnen zitten. Kies maar.'

'Wandelen dan maar. Gezellig,' zegt ze mat.

'Nou, zo gezellig ben je niet. Ik krijg het eerlijk gezegd Spaans benauwd van je. Als we buiten lopen, ben je constant gespannen en hierbinnen zit je alleen maar stil voor je uit te staren.'

'Ik denk na, As, hoe het verder moet.'

'De hele dag zeker? En heb je al een oplossing?'

'Nee.'

'Ik wel. Ik heb een afspraak gemaakt om een zwaarder vest te kopen. Eentje met harde pantserpanelen die bestand is tegen een AK-47. Trek je over je andere vest heen. Ben je dubbel beschermd.'

'Alsof dat zin heeft. Schieten ze je toch gewoon door je hoofd. Hebben ze bij Cor ook gedaan.'

'Kun je alsjeblieft ook een beetje in oplossingen denken, zus? En niet alles afwijzen?'

Sonja haalt haar schouders op.

'Jemig, Son, je bent zo negatief. Je zit maar te zitten. Ik moet alles voor je doen. Met de grootste moeite krijg ik je mee naar buiten. Je brengt niet eens je eigen bord naar de keuken. Normaal zou je deze keuken al drie keer gepoetst hebben.'

'Ik voel me gewoon slecht,' zegt ze, en ze begint te huilen.

'Maar ik kan daar niet meer tegen, Son. Je trekt mij mee in je depressie.'

'Dan ga je toch weg!' schreeuwt ze, en ze loopt kwaad naar haar slaapkamer.

Op dat moment belt Miljuschka dat Stientje me zo mist op een dag als deze. We moeten elkaar maar snel zien. Het is lief bedoeld, maar het geeft me het gevoel dat ik op alle fronten tekortschiet en dat reageer ik op haar af. Miljuschka wordt op haar beurt boos, zegt dat ik het maar even met mezelf moet uitzoeken en hangt op. Ik pak de sleutels van het safehouse en loop opgefokt de deur uit. Ik heb frisse lucht nodig. Na een uur wandelen ben ik gekalmeerd en ga weer terug. In de buurt van het appartementencomplex zie ik een man met een drone in de weer. Toen ik gisterochtend met Sonja ging wandelen, stond hij er ook al. Af en toe laat hij de drone voor een raam van een appartement hangen. Gluren bij de buren. Er zijn legio redenen te verzinnen waarom hij dat doet. Maar ik, in mijn wereld, kan er niet één bedenken die positief is. Ik loop snel door naar de ingang van het complex. Als ik het appartement binnenkom, zie ik dat Sonja de keuken heeft schoongemaakt.

'Zin in een cappuccino, zussie?' vraagt ze zacht.

'Ja, lekker, zus.'

De volgende dag belt Rich. 'As, weet je het al? Peter gaat de kroongetuige bijstaan.'

'Ja, ik had het al gehoord.'

'Waarom doet hij dat nou? Kunnen we niets doen? Ik kan het niet geloven. Begrijp jij die man nou? Wordt hij wel beveiligd?' vraagt Rich.

'Niet echt, volgens mij.'

'O, o, o. Wat een... Ik kan er niet over uit. En Royce dan? Aaah, ik krijg weer helemaal dat nare gevoel. Alsof mijn huid in brand staat, maar ik bevroren ben vanbinnen. Wat ik vroeger ook had. Weet je nog?'

'Ja, dat weet ik nog. Probeer te gaan slapen en word opnieuw wakker, dan ben je even uit dit moment,' zeg ik tegen hem.

'Ja, ik ga even liggen. Spreek je later.'

Sonja en ik kijken elkaar aan.

'Als er iets met Peter gebeurt, komt Rich daar nooit meer overheen,' zeg ik.

'Nee, laat hem alsjeblieft niet de volgende zijn. Alsjeblieft niet.'

Een halfuur later belt Rich. 'Ik heb gedroomd. Over George.'

'Wat dan?' vraag ik.

'George roept: "Schiet hem neer!"

Ik draai me om naar waar het geluid vandaan komt en kijk recht in een loop. "Nee, nee!" roep ik. "Niet doen!"

"Hit!" zegt George lachend. Hij haalt de trekker over en ik word geraakt door een grote klodder rode verf, net boven mijn hart.

"Doet het pijn?" vraagt hij.

"Nee," zeg ik. "Drie joggingpakken."

"Valsspeler!" roept George en gaat achter me aan. As, ik droomde wat vroeger echt gebeurd is. Tussen George en mij met paintballen. Het was zo levensecht.'

George kende Cor al vanaf de middelbare school. Ze verrichtten hun arbeid in hetzelfde milieu. Al hadden ze ieder hun eigen ploegje, ze hadden met elkaar gemeen dat ze van het warme Spanje hielden en allebei een zoon hadden. In Spanje kwamen ze elkaar regelmatig tegen en dan speelden de jongens samen.

Na het overlijden van Cor in 2003 neemt George Rich in het weekend mee als hij met zijn zoon en neefje op pad gaat: naar de bioscoop, het bos, of paintballen. Bewapend met paintballgeweren vers uit België gaan de 'mannen' op zoek naar een plek waar ze zich op elkaar kunnen uitleven. Ze vinden een braakliggend stuk grond; een afgesloten bouwterrein. Rich klimt zenuwachtig achter George aan over het hek. Paintballen in het wild. Twee tegen twee. 'Mannen onder elkaar' noemt Rich het, en hij kijkt er wat stoer bij. Daar snappen wij vrouwen toch niks van. En dat is helemaal waar. Wij snappen niks van paintballgeweren en op elkaar schieten. Helemaal niet na de manier waarop Cor is overleden. Maar George laat Rich zo vlak na het overlijden van zijn vader af en toe zijn verdriet vergeten. En Rich voelt zich veilig bij 'mannenman' George.

Ruim twee jaar later, op 10 november 2005, belt Sonja me. 'As, er is een man neergeschoten in Buitenveldert.'

'Weten ze al wie het is?' vraag ik.

'Nee. Het is in de buurt van George. Het zal toch niet...'

'Kijk op teletekst, mam!' hoor ik Rich roepen.

'Ja, ga ik doen.'

'Wat staat er, Son?' vraag ik.

'Alleen dat er een man is neergeschoten. Wie is nog niet bekend.'

'Refresh de pagina, mam,' zegt Rich.

'Hier, doe jij het.'

'En?' vraag ik.

‘Nog steeds geen naam,’ zegt Sonja.

Dan is er meer nieuws. Sonja leest het en barst in huilen uit. ‘Het is George.’

Rich wil huilen, maar het lukt niet. De tranen komen niet. Zijn huid staat in brand, maar hij is bevroren vanbinnen.

George is doodgeschoten voor de deur van zijn woonboot aan de Kalfjeslaan bij het Amsterdamse Bos. Als wraak voor de moord op Kees Houtman. Wim had iemand in dat kamp. Die persoon had de moord op George aangekondigd, maar met die informatie deed Wim niets. ‘Ik kon George niet waarschuwen,’ zei Wim tegen Sonja en mij. ‘Anders weten ze dat ik iemand in hun kamp heb.’

In George verloor Rich twee jaar na de dood van zijn vader opnieuw een vaderfiguur. Het aantal bekenden van Rich die sinds 2003 sneuvelden, waren voor hem nog net op één hand te tellen. Allemaal vaders.

JULI 2020

Drone

Francis belt.

'Hoe gaat het, lieverd?' vraag ik.

'Goed.'

'Hou je het nog een beetje vol, Fran? Elke dag naar oma?'

'Het is wel heel zwaar. Ik slaap weinig.'

'Ik hoor het aan je stem. Je klinkt moe. Wil je dat we terugkomen?'

'Nee, dat hoeft niet. Is mama bij jou?'

'Waar anders?' zeg ik, en ik geef de telefoon aan Sonja.

Als Sonja even later ophangt, zeg ik tegen haar dat ik me afvraag hoe lang Francis dit nog volhoudt. 'We moeten haar wat werk uit handen nemen. En ik wil ook echt weer eens naar mama.'

'Het is daar niet veilig, As. Ze hangen rond haar huis. Ik weet het zeker.'

'Het zal best, maar ik ga naar mama. Zij heeft ons ook nodig. Als jij wil blijven: prima. Maar ik ga.'

'Als je dat doet, mag je hier niet meer terugkomen. Want dan besmet je deze locatie.'

'Dat weet ik. Daarom. Of je gaat mee, of je blijft hier alleen.'

'Dit is heel gemeen wat je nu doet. Je dwingt me.'

'Of jij dwingt mij.'

'Ik durf niet.'

'Son, het is nergens veilig. Heb je gezien wat hier rondloopt als we aan het wandelen zijn?'

'Alleen maar criminelen,' zegt Sonja.

'Precies, ze zitten overal. Het is wachten tot jij weer een bekende ziet. Of ik een cliënt.'

'Dan moeten we binnenblijven.'

'Ja, maar dat kan ik thuis ook. En dan heb ik lekker mijn eigen spulletjes om me heen. Ik heb zo die afspraak voor dat vest met zware panelen. Ga je mee? Rijden we gelijk door naar huis.'

'Ik ga niet terug,' zegt Sonja beslist.

Op het moment dat ze dit zegt, verschijnt er voor het raam een drone. Hij kijkt recht bij ons de kamer in en blijft daar roerloos hangen. Ik ren naar het raam, grijp het gordijn en doe het snel dicht. 'Zag je dat, Son? Die gast is ons gewoon aan het bespieden,' roep ik uit.

'Kom op, As, we gaan. Pak de koffers maar in.'

Bij het bedrijf waar ze kogelwerende producten verkopen, staat Flip buiten al op ons te wachten. We maken er vandaag een familie-uitje van en gaan samen shoppen. Sonja neemt een vest met zware panelen, Miljuschka kleedt zich bulletproof aan, Flip wordt uitgedost met de laatste kogelwerende snufjes, en ik zorg goed voor mezelf.

Op de terugweg naar huis zeg ik tegen Sonja: 'We gaan heel even naar mama toe.'

'Ik niet, As. Echt niet.'

'Jawel, dat kan prima. Juist nu. We zijn al een poosje uit zicht en komen van de andere kant van het land rijden, in een andere auto.'

Als we bij mama's huis aankomen pak ik Sonja's nieuwe vest van de achterbank. 'Hier, trek aan. Zo, nou ben je AK-47-werend. Pruik op en naar binnen. Als je het nu niet doet, doe je het nooit meer. Hup, die auto uit, Son.'

Sonja stapt met tegenzin uit. 'Ik loop helemaal te trillen, As,' zegt ze tegen me als we de trap op lopen. Ik ken het gevoel. Ze moet er even doorheen. Het is niet fijn, maar de blijdschap op mijn moeders gezicht als we binnen komen wandelen maakt alles goed.

AUGUSTUS 2020

Rich – Peter

Ik vind het lekker om weer thuis te zijn, met mijn eigen spulletjes, en waar ik niet bang hoef te zijn dat Abbey iets stukmaakt of op een kleed poept. Ik heb net met Bob getraind en ik heb trek. Ik maak een vers afgebakken broodje met dik roomboter en kaas en eentje met kipfilet voor Abbey. Ik zit aan tafel, zij op tafel.

Na mijn lunch met Abbey ontmoet ik Sonja ergens op de route naar Peter. We zijn het er met z'n allen over eens dat we moeten proberen hem op andere gedachten te brengen. Hij ontvangt ons op zijn kantoor dat uitkijkt over de Amsterdam ArenA. Hij zit achter zijn bureau, en Sonja en ik gaan tegenover hem zitten. We vragen hem alsjeblieft te stoppen met de kroongetuige bijstaan. We werken zelfs op zijn gemoed door hem erop te wijzen hoe traumatisch het voor Francis en Rich zou zijn als zij weer een vaderfiguur zouden verliezen. Maar Peter is vastberaden.

'En?' vraagt Rich als ik hem naderhand bel om hem te vertellen hoe Peter heeft gereageerd.

'Hij is vastbesloten. Hij zegt dat hij zichzelf anders niet meer in de spiegel aan kan kijken.'

'Ik kan hier niet bij,' zegt Rich. 'Zal ik het hem vragen? Of denk je dat hij dat vervelend vindt?'

'Ik weet het niet, Rich. Ik denk dat het niet veel zin heeft. Je weet hoe Peter is; als hij eenmaal iets heeft besloten, breng je hem er niet van af.'

'Ja, ja. O, ik krijg zo'n naar gevoel vanbinnen. Ik ga je later spreken, As.'

Sonja en ik kijken elkaar aan. 'Wedden dat hij weer gaat drinken vanavond?' zegt ze.

'Ja, daar ben ik ook bang voor.'

Weer thuis verdiep ik me in wat alcohol met een mens doet. Ik wil Rich begrijpen. In de avond zet ik de tv aan en ga op de bank liggen zappen, maar er is niets wat me boeit en gedachteloos zap ik de uren weg. Om twaalf uur ga ik naar boven, me klaarmaken om te gaan slapen.

Als ik de badkamer in loop, zie ik vanuit mijn raam drie jongens bij een snelle Volkswagen Golf staan. Hoody op, geheimzinnig gedrag. Op dit uur. Ik pak mijn camera, zoom in en maak een foto van het kenteken van de auto. En dan eentje van de jongens. Mijn toestel flitst en ik zie de drie jongens verschrikt opkijken en in beweging komen. Nog geen minuut later wordt er aangebeld. Ik doe niet open. Weer wordt er aangebeld. Ik doe niet open. Ik kijk en zie dezelfde jongen die bij de auto stond. Ze hebben gezien dat ik een foto heb gemaakt, vermoed ik.

De volgende ochtend wordt er weer aangebeld. Politie. Of ik vannacht iets ongewoons heb gezien. Er is geprobeerd om bij de nachtwinkel in te breken.

'Nee, niks bijzonders gezien,' zeg ik. Ik moet anoniem blijven en daar past getuigen in een andere strafzaak niet bij.

Die middag wordt er opnieuw aangebeld. En die avond om

zeven uur weer. Steeds dezelfde man. De camera in mijn auto legt hem vast, lopend door de winkelstraat.

De volgende ochtend belt hij weer aan en ik sta toevallig bij de deur. Ik wil nu weleens weten wat hij wil. 'Hallo? Wat kan ik voor u doen?' roep ik door de gesloten deur heen.

'Kan ik even binnenkomen?' vraagt hij.

'Nee, zegt u zo maar wat er is.'

'Ik wil even binnenkomen. Doe de deur even open.'

'Nee, dat is nergens voor nodig. Als u wat te vertellen heeft, kunt u het nu doen. Ik luister.'

'Jij hebt een foto van ons gemaakt. Waarom heb je dat gedaan? Ik wil die foto.'

Ik ontken een foto te hebben gemaakt.

'Jij stond daarboven op driehoog. Daar woon jij toch? Op driehoog?'

Hij is hondsbrutaal en doet vervelend agressief. Aan mijn deur. In mijn persoonlijke ruimte. Ik voel de woede opborrelen. Maar ik moet rustig blijven. Net doen of ik gek ben. Geen ruzie maken. Ik mag hier niet opvallen. Hij blijft echter op een agressieve manier aandringen, hij moet weten of ik een foto heb gemaakt. Ik breek het gesprek af en ga naar boven. Hij belt weer aan en blijft nog even staan. Daarna zie ik hem op de camera in mijn auto weglopen. Telefoon aan zijn oor, druk pratend. Alsof hij verslag uitbrengt van zijn bezoek aan mij. Ik heb het gevoel dat hij het er niet bij laat zitten en voel me er niet goed bij. Het laatste waar ik behoefte aan heb, is trammelant aan de deur.

De volgende dag wanneer ik opsta is het vervelende gevoel over de situatie van gisteren er meteen weer. Dit kan uit de hand lopen, want ik schiet onmiddellijk in mijn straatvechtersmodus als iemand me zo agressief behandelt. En dat gaat zeker de aandacht trekken.

Ik bel Sonja en vertel haar het hele verhaal.

'Mmm, waarom denk je dat ze iets met die nachtwinkel te maken hebben? Misschien waren ze daar wel voor jou, heb je ze betrapt en moeten ze daarom die foto hebben.'

Ja, misschien wel. Die jongens waren duidelijk bezig met iets wat het daglicht niet kon verdragen, maar nadat de politie aan de deur kwam voor die inbraak in de nachtwinkel was dat voor mij het meest waarschijnlijke scenario. Maar dat neemt niet weg dat ik een ander scenario niet kan uitsluiten.

'Ik kom wel weer bij jou tot ik wat anders heb,' zeg ik tegen Sonja. 'Bij jou is het al een poosje rustig.'

'Lijkt me beter. Je weet het toch niet.'

Ik pak mijn tassen die klaarstaan voor een moment als dit. Ik doe er mijn toilettas en mijn favoriete pyjama bij en ben klaar voor vertrek. Jammer, ik woon hier fijn. Maar misschien is over een paar maanden de situatie weer heel anders en kan ik terug hierheen. Ik neem afscheid van Bob, geef hem een laatste aai over zijn bol, loop naar beneden en trek de deur achter me dicht. Het is niet anders. Alles om die ene milliseconde te ontwijken.

SEPTEMBER 2020

Start van het hoger beroep

Vandaag begint het hoger beroep in de strafzaak tegen Wim. Het is zijn kans op een ander oordeel. En hij zal alles uit de kast halen om de levenslange gevangenisstraf die de rechtbank hem heeft opgelegd ongedaan te maken. Geen makkelijke opgave na een vonnis met een ijzersterke motivering en een bewezenverklaring die staat als een huis. Gebaseerd op een proces waarbij kosten noch moeite zijn gespaard, een dossier dat uit zo'n twaalfhonderd ordners bestaat en driehonderd getuigen die zijn gehoord. Maar Wim gaat het toch proberen. En eerlijk is eerlijk, als iemand het kan, is hij het.

Want hij pleegt niet alleen al veertig jaar strafbare feiten, hij probeert ook al veertig jaar aan de straffen die daarop staan te ontkomen. Dus heeft hij zichzelf in die veertig jaar steeds 'betere' verdedigingsstrategieën aangeleerd: eenvoudig ontkennen en zwijgen evolueerde in uitgebreid op zitting verklaren en uitgekiend twijfel zaaien. Liefst breed maatschappelijk gedragen. Want het bewijs moet niet alleen wettig zijn, maar ook overtuigend. Zodra er twijfel is, volgt er geen veroordeling. Zeker niet als het om zoiets ernstigs als moord gaat.

En dan weegt ook de persoonlijkheid van de verdachte mee.

Dus creëerde Wim al ver voordat hij in de zittingszaal terechtkwam een personage. Hij zette de joviale Willem Holleeder neer in zijn columns voor *Nieuwe Revu*, waar hij en passant de werkelijkheid witwaste. Hij trad op in het programma *College Tour*, waarin hij gemakshalve nog even zijn investeringen op de Wallen veiligstelde door te vertellen dat het ontbrekende Heinekenlosgeld door Frans Meijer op het strand was verbrand. Hij acteerde in een video op YouTube, waarin hij netjes een gevonden tas naar het politiebureau bracht en zo zijn morele perfectie etaleerde. En hij reed rond door Amsterdam op zijn Vespa-scooter, waar zijn huisfotograaf hem op de foto vastlegde met bekende Nederlanders, die zo door positieve associatie bijdroegen aan zijn onschuldig ogende karakter. Ten slotte gaf hij zijn personage een stem door een liedje op te nemen met rapper Lange Frans, met de dubbelzinnige titel 'Willem is terug'. Dat we het maar weten.

Met dat zorgvuldig geconstrueerde positieve imago kwam Wim vijf jaar geleden de zittingszaal binnenlopen. Maar daar liet hij al snel zijn ware aard zien. En in een hopeloze poging te redden wat er te redden viel, legde hij uit dat het bedreigen van en schreeuwen tegen 'zijn zussie heel normaal is'. En dat volledig uit zijn plaat gaan tegen het eenjarige dochtertje van zijn vriendinnen 'ken gebeure'. Maar het mocht niet baten. De rechtbank maakte korte metten met zijn gespeelde karakter en vatte in drie zinnen samen wie hij is.

Uit de geschiedenis van Holleeder blijkt een ontwikkeling van kwaad tot erger, van geldlust, machtsdenken en geweldplegingen. Zijn gewelddadigheid heeft ertoe geleid dat naaste familieleden pas de moed vonden om te verklaren toen ook zij geen andere uitweg meer zagen. Hij heeft gewetenloos en onverschillig over leven en dood van anderen beschikt.

Die duidelijkheid was in ons voordeel. Nederlands grootste 'knuffelcrimineel' was van zijn sokkel gevallen. De rechtbank keek dwars door zijn twee gezichten heen, en nu is het hopen dat hij het hof geen zand in de ogen kan strooien. Want ook daar zal hij opnieuw charmant zijn tegen de vrouwelijke raadsheren, en amicaal doen tegen de mannelijke. Tegenover zijn aanklagers zal hij uitermate correct zijn. Want hij wil dat iedereen goed begrijpt dat hij iemand is die tegen alle criminele wetten in zijn collega-criminelen te hulp komt, iemand die bemiddelt en conflicten sust. Maar hij wordt altijd maar weer verkeerd begrepen en wordt daardoor onterecht in het verdomhoekje geplaatst. Zijn aanklagers en de rechters moeten zich oprecht afvragen hoe het toch mogelijk is dat zo'n loepzuivere diamant als hij hier op een zitting voor ze staat.

Parallel aan dat charmeoffensief rijdt hij opnieuw de strontkar uit over de getuigen die het lef hebben gehad om tegen hem op te staan. Zij zouden hier terecht moeten staan, niet hij. Zíj, want ze zijn stuk voor stuk leugenaars, geldwolven, psychisch gestoorden, zelf crimineel tot op het bot, en alleen maar op een voordeeltje uit. Het is allemaal één groot complot tegen hem.

Tegelijkertijd komt hij ter verdediging weer op de proppen met bij elkaar gezochte scenario's, waarbij hij valse beschuldigingen in het rond slingert en getuigen opvoert die hem goedgezind zijn. En zolang hij merkt dat iedereen meegaat in zijn toneelspel, blijft hij vriendelijk. Stellen ze kritische vragen, dan krijgt hij geen kans om 'te vertellen hoe het echt zit'. Dan is de aanklager vervelend en zijn de rechters bevooroordeeld.

Het is voor het publiek vermakelijk om te aanschouwen. Maar voor getuigen, slachtoffers en nabestaanden is het vreselijk om te moeten ondergaan. Wij weten dat het in hoger beroep opnieuw gaat gebeuren. Een prettig vooruitzicht is het niet. Maar we zijn er klaar voor.

OKTOBER 2020

Rich – Pas op

Ik bel Sonja. 'Waar ben je?'

'Thuis. Ik moet zo naar mama. Dat blijft toch een dingetje. En sommige dagen ben ik dapperder dan andere. Vandaag voel ik me er niet lekker bij,' zegt ze.

'Dat blijft ons zwakke punt. Maar ja, we hebben geen keus. Stap maar in je auto. Ik kom je tegemoet en dan rij ik voor je uit en scan de omgeving. Blijf aan de lijn.'

'Oké.'

De hele weg naar het huis van mijn moeder houden we elkaar aan de telefoon, maar Sonja is opvallend stil.

'Gaat het?' vraag ik.

'Ik ben het af en toe zo zat.'

'Snap ik. Ik ben al bij mama's huis. Niks te zien. Je kan komen. Blijf aan de lijn.'

Van een afstand zie ik haar komen aanrijden. En ik houd de boel buiten in de gaten terwijl zij naar boven gaat. Zoals we al zo vaak hebben gedaan, zoals we nog zo vaak zullen doen.

'Misschien moet je voorlopig toch wat minder naar mama gaan.'

'Dan komt helemaal alles op Fran neer. Dat trekt die meid

ook niet. Mama moet hier gewoon weg, As. Dit is vragen om ellende.'

'Eens. Ben je binnen, Son?'

'Ja, ik ben binnen, As.'

'Nou, maak het gezellig met mama. Laat je niet gek maken.'

'Doe ik ook niet.'

'Bel maar als je wil dat ik je beneden opvang,' zeg ik.

'Oké.'

Ik voel mee met Sonja. Die dreiging is als een hinderlijke vlieg. Hij komt steeds weer terug.

In de avond krijg ik een berichtje. Rich stuurt me een filmpje van een vrouw die bij hem en zijn vrienden aan tafel is komen zitten. Daarna een bericht.

R: Probeert ons uit te horen. Wat denk je?

A: Lijkt op een hoogopgeleide werkende vrouw. Geen crimi.

R: Ze is anders wel heel nieuwsgierig. En ze blijft het proberen.

A: Vraagt ze naar mama of mij?

R: Ze wil weten waar ik woon. Wat voor werk ik doe.

A: Je weet wat je moet doen.

R: Ik laat niks los.

A: Weet ik. Loop ook niet alleen naar buiten. Een nette vrouw verdenk je niet snel. Misschien is zij vooruitgeschoven en staan ze buiten op je te wachten. Verzamel zo veel mogelijk mensen om je heen voordat je naar de auto loopt.

R: Weet ik, As.

A: Scherp blijven. Niet te veel drinken dus.

R: Jahaaaa.
A: En bel me als je in de auto zit.
R: Oké.

Maar als ik de volgende ochtend wakker word, zie ik op mijn telefoon dat Rich niet heeft gebeld.

Heb jij al wat van Rich gehoord? app ik naar Sonja.

Ze belt me meteen. 'Nee, ik ben onderweg naar zijn huis. Hij neemt niet op.'

'Zet me op speaker.'

'Ik ben binnen. O, o, moet je nou toch kijken. Ligt hij, hoor. Op de bank, zijn kleren van gisteren nog aan. Hij heeft zich waarschijnlijk nog net naar boven kunnen slepen voordat hij out ging.' Sonja is woest. 'Weer, jongen?! Weer stomdronken geworden in die kutstad!' hoor ik haar schreeuwen tegen Rich. 'Je weet in wat voor situatie we zitten!'

'Mam, het kan overal gebeuren. Als ik niet normaal kan leven, dan ben ik net zo lief dood,' zegt Rich.

'Hoor nou hoe slap hij lult, As. Je bent niet goed bij je hoofd, jongen! Je weet niet waar je over praat!' schreeuwt Sonja.

'Je bent wel minder scherp, Rich, als je een drankje ophebt,' zeg ik in een poging de boel een beetje te sussen.

'Ik ben heel scherp.'

'Wat jij wil. Wat was dat nou nog met die vrouw, Rich?'

'Welke vrouw?'

'Die jou aan het uithoren was. Heeft ze nog wat gezegd?'

'O, die vrouw. Dat weet ik niet meer.'

'Oké.'

'Maar As, het is toch zo? Ik kan toch moeilijk de rest van mijn leven thuis blijven zitten omdat jullie tegen Wim getuigen?'

'Nee, maar je kan je toch wel een beetje aanpassen aan de situatie? Wij maken ons zorgen. Om jou. Maar ook om hoe jij gebruikt kan worden om bij ons te komen.'

'Dat gebeurt niet.'

'Nee? Vertel mij dan nu, wat is het laatste wat die vrouw tegen jou heeft gezegd?'

'Ik... Eh...'

'En wat heb jij als laatste tegen haar gezegd?'

'Verdomme, As, jij altijd met je gezeik. Wat doet dat er nou toe?'

'Je weet het dus niet meer. Dat bedoel ik nou, Rich, je bent niet alleen een risico voor jezelf, maar ook voor mama en mij.'

We kunnen niet van hem op aan. Als hij tegen me zegt dat hij niet gaat drinken, drinkt hij toch, en zodanig dat niet meer te achterhalen is wat hij de vorige avond heeft gedaan of gezegd. Hij is niet meer alleen een risico, hij is een gevaar. Rondhangen met foute types, dronken worden. Ik ga me steeds meer aan hem ergeren en gevoelsmatig sta ik op het punt hem af te schrijven. Dan heeft ook de laatste man van de familie geen plaats meer in ons gezin.

Ik spreek later die dag tegen Sonja uit dat Rich mijn grens begint te bereiken.

'Maar we kunnen hem niet loslaten, As. Als er wat met hem gebeurt, ben ik net zo lief zelf dood.'

NOVEMBER 2020

Rich – Aardige gozer

Sonja belt. 'Wat ga je doen vandaag?' vraagt ze.

'Niks. Ik moet alleen tanken. Had ik eigenlijk al moeten doen.'

'Waar ga je?'

'Bij gevulde koek.'

'Dan rij ik naar je toe.'

'Oké, zie ik je daar.'

Als ik aan kom rijden, is Sonja er al. Ik parkeer mijn auto naast die van haar en ze stapt bij me in.

'Hier.' Ze geeft me een gevulde koek. 'Rich vraagt of hij je morgen kan zien.'

'Wat nou weer? Heeft hij gezegd waarom?'

'Nee, alleen dat het belangrijk is. Hij heeft je advies nodig. Hij wil er ook niet over bellen.'

'Mmm. Beetje gek, toch?'

'Ja, ik weet niet.'

'Kan hij het niet tegen jou zeggen? Dan hoor ik het wel van jou.'

'Nee, hij wil het niet tegen mij zeggen. Hij wil echt jou zien. Hij klonk heel serieus.'

‘Waar is hij nu?’

‘Lesgeven.’

‘App hem en zeg dat ik morgen om zeven uur kan. Dan rijden we nu naar hem toe en wachten hem op zijn werk op. Laat je auto hier maar staan.’

Met Sonja rij ik naar de sportschool waar Rich lesgeeft. Ondertussen appt ze Rich dat ik hem morgen zie. Aangekomen bij de sportschool wachten we totdat Rich naar buiten komt.

‘Daar is-ie.’

Sonja springt de auto uit, klampt Rich aan en neemt hem mee naar de auto.

‘Hé Rich.’

‘Hé As! Ik dacht dat we morgen hadden afgesproken?’

‘Ik had even een uurtje over, dus. Maar heb je effe?’

‘Ja, tuurlijk.’

We rijden naar het huis van Sonja.

‘Mama zei dat je me wilde spreken. Is er iets?’ vraag ik hem.

‘Ja, ik wilde je wat vragen,’ zegt Rich.

‘Vraag maar.’

‘Mam, kun jij even…’

‘O, mag ik het weer niet horen? Ik ga al,’ zegt Sonja.

‘Oké. Nou, eh… Er is een jongen en ik kan hem in contact brengen met een andere jongen, eh… Ze zitten in de handel,’ begint Rich aarzelend.

Ik probeer niet te laten merken hoe geschokt ik ben, anders krijg ik vast niet te horen wat hij te zeggen heeft. ‘Wat voor handel?’ vraag ik.

‘Handel.’

‘Van die handel waar je heel wat jaren voor kan zitten?’ vraag ik.

‘Gewoon handel. Ik kan er veel geld mee verdienen en ik hoef alleen maar de een met de ander in contact te brengen. Ik raak het niet aan, ik krijg het niet eens te zien.'

'En wie is er verantwoordelijk als het fout gaat?'

'Huh, wat?'

'Wie is er verantwoordelijk? Of denk je dat ze jou voor niks geld gaan geven? Jij stelt iemand voor aan iemand anders. Dan gaan beide partijen ervan uit dat jij garant staat dat het goed zit. Dat ze over en weer te vertrouwen zijn. Wat als de ene partij de afspraken niet nakomt? Of die jongen die jou dit vraagt ript de boel?'

'Die ript niet,' zegt Rich.

'Hoe weet jij dat?'

'Het is een heel aardige gozer.'

'Ze zijn allemaal aardig. Maar als ze er met de handel vandoor gaan ineens niet meer. Ik heb het zo vaak bij mijn cliënten gezien. En dan begint de ellende, want iemand moet boeten. Ontvoeringen, liquidaties. Jij hebt hem voorgesteld, dus komen ze eerst bij jou. Jij moet betalen, desnoods met je leven. Rich, weet je, als het te goed klinkt om waar te zijn, dan is het dat meestal ook. Vind je het niet vreemd dat iemand jou dit vraagt? Dat je zoveel geld kan verdienen met alleen maar iemand voorstellen? Wie ben jij dan?'

'Mensen vertrouwen me omdat ik de zoon van Cor ben.'

'Rich, sorry dat ik het zeg, maar jouw ervaring bestaat uit de verhalen die al die criminelen over je vader vertellen. Denk je dat het iemand interesseert dat jij de zoon van Cor bent als de handel weg is?'

'As, ik wil ook een keer een stap maken,' zegt Rich.

'Maar waarom een stap achteruit? Kijk nou wat je bereikt hebt allemaal.'

'Maar al die jongens waar ik mee omga, ze rijden in de mooiste auto's, hebben de duurste klokken. Ze zitten overal vip, bestellen flessen van duizend euro per stuk. Dat wil ik ook.'

'Maar wat is de prijs die ze daarvoor betalen? Je hebt het toch bij je vader gezien en bij je oom? Hoeveel mensen ken jij die niet vast hebben gezeten? Hoeveel mensen die een natuurlijke dood zijn gestorven?'

Rich zwijgt.

'Dan geef ik het antwoord wel. Niet één. Waarom zou je dat pad op gaan? Ik kan het je niet verbieden. Maar als het fout gaat...'

'Het gaat niet fout, As.'

'Het gaat altijd een keer fout.'

'Het gaat niet fout. Het wordt goed geregeld.'

'Rich, weet jij waardoor de meeste misdrijven worden opgelost? Niet door goed speurwerk, maar door toeval. Je kunt negenennegentig procent van een misdrijf regelen. Maar die ene procent toeval, die doet je de das om. De bankrover die vlucht als er toevallig een file opdoemt. De beroving op straat waar heel toevallig net iemand wakker is geworden en vanuit zijn raam alles ziet gebeuren. Je kan het zo gek niet bedenken. Ik ben het allemaal tegengekomen in mijn praktijk. Die ene procent kun je niet uitsluiten. Als jij met je vrijheid Russische roulette wil spelen, moet je dat zelf weten, Rich. Ik raad het je af, maar je moet doen wat je niet laten kan. Het is jouw leven.'

'Ja, dat is het ook.'

'Is het die Klaas weer die jou dit vraagt?'

'Ik ga jou niet zeggen wie,' zegt hij.

'Die Klaas dus. Luister, Rich, hij zegt dat hij met je vader heeft gewerkt, maar je moeder heeft nog nooit van hem gehoord. Dat zegt niet alles, maar het maakt zijn verhaal in elk geval oncontroleerbaar. Die Klaas zegt ook dat hij je moeder kent, maar je moeder kent hem niet. Dat is dus zeker een leugen. Maar als hij daar al over liegt, waar liegt hij dan nog meer over?'

'Hij kan allemaal verhalen vertellen over wat hij met mijn vader heeft meegemaakt.'

'Die verhalen doen al jaren in het milieu de ronde. Hebben in allerlei boeken en tijdschriften gestaan. Iedereen kan napraten wat jouw vader allemaal heeft uitgehaald.'

Rich staart stil voor zich uit.

'Dus het is Klaas die jou dit voorstelt?'

'Dat zeg ik niet.'

'Nee. Maar Rich, denk goed na. Wat is zijn belang bij jou?'

Rich kijkt strak voor zich uit en zwijgt.

'Denk jij dat snel geld verdienen echt bestaat? Is het in je opgekomen dat er iemand is die het niet zo goed met jou voorheeft? Jou ergens in wil trekken en ons daarmee verdriet wil doen?'

'O, gaan we weer die kant op? Het leven draait niet alleen om jullie, hoor!' Rich verheft zijn stem en staat op. 'Ik ga.'

'Nee, ga nou even zitten. Ik vraag je alleen: zou dat kunnen?'

'Ik word hier zo moe van.'

'Oké, misschien willen ze je niet ergens in luizen, maar willen ze alleen maar steeds dichter bij je komen... en zo dichter bij ons. Wat weet die Klaas inmiddels allemaal van je? Weet hij in welke auto je rijdt? Op welke sportschool je traint? Waar je uitgaat?'

Ik zie dat deze opmerking Rich raakt.

'Ja dus, die Klaas weet al heel veel van je,' zeg ik.

'Ik heb het helemaal niet over Klaas.'

'Klaas of Pietje, het maakt me niet uit, ze zijn allemaal hetzelfde. Ze pakken je op je zwakste plek. En dat is je vader. Ze komen je leven binnen op zijn naam. Praten over hem. Spelen hem na. Geven jou heel even het gevoel dat hij nog leeft. En nu wil jij ook je vader naspelen, om het gevoel dat hij er nog is zo lang mogelijk vast te houden. Maar dat hoeft niet. Je vader zit in je. Denk je dat hij zou willen dat jij dezelfde fouten maakt als hij? Je vader wist niet beter. Hij werd als klein ventje er al op uitgestuurd om te stelen, omdat ze bij hem thuis niet te eten hadden. Hij had geen keuze. Jij wel. Laat je niet gek maken door dat nieges geld. Jij hebt als geen ander gezien waar dat toe leidt. Neem afstand, Rich, van al die weggooiers. Kijk goed naar deze mensen en hun belangen. Ik kan je niks verbieden, en na deze mensen komen er weer andere mensen die jou hetzelfde aanbieden. Je moet het zelf weten, het is jouw leven, maar ik hoop dat je geen gekke dingen doet. Oké?'

'Ik zie wel,' zegt hij.

'Oké. Kom, ik breng je naar je auto. Son?'

'Ja?' zegt Sonja.

'We gaan.'

Als we Rich hebben afgezet, vraagt Sonja: 'En, wat had hij?'

'Er is hem een voorstel gedaan. Hij kan wat verdienen.'

'Dus toch. Wat heb je gezegd?'

'Wat kan ik zeggen? Als ik zeg het mag niet, doet hij het misschien juist.'

'Dus?'

'Heb ik gezegd dat het zijn leven is en hij zelf moet beslissen.'

'We raken hem kwijt, hè As? Hebben we zo ons best gedaan om hem daarbuiten te houden.'

'Het blijft trekken, Son, dat leven.'

'Ik zeg hem zo vaak: ga nou eens met gewone mensen om. Maar dan is het: nee, gewone mensen moeten mij niet. Hup, en dan stuurt hij me midden in de nacht weer een foto met van die types.'

'Het is ook logisch. In de onderwereld is hij een topgozer

omdat hij "de zoon van" is, en in de bovenwereld wordt hij om precies diezelfde reden met de nek aangekeken. Ik begrijp wel waar hij liever is.'

'Ja, maar hij weet niet waar hij het over heeft. Hij ziet alleen de glitter en glamour, maar het is één doffe ellende. Het draait altijd uit op gevangenisstraf. En hij praat stoer, maar hij kan nog geen vijf minuten in een kleine ruimte zitten, dan raakt hij al helemaal in paniek. Als hij een deur in het slot hoort vallen, staat hij al strak,' zegt Sonja.

Het is waar. Rich kon als kind al niet tegen het gevoel dat hij opgesloten zat. Deuren die niet open kunnen en kleine ruimtes, daar raakt hij helemaal van in paniek. Dat is begonnen op 6 oktober 1997, de dag dat hij tussen zijn vader en moeder in lag te slapen en van een enorme knal wakker werd.

'Politie, politie!' wordt er geschreeuwd, en binnen een fractie van een seconde wordt zijn vader door een arrestatieteam overmeesterd. Hij krijgt onmiddellijk een zak over zijn hoofd om zijn oriëntatievermogen uit te schakelen. Geboeid wordt hij naar beneden gedirigeerd en daar verdwijnt hij door het gat waar eerder nog een deur in zat. Buiten wordt hij in een gereedstaande auto geduwd.

Kleine Richie ziet het gebeuren.

Cor gaat voor schut. En wij weer op bezoek. Rich wordt verteld dat zijn vader voorlopig niet thuiskomt omdat hij in een andere stad werkt. Hij gaat hem daar opzoeken, net als de andere kinderen die hij daar tegenkomt in een grote ruimte vol tafels en stoelen en waar een voor een de vaders binnendruppelen. Hij hoort zijn vader zijn naam al roepen vanachter een grote stalen deur. Een man in een blauw pak staat op en loopt richting de stalen deur, aan zijn riem bungelt een grote bos sleutels. Hij pakt de bos sleutels en draait een groot slot om. De deur gaat open en zijn vader komt de bezoekruimte binnen.

'Richieman!' roept hij luid, en spreidt zijn armen wijd.

Een uur lang zit Richie bij zijn vader op schoot. Dan krijgt zijn vader een teken van de man in het blauw en staat op. Hij geeft Rich een knuffel en zegt dat hij moet gaan. Met tegenzin loopt Cor met de man in het blauw mee naar de deur. Daar draait hij zich nog even om, zwaait Richie gedag en verdwijnt weer achter die grote stalen deur. Rich hoort de sleutelbos rinkelen als het slot weer wordt omgedraaid.

Bij het volgende bezoek heeft Rich een riem om zijn broek, en daaraan heeft hij een oude sleutelbos van zijn oma vastgeklemd. Als het bezoekuur voorbij is en Cor naar de stalen deur loopt, rent Rich achter hem aan met de sleutelbos in zijn hand. Zijn vader draait zich om en zwaait naar hem. De deur valt achter hem dicht in het slot. De man in het blauwe pak blijft ervoor staan. Rich houdt zijn sleutelbos omhoog.

'Kom maar, Rich,' zegt Sonja, en ze duwt zijn handje omlaag. 'Papa moet werken, volgende week gaan we weer naar hem toe.'

'As, ik begrijp die jongen gewoon niet,' zegt Sonja. 'Hij is als de dood voor kleine ruimtes, hij durft niet eens een lift in. Weet je nog dat hij met George meeging naar Madame Tussauds? Dat was vlak na Cors dood. Daar kon je alleen met de lift, de trap was verboden. Heeft hij gegild en gekrijst, net zo lang tot ze hem met de trap lieten gaan. En nu nog. Maakt niet uit welke verdieping, al is het de tiende, hij neemt de trap. En hij wil het risico nemen de gevangenis in te gaan? Hij is gek. Of iemand maakt hem gek. Die Klaas misschien?'

'Geen idee. Het kan. En dat is nog het ergste. Hij wil niet zeggen wie hem dit aanbiedt, dus we hebben geen idee wat erachter zit. Hij maakt het ons zo wel erg moeilijk hoor, Son.'

'Ik weet het. Ik word er ook helemaal gek van. Wat moet hij toch met die mensen?'

'Tja, het is een ramp.'

En toch snap ik Rich wel. In Amerika heeft Rich gekozen voor een opleiding tot personal trainer. Terug in Nederland begon hij zijn eigen bedrijf: Rich Results. Hij maakte van zijn hobby zijn werk. Legaal werk. Voor een jongen van zijn afkomst is dat niet vanzelfsprekend. Als 'zoon van' wordt hij in de onderwereld gewaardeerd om wie zijn vader was. In de bovenwereld wordt hij daarom veroordeeld. Hij balanceert op de grens tussen die werelden. Werkt in de bovenwereld, maar voelt zich gewaardeerd in de onderwereld. Hangt er rond omdat hij zich daar meer thuis voelt. Ik herken zijn gevoel zo goed. Als je in de bovenwereld al een aantal keren hebt moeten ervaren dat je vanwege je achtergrond niet dezelfde kansen in het leven hebt als andere kinderen, sluit je je liever aan bij mensen die ook worden uitgesloten. Want daar lijkt het fijner.

Maar Rich vergeet dat dat ook het milieu is dat zijn vader het leven heeft ontnomen. Hij denkt dat als een crimineel vriendelijk tegen hem doet, hij ook echt vriendelijk ís. Maar als ze Rich kunnen misbruiken, zullen ze dat met een grap en een grol en een brede lach op hun gezicht zéker doen. In die wereld gaat het maar om één ding: aan wie kan ik wat verdienen? En als dat ten koste moet van die ander, dan is het ook prima. Geld moet rollen en dat lijkt zo makkelijk, maar dat is het niet. Je moet in die wereld bereid zijn veel offers te brengen: je gemoedsrust, je nachtrust en iedereen die je in de weg loopt naar het grote geld.

En dat grote geld is een magneet voor een kind dat geboren is in weelde en dat niet kan loslaten. Omdat het zo bij zijn vader hoort. Zijn vader deed alles voor geld: banken overvallen, Freddy Heineken ontvoeren, in drugs handelen. Maar het is niet alleen het geld dat lonkt. Het is ook de behoefte aan status. De status van zijn vader. Ik ben bang dat hij daar een keer voor zwicht. En dan is het leed niet te overzien, want in de onderwereld spelen machten en krachten die hij niet heeft geleerd, omdat hij het alleen heeft gezien maar nooit heeft gedaan. Hij heeft zijn grote teen in het koude water gestoken, maar heeft er nog nooit in gezwommen. Als hij die duik in dat diepe neemt, is hij voor velen een prooi. Opgejaagd kan hij anderen dan mijn kant op leiden. Of die van Sonja, en dan Sonja die van mij. Dan kunnen we niet meer met hem omgaan en moeten we hem van ons lossnijden. Maar geen moeder kan dat, en dus zal hij ons meesleuren de donkere diepte in.

We zijn er zo bang voor dat hij toch ooit die stap zet. Tot nu toe is dat nog niet gebeurd. Zegt hij. Hopen wij. Maar in hoeverre kennen we hem nog? Weten we wat hij doet? We kunnen hem al jaren niet meer controleren, omdat we omwille van onze veiligheid al jaren niet meer echt betrokken kunnen zijn bij zijn sociale leven. Wij staan aan de kant en Rich staat op een kruispunt. Alleen hij kan beslissen welke weg hij inslaat. En elke dag dat de onzekerheid daarover voortduurt, ligt het Sonja en mij zwaar op de maag. Kiest hij voor het criminele circuit, dan zal dat een enorme impact hebben op wat er nog van onze familie over is. Ik moet hem dan uit mijn leven bannen. En als Sonja ervoor kiest haar zoon nog wel te blijven zien, kan ik ook niet meer met haar omgaan. Want als hij bij Sonja blijft komen, leidt hij daar de verkeerde mensen naartoe en als ik dan contact heb met Sonja, komen ze via haar uit bij mij.

We hebben alles te verliezen, want we hebben niet meer dan elkaar – maar we hebben het niet in de hand. We kunnen alleen maar hopen dat Rich het licht ziet.

NOVEMBER 2020

Mama – Verhuizen

Ik heb met Sonja afgesproken op dezelfde plek waar we gisteren ook waren. Ze stapt bij me in de auto.

'Son, ik heb een andere woning voor mama gevonden, dan kan ze daar weg. En die nieuwe plek is leuk. Midden tussen de winkels, dus dan heeft ze de hele dag reuring om haar heen.'

'Kan ik kijken?'

'Ja, we rijden er nu naartoe.'

'Wat fijn, As. Dat is een hele zorg minder. Dan kan ik ook weer wat meer doen. Dat is voor Fran ook beter.'

'Hier is het,' zeg ik even later.

'O, maar dit is perfect,' zegt Sonja.

'Ga jij mama ophalen? Dan kunnen we het haar laten zien en vragen of ze het wil.'

'Jazeker. Ik zie je over anderhalf uur aan de achterkant van het flatgebouw. Ik ben zo blij als ze daar weg kan, As.'

Ik zet Sonja af bij haar auto en zorg ervoor dat ik op de afgesproken tijd aan de achterkant van het appartementencomplex sta. Sonja komt aanrijden, parkeert naast me, hevelt mama over naar mijn auto en stapt ook in.

'Hoe vind je deze buurt, mam?'

'Ja, heerlijk. Hier kan ik zelf weer de boodschappen doen,' zegt ze.

'Dat lijkt me wat overmoedig. Maar het is veel minder saai hier. Weet je zeker dat je het wil?'

'Ja, zeker weten. Ik voel me daar in dat huis toch niet meer veilig.'

'Dan gaan we dat regelen,' zeg ik.

'En hoe wil je het doen met visite, mam?' vraagt Sonja.

'Voorlopig maar even niemand. Ik wil niet dat anderen weten dat ik ga verhuizen. Alleen jij, Son, Fran en Mil mogen het weten. Rich niet. Anders doe ik het voor niks.'

Ze wist dat het geen zin had om te verhuizen als dezelfde mensen haar bleven bezoeken. 'Misschien was het wel die familie van die kapster,' zegt mijn moeder. 'Misschien heeft die wel verraden waar ik woon, want die kwam ik een keer tegen in de lift. Toen was hij heel nieuwsgierig.'

'We weten het niet, mam.'

'Laten we maar geen risico nemen. Ik wil nu wel weer eens rustig wonen. Zonder al die stress van wat er beneden aan tuig rondloopt.'

Dus houden we de kring zo klein mogelijk, met in ons achterhoofd dat we die op termijn altijd nog kunnen vergroten als mama dat wil.

'Als die familie dan maar niet ziet dat ik aan het verhuizen ben. Je verrader slaapt niet,' zegt mijn moeder.

Ze heeft gelijk. Maar hoe kunnen we dat onopvallend en zonder de kracht van mannen doen? Om geen slapende honden wakker te maken, willen we geen verhuizers inhuren. Die kunnen vanaf het oude huis gevolgd worden naar het nieuwe huis, dus dat is uitgesloten.

Dan maar niets verhuizen.

'Mam, vind je het goed als we je nieuwe huis helemaal opnieuw inrichten? Of nieuw… niet nieuw, maar we hebben allemaal nog wat meubels staan die jij kan nemen. En wat we verder dan nog nodig hebben, zien we wel. Dan kunnen we je oude spullen langzamerhand naar een opslag brengen.'

'Een opslag? Ben je gek? Dat kost weer geld. Breng het maar naar de kringloopwinkel en gooi de rest maar weg. Ik ben al oud, As. Als ik dood ben, gooien jullie het toch weg.'

'Zeker weten,' zegt Sonja.

'Nou dan. Weg met die zooi. Ik neem alleen mijn gordijnen mee. Als ze passen.'

'We gaan kijken, mam,' zeg ik.

In de weken die volgen maken Sonja en ik haar nieuwe woning klaar en ruimen haar oude woning leeg. Ik doe een lade open. Erin ligt een doos, rood fluweel. De zijkant is op de naad kapotgescheurd. Ik pak de doos uit de lade en leg hem opzij. 'Deze wil ze bewaren, Son.'

In die doos bewaart ze haar hele leven. Foto's van haar vader, moeder, broer en zus. De valentijnkaartjes van Cliff, haar grote liefde. De gewonnen kampioenschappen korfbal. Vijftien was ze, en zestien; het is al zeventig jaar geleden en al die tijd heeft ze het bewaard. Dat kleine stukje eigen leven, verstopt in een doos, tijdens een leven dat allang niet meer van haar was. Dat werd bepaald door de woede van haar man en de agressie van haar zoon. Haar spelerskaart van toen we samen basketbalden. Het dierenpaspoort van haar hondje Beatle waar ze zo gek op was. De brief die ik haar jaren geleden heb geschreven ligt er ook in. Ze kwam met een zware longontsteking in het ziekenhuis te liggen en we waren haar bijna kwijt. Ik zie haar nog zo liggen in dat ziekenhuisbed aan het raam van het Prinsengracht-ziekenhuis. Het verdriet in haar ogen toen ze belde met Wim, die toen vastzat vanwege de zaak-Endstra – ze hoopte op wat medeleven, maar dat kwam niet. Ze was bijna doodgegaan, maar híj was pas écht ziek. Ik ben blij dat ik haar zoveel jaar geleden al heb gezegd hoeveel ik van haar hou en wat ze voor me betekent. Ze heeft de brief al die tijd bewaard.

Wanneer ze over is naar haar nieuwe woning, laten we haar oude woning nog een maand leegstaan. Daarna halen we het daar meubel voor meubel leeg. De grote stukken demonteren we in kleine stukken, nemen die in tassen mee de woning uit en brengen ze naar de stort. We hopen dat haar oude omgeving op die manier niet – of in elk geval te laat – doorkrijgt dat ze is verhuisd.

Eenmaal in haar nieuwe appartement kunnen Sonja en ik zo vaak naar haar toe als we willen en dat goed organiseren. Het heeft meteen effect op haar eetlust en haar mentale conditie. Ze is weer scherp en komt kilo's aan. We zitten samen aan de kip van het spit en verse friet die Sonja zojuist op het pleintje beneden gehaald heeft.

'Hier, As,' zegt mama. 'Ik wil dat jij deze terugneemt.' Ze geeft me de brief die ik haar jaren geleden geschreven heb.

'Wat moet ik daarmee? Die is toch voor jou? Geef hier, dan leg ik hem terug in de doos.'

'Die heeft Son weggegooid.'

'Weggegooid?' vraag ik aan Sonja.

'Ja, dat moest van mama, hoor.'

'Waarom, mam? Daar zaten foto's van je vader en je moeder in.'

'Ja, As, wie kijkt daar nou nog naar als ik er straks niet meer ben? Mijn kleinkinderen hebben mijn moeder amper gekend. Mijn achterkleinkinderen weten niet eens wie het zijn.'

'Maar dat ga je toch niet weggooien? En je kaartjes van Cliff dan? Ook weg?'

'Ik heb alles weggedaan.'

'Kampioenschappen en spelerskaart?'

'Alles weg.'

'Moest dat weer van jou, Son? Met je eeuwige opruimwoede?'

'Hé, geef mij nou niet de schuld, hè. Mama wou het zelf. Van mij had het niet gehoeven.'

'Maar mam, jouw hele leven zat in dat doosje.'

'Wat moet een ander met mijn leven als ik er straks niet meer ben? En jou ga ik er niet mee lastigvallen, dan moet jij het overal mee naartoe slepen als je van hot naar her verhuist.'

'Echt, ongelofelijk dit.'

'Maar het is toch zo, As. Wat moet een ander met mijn spulletjes? Je hebt gelijk. In dat doosje zat mijn hele leven en ik beslis zelf wat ik ermee doe. Ik wil niet dat het gaat zwerven. Dat de foto's van mijn vader door een ander worden bekeken en dan weggegooid. Dat doe ik liever zelf.'

'Mooi gezegd, mam. Koffie, As?'

'Zo meteen. Het is toch leuk af en toe door die doos te gaan. Herinneringen op te halen?'

'Weet je, As. Het klinkt gek, maar het lijkt wel hoe ouder ik word, hoe duidelijker ik ze weer voor me zie. Mijn vader, mijn moeder. Het is heel apart. Ik hoef maar aan ze te denken en ik zie het zoals in een film weer voor me.'

'Hè, mam. Doe niet zo eng,' roept Sonja.

'Het is niet eng. Het is juist heel fijn. Zie ik mezelf weer met mijn moeder op het korfbalveld zitten. Ze was echt heel knap toen ze jong was.'

'Oké. Nou, als jij daar genoeg aan hebt, dan heb ik niks gezegd, mam.'

'Ja, daar heb ik genoeg aan, As. Hier, neem nog een kippetje. We hebben nog zoveel over.'

DECEMBER 2020

Rich – Kan ik je even zien?

Ik ben om de hoek bij Sonja. Ze staat me al op te wachten en we gaan naar binnen. Dan krijg ik een appje van Rich.

R: Wanneer zie ik je weer?
A: Over 30 minuten bij mama, is dat oké voor jou?
R: Oké. Maar kan mama dan even weg?

Ik zeg tegen Sonja dat ze zo even weg moet, dat Rich mij alleen wil spreken en dat zij dan meteen de boel buiten in de gaten kan houden.

Op de afgesproken tijd appt Rich.

R: Ben je er?
A: Ja
R: Oké Boven Of auto.
A: Boven. Mama is er niet.

De bel gaat. Rich komt boven. Ik ben benieuwd.

'Ik doe het niet. Ik ga geen gekke dingen doen.'

Ik ben ongelofelijk opgelucht. 'Wat heeft je nou doen besluiten het niet te doen, Rich?'

'Ik ben er niet geschikt voor. Ik hou van gokken, maar niet met mijn vrijheid. Dus toen jij over dat toeval vertelde, dacht ik nee, dat heb ik er niet voor over. Het is kort fijn, maar als zoiets misgaat, lang pijn, As. Dat kan ik niet aan. Ik wil mijn koffietje doen. Een broodje eten. Ik kan niet binnen zitten.'

'En wie was het nou, die dat met je wilde doen? Klaas?'

'Wat doet het er nog toe, As? Ik doe het niet.'

Als Rich is vertrokken, bel ik Sonja.

'En, wat had hij?' vraagt ze.

'Eindelijk weer eens goed nieuws. We hoeven ons geen zorgen te maken. Hij gaat niks geks doen.'

'Wat een opluchting. Ik voel zo een hele last van mijn schouders vallen.'

'Ik ook.'

'We hebben geluk dat hij panisch is voor kleine ruimtes.'

'Dat is echt een zegen, Son.'

'Ik vraag me toch af wie hem dat aanbod deed. Denk je dat Wim ermee te maken heeft?'

'Geen idee. Rich wil het niet zeggen. Maar het doet er ook niet meer toe. Klaas en door! Ik bedoel: klaar en door.'

'Heel grappig.'

'Dank je.'

JANUARI 2021

Mama – Longontsteking

Ik zit met Sonja in de auto als Francis belt. 'As! Ik vind gewoon een hamburger van McDonald's bij oma in de magnetron,' fluistert ze door de telefoon.

'Een hamburger? Mama en ik hebben haar vorige week een hamburger gebracht.'

'Ja, dat weet ik. Die wilde ze opwarmen in de magnetron, maar die staat daar nu nog. Is ze vergeten. En ze ziet ook weer zo wit.'

'Omdat ze zo slecht slaapt door die kat. Die is de hele nacht aan het mauwen. En dan springt hij weer boven op haar,' zeg ik.

'Die kat moet eigenlijk weg,' zegt Sonja.

'Blacky gaat ze niet wegdoen. Dat doet ze nooit. Vindt ze zielig,' zegt Francis.

'Maar ze heeft alleen maar ellende van die kat. Ze kon hem toch terugbrengen als het niets zou worden?' zegt Sonja.

'Dat heeft ze geprobeerd, maar die mensen nemen hem niet terug,' zeg ik.

'Die kat put haar uit,' zegt Francis.

We horen mama op de achtergrond hoesten.

'Hoor eens even. Dat klinkt niet goed, hoor. Ze heeft weer longontsteking. We komen eraan, Fran,' zegt Sonja.

Binnen ligt mijn moeder in bed. Ik neem haar temperatuur op.

'Ze heeft 39 koorts en het is pas middag. Bel jij de dokter, Fran?'

De dokter komt die middag. Ze zegt dat mijn moeder niet alleen kan zijn en naar het ziekenhuis moet. Dat wil ze niet. Sonja zegt dat wij wel bij haar blijven slapen en haar verzorgen. De dokter stemt in.

'Heb jij je medicijnen bij je?' vraagt Sonja.

'Ja, ik blijf wel,' zeg ik. 'Zet jij mijn auto weg, Son?'

Het is laat in de avond. Mama slaapt. Ik ga op de bank liggen. Midden in de nacht wordt er aangebeld. Ik doe niet open en app Sonja.

A: Er wordt hier aangebeld.
S: Niet opendoen!
A: Nee, natuurlijk niet.

Even later wordt er weer aangebeld.

A: Weer!
S: Wie kan dat nou zijn?
A: Ik krijg er de kriebels van. Het is kwart over drie.
S: Slaapt mama gewoon door?
A: Ja, maar ze snurkt wel heel hard. Volgens mij kun je dat buiten horen.
S: Welnee, dat hoor je niet. Misschien zijn het inbrekers? Dan kun je beter wel lawaai maken.
A: Ik doe even niks.

De bel gaat weer.

A: Weer!
S: Bel 112!
A: Nee, misschien is het die dementerende buurvrouw wel. Staat de hele flat op zijn kop voor niks. Dat kan ik mama niet aandoen. Als iemand echt kwaad wil doen, gaat hij toch niet aanbellen?
S: Dat weet je niet. Misschien hebben ze ons wel naar binnen zien gaan. Bel 112!
A: Nee!! Dat kunnen we mama niet aandoen!
S: Bel Ronald!
A: Om drie uur 's nachts? En als het wel die buurvrouw is? Maak ik Ronald wakker. En wat kan hij dan doen. Hij gaat ook politie sturen. Ik hou gewoon de deur dicht. Ga niet kijken wie er is. Als het dan mis is, weten ze ook niet zeker of ik er ben. Als ik ga kijken wel.
S: Maar blijf wel wakker.
A: Ik kan toch niet meer slapen.
S: Morgen weg daar. Of niet?
A: Dat zien we morgen wel.
S: Oké. App me als er iets is.
A: Zeker weten.

De rest van de nacht ben ik klaarwakker en kijk naar de deur of er niemand onuitgenodigd binnenkomt. Het blijft stil. Maar dit is niet relaxed. Morgen kunnen mama en ik hier beter weg.

In de loop van de ochtend neem ik mama's temperatuur op. De koorts is gezakt. Een mooi moment om hier zo snel mogelijk te vertrekken. Sonja's huis is volledig bulletproof. Daar voel ik me toch iets prettiger.

'Mam, we nemen je mee naar Son. Dat is beter.'

'Dat is goed, lieverd.'

Sonja stuurt Francis om mama naar beneden te helpen. We pakken haar goed in en zetten haar in een rolstoel. Francis loopt links de galerij af, waar Sonja met de auto staat te wachten. Ik neem de galerij rechts, waar Miljuschka aan de andere kant van het gebouw op mij staat te wachten.

'Sorry, lieverd, gooi ik nu weer je hele agenda in de war?' vraag ik als ik instap.

'Valt wel mee, mam. Oma is belangrijker.'

'Hoe gaat het met jou, Mil?'

'Goed. Moet je gelijk naar oma of heb je even tijd?'

'Oma is bij Son, ik heb tijd. Is er iets?' Ik krijg alweer helemaal de kriebels.

'Nee, maar dan haal ik even een koffietje voor ons bij de pomp. Even een moeder-dochtermomentje.'

'Ja, graag.'

Miljuschka haalt koffie voor ons en stapt weer in de auto.

'Mil, heb ik je weleens verteld dat als je een jongetje was geweest, ik je Casper wilde noemen?'

'Ja, maar hoe kom je daar nou ineens bij?'

'Daar lag ik vannacht aan te denken.'

'Je wilde me eerst eigenlijk Vargas noemen, toch?'

'Ja, naar de Peruaanse schrijver Mario Vargas Llosa. Maar ik was bang dat andere kinderen je dan varken gingen noemen. Ik zag het al voor me, jij rennend over het schoolplein met een knorrende meute vervelende pestkopjes achter je aan.'

'Vargas, ja, dat wordt al snel varken. Dat had zomaar een heel ongelukkige schooltijd kunnen worden. Kinderen zijn meedogenloos, mam.'

'Toen Vargas afviel, wilde ik je Casper noemen. Naar Casper het vriendelijke spookje.'

'Waarom naar een spook?'

'Casper was niet zomaar een spook. Hij was anders, hij wilde niet dat mensen bang van hem werden, hij wilde alleen maar vriendjes met ze zijn. Maar hij zag eruit als een spook en daarom werd hij over één kam geschoren met de andere spoken. Net als mij gebeurde met Wim. Sinds de Heineken-ontvoering, twee jaar eerder, was ik geen individu meer. Alleen nog maar een Holleeder. Ik identificeerde me met Casper. '

'De naam Casper vertelt jouw levensverhaal.'

'Ja. Ik was zeventien en werd in een cel gegooid voor iets verschrikkelijks dat Wim had gedaan. Omdat ik familie was, ging men er gemakshalve van uit dat ik er ook wel mee te maken zou hebben. Het is heel eng als dat je overkomt. Casper werd ook niet gezien voor wie hij was. Maar als spook had hij het voordeel dat hij ongrijpbaar was. Hij kon door de dikste muren heen zweven. Geen mens kon hem gevangenzetten. In de naam Casper zat vooral de wens dat niemand jou ooit kon behandelen zoals ik was behandeld.'

'Het kiezen van mijn naam ging meer over jou dan over mij.'

'Ik had ervaren wat een naam met mij had gedaan. Ik zag jouw naam als een pantser dat ik je mee kon geven. En als een mentaliteit waar je in zou groeien. Vandaar ook Miljuschka.'

'Een vechtersmentaliteit.'

'De kracht om jezelf te kunnen zijn. Als ik terugkijk, is bijna alles wat ik heb meegemaakt gebaseerd op onderdrukking. Mijn vader, mijn broer, de overheid. En alles wat ik gedaan heb, gaat over het ontkomen aan die onderdrukking.'

'En je zit er nog steeds middenin.'

'Omdat ik er nog steeds tegen vecht. Het niet wil accepteren, want het is niet rechtvaardig. Ik heb geprobeerd het anders te doen en alles maar over me heen te laten komen in de hoop dat het rust zou geven. Maar dat trek ik niet. Soms gun ik jou een normaal leven met een normale moeder.'

'Soms gun ik jou een normale dochter. Maar ik ben tevreden zo. Nog een koffie?'

'Lekker.'

FEBRUARI 2021

Rich – Spaarvarken

Ik zit naast Sonja in de auto en Rich stuurt me een bericht.

R: Hé As, ik ga zo mijn verjaardag vieren. Je bent uitgenodigd.
A: Lief, maar nee dank je.
R: Jammer.
A: Doe je een beetje voorzichtig, Rich?
R: Tuurlijk, As.

'Wel lief dat hij me uitnodigt,' zeg ik tegen Sonja.

'Hij weet dat je toch niet komt, maar het is lief bedoeld. Je bent in elk geval welkom.'

'Het gaat om het idee.'

'Ja, maar dat wordt natuurlijk gewoon weer zuipen met zijn allen,' zegt Sonja. 'Wat een zorg is die jongen toch.'

'Gelukkig is hij onze gedeelde zorg. Dat maakt het iets makkelijker.'

Vanaf de dag dat Rich geboren was, ging ik elke ochtend voor mijn werk even bij hem langs om hem een knuffel te geven. Hij was een klein mager scharminkeltje en kreeg van Cor al snel de bijnaam 'Garnalenman'. Cor was gek op hem. Anders gek dan op Francis. Omdat een zoon voor hem een andere waarde had. Cor wilde een troonopvolger. Honderd procent betrouwbaar en eigen.

Sonja wil Cor graag die zoon geven. Ze heeft gehoord over een dokter die ervoor kan zorgen dat ze een jongetje krijgt. Ze gaat erheen. Aan de hand van een rekenmethode zegt de arts te kunnen bepalen wanneer ze gemeenschap met Cor moet hebben, zodat hij een zoon krijgt. Ze gaan het traject aan en Sonja wordt zwanger. Destijds waren er nog geen echo's waarmee het geslacht van de baby al in de buik kon worden vastgesteld, dus ze moeten geduldig wachten op de geboorte om te zien of het ze gelukt is. Sonja is ervan overtuigd dat het een jongen zal worden, maar die 'fout' heeft ze bij haar eerste kind ook al gemaakt; Francis werd het eerste halfjaar door iedereen voor een jongetje aangezien, omdat Sonja de volledige babyuitzet in het lichtblauw had gekocht.

Maar deze keer is het inderdaad een jongen en Cor is dolgelukkig. Hij vernoemt zijn zoon naar waar zijn hele leven om draait: Rich. Cor was als kind straatarm geweest en wil zijn zoon dit lot besparen. Dat lukt hem en dus zit Rich als klein jochie bij zijn vader achter op de waterscooter en scheurt over de hemelsblauwe Middellandse Zee, hij mag aan het roer staan van een supersnelle speedboot varend over de golven van de Loosdrechtse Plassen, en hij dobbert met pappie rond in de zwembaden van luxehotels. En hij krijgt nóg wat mee van zijn vader.

Al zolang Cor geld in zijn zak heeft, gokt hij op alles waar geld op te zetten valt. En van kleins af aan staat Rich erbij en kijkt ernaar. Aan Cors hand beleeft hij de start, het draven en het finishen van de paarden op Duindigt. Hij zit op zijn schoot in plaatselijke wedkantoren in Spanje en Frankrijk. En thuis zit hij naast zijn vader voor de televisie, als hij gokt op voetbalwedstrijden en tennistoernooien. Overal voelt hij zijn vaders spanning of hij het geld dat hij heeft ingezet zal verliezen of verveelvoudigen. Cor speelt voor hoge bedragen en alles tegelijk. Hij wint bedragen van tienduizend tot een miljoen. En hij verliest net zo hard. Zo klein als Rich is, voelt hij de excessieve hoeveelheid dopamine die met die extreme pieken en dalen gepaard gaat, door het lichaam van zijn vader gieren. Hij groeit ermee op.

Ik ben bij Sonja en haar huis zit vol met de vrienden van Cor. Cor doet een spelletje backgammon met Frits, een oude bekende van binnen en buiten de bajes.

'Ja, ja, gewonnen!' roept Cor. 'Kom op, betalen.'

Frits haalt een pak bankbiljetten uit zijn zak, telt duizend gulden uit en reikt Cor het geld aan.

'Rich, kom eens hier! Pak aan, jongen,' zegt hij tegen de kleine Richie, en hij geeft hem de duizend gulden. 'Dit is voor jou. Of zal papa alles of niets doen?'

Rich kijkt naar het stapeltje bankbiljetten in zijn handen en dan naar zijn vader. 'Alles of niets.'

'Nog een spelletje,' zegt Cor tegen de man, en hij gebaart hem weer te gaan zitten. 'Garnalenman, jij blijft hier, jij brengt geluk.'

Ze spelen opnieuw tot aan de beslissende worp. Cor schudt de dobbelstenen en houdt zijn hand stil voor Rich' gezicht. 'Blazen.'

Richie blaast tegen zijn vuist. Cor gooit. 'Gewonnen! Pak 'm zijn geld af, Richie.'

Rich houdt zijn hand op voor Frits zijn neus. De man legt de bankbiljetten in zijn handjes.

'Revanche?' zegt Cor.

'Revanche.'

Cor wint. En wint. De stapel geld in Rich' hand is verdriedubbeld.

'Stop in je varken, Rich.'

Rich loopt naar zijn levensgrote, roze spaarvarken. Hij gaat ernaast staan en duwt het geld door de gleuf in de rug van het varken.

Op dat moment komt Sonja binnenlopen. 'Kom, Rich, je gaat met mij mee. Leg dat geld weg. We gaan boodschappen halen. Ga je mee, As?'

'Niets daarvan, die jongen blijft hier. Hij is mijn mascotte.'

'Hij gaat gewoon met mij mee,' zegt Sonja, en ze trekt Rich bij zijn vader vandaan.

Met z'n drieën gaan we weg. Als we na een uur terugkomen, zit Frits opgetogen aan het bier. Voor hem ligt een dikke stapel geld.

'Kom eens hier, jongen,' zegt Cor tegen Rich. 'Zie je dat?' Hij wijst op de stapel bankbiljetten van Frits, die sinds Rich is vertrokken flink in omvang is toegenomen. 'Je moet ook niet weggaan als papa speelt, dan zie je wat er gebeurt. Kom bij me zitten.'

Rich gaat naast zijn vader zitten.

'Nog een spelletje?' vraagt Cor aan Frits.

'Nee, ik moet ervandoor. Anders krijg ik ruzie thuis.'

'Dat zal lekker worden. Je kan nu niet zomaar weglopen. Laatste spelletje. Alles of niets!'

'Laatste dan,' zegt Frits.

Rich blaast tegen de hand van Cor. Cor wint. 'Goed gewerkt, jongen. Hier, stop dat maar in je spaarpot.'

Rich loopt weer naar zijn spaarvarken. Behendig vouwen zijn kleine handjes het ene na het andere biljet en laten ze in de buik van het varken vallen. Sonja en ik kijken elkaar aan en schudden het hoofd.

'En, zit het varken al vol, jongen?'

'Nee.'

Cor kijkt de kamer rond. 'Hé, Dikke, kom met je luie reet van die bank af. We gaan een spelletje doen,' roept hij.

'Ik niet,' zegt Dikke.

'Hoezo jij niet?'

'Oprotten, Cor, ik ga niet tegen jou spelen. Ik weet precies hoe dat gaat. Ben ik straks al mijn geld kwijt.'

'Als je een man bent, speel je tegen me.'

'Dan maar geen man.'

Cor richt zich tegen het zoontje van de man. 'Zie je wat een lafaard je vader is?' En dan tegen Rich: 'Wat is hij, Richie?'

'Een lafaard!' roept Rich.

Het zoontje van Dikke kijkt zijn vader teleurgesteld aan en Dikke is geraakt op zijn zwakke plek. Hij staat op en gaat tegenover Cor zitten. 'Kom maar op dan, kwallebak.'

Cor knipoogt naar Rich, trekt hem dichterbij en fluistert in zijn oor: 'En wat doen we dan?'

'Laten winnen,' fluistert Rich in het oor van Cor terug.

'Goed zo.'

Dikke wint zijn eerste potje en kijkt trots naar zijn zoon. 'Nog een potje!'

'Nee, ik stop,' zegt Cor.

'Kom op, als je een man bent, speel je door! Kom op, spelen.'

'Vooruit dan maar,' zucht Cor, en hij knipoogt naar Rich.

Een uur later is Rich zijn spaarvarken weer aan het vullen.

'Genoeg voor vandaag, jongen. Papa moet gaan.'

En papa ging. Naar de paardenkoers in Parijs, Nice, Lyon-Parilly, Lille, Cap d'Antibes en Parc des Princes.

Het verlangen naar dopamine is Rich met de paplepel ingegoten. Hij wil altijd winnen en is al sinds hij kan lopen extreem competitief. Hij kon goed voetballen en tennissen, en moest op een gegeven moment kiezen om in een van beide sporten verder te komen. Het werd tennis. Sonja zette hem in het weekend 's morgens om negen uur bij de tennisvereniging af en haalde hem om vijf uur in de middag weer op. Tussen de trainingen en de wedstrijden door hing hij rond met de wat oudere jongens en speelde poker met ze. De inzet was vaak een aantal push-ups. Later werden dat euro's en langzaam maar zeker werd gokken een onderdeel van zijn leven.

MAART 2021

Een ander gezicht

Sonja en ik zijn zojuist bij mama geweest en rijden op de terugweg langs het Amsterdamse Bos. We parkeren de auto op de parkeerplaats bij de pannenkoekenboerderij en stappen uit, in de hoop dat het terras open is voor koffie en we even buiten kunnen zitten. Sonja loopt iets voor me uit als een man haar vlak voor de ingang van de pannenkoekenboerderij enthousiast begroet. 'Hé, hallo! Hoe gaat het met jou?'

Het is altijd hetzelfde! Het maakt niet uit waar we zijn, Sonja komt mensen tegen die ze kent. En niet alleen in Nederland, ook in het buitenland. Ik loop door, want ik wil niet dat die man denkt dat we bij elkaar horen. Want dan is het: een plus een is twee.

Ik loop het terras van de pannenkoekenboerderij voorbij en neem een ander pad terug naar de auto. Vrij snel haalt Sonja me weer in en we haasten ons naar de parkeerplaats. Herkenning betekent: wegwezen.

'Wie was dat?' vraag ik als we in de auto zitten.

'Ik ken hem van Spanje. Van Cor.'

'Wat vroeg hij?'

'Hij zei: wat leuk dat ik je weer eens zie. Dus ik vroeg: ken ik u? Zegt hij: ja, van Spanje, weet je dat niet meer? Ik zeg: nee.

Zegt hij: jij bent Sonja, toch? En ik: nee hoor, ik ben Sonja niet. En toen zei hij: o sorry, dan heb ik de verkeerde.'

'Wat goed! Wat knap dat je dat glashard ontkende.'

'Ja, hij zag het niet doordat mijn gezicht veranderd is. Het werkt.'

'Ik denk niet bij mensen die je echt heel goed kennen. En bovendien: hij had je ook aan je stem kunnen herkennen.'

'Je ziet het: niet dus. Als ze me maar lang genoeg niet hebben gezien en ik ontken het, gaan ze twijfelen.'

'Twijfelen is genoeg.'

'Ja, ik ben blij dat die lijdensweg niet voor niets is geweest.'

Een halfjaar eerder had Sonja besloten er anders uit te gaan zien. Voor zover de grenzen van de plastische chirurgie dat toelieten, tenminste.

'Ga je het echt doen?' vraag ik.

'Ja, echt.'

'Ik krijg al de kriebels als ik eraan denk. Maar respect.'

Sonja heeft gelijk: vermommen ziet er toch altijd wat schimmig uit. Plakneuzen, maskers, tanden; het is het allemaal net niet. Zeker niet overdag. Hoe levensecht ook, als ik er een winkel mee binnenkom, ben ik als de dood dat ze denken dat ik een overval kom plegen.

'Ik wacht het resultaat bij jou af. En dan doe ik het ook misschien, Son.'

Direct na de operatie herken ik mijn eigen zus niet meer. Ze ziet eruit als een monster. Wat hebben ze met haar gedaan?

'Het moet nog bijtrekken, zeggen ze. Denk jij dat dit nog goedkomt, As?'

'Ja, natuurlijk, die arts zal toch wel weten wat hij doet?'

'Ik hoop het maar. Anders ga ik echt nooit meer de straat op.'

'Nooit is een beetje overdreven. Maar in ieder geval nooit meer bij daglicht. Grapje. Het komt goed. Ik heb het net gegoogeld. Dat is allemaal zwelling. Het duurt even voordat dat zakt.'

En het zakte. Gelukkig.

'Ga jij het nog doen?' vraagt Sonja aan me.

'Na wat ik bij jou gezien heb? Die marteling die jij hebt doorgemaakt? Met die krammen in je schedel, de pijn die je gehad hebt? Nee, never, nooit, niet. Nee, ik heb een ander idee. Een ander gebit. Andere kleur, andere vorm tanden. Ik heb een nieuwe tandarts en ik hoop dat hij het voor me wil doen.'

'Toch geen Roelvink-wit mag ik hopen? Want dan val je op als een olifant in een bed aardbeien. Dan komt eerst je gebit en dan jij binnen.'

'Het moet er wel natuurlijk uitzien. Maar de vorm mag van mij flink anders. Een beetje richting Anky van Grunsven.'

'Niet. Die heeft wel heel flinke voortanden.'

'Ja, dat vind ik mooi. En als ik er anders uit wil zien, moet er wel echt wat veranderen.'

En daar was ik op dat moment wel aan toe. Als je me acht jaar daarvoor had gevraagd of ik bereid zou zijn aan mijn gebit te laten sleutelen om er anders uit te zien, had ik je voor gek verklaard. Niet in de laatste plaats omdat ik als de dood ben voor de tandarts.

Maar ja, tijden veranderen. En ik had toen inmiddels zo'n beetje alle minder ingrijpende mogelijkheden waarmee ik mijn uiterlijk kon veranderen al uitgeprobeerd: een pruik, een petje of hoedje, een bril, make-up, valse wenkbrauwen en gekleurde lenzen. Ik was zelfs op advies van visagist Barbara, die eerder met make-up mijn gezicht zo veel mogelijk had veranderd, naar Floris gegaan. Hij zou mijn uiterlijk wat ingrijpender kunnen veranderen.

Ik maak een afspraak en een week later sta ik voor een pand

dat verscholen ligt tussen het groen, niet ver van Amsterdam, en bel aan.

'Hallo, kom binnen,' zegt Floris uitnodigend.

'Dank je.'

'Volg mij maar.'

Hij gaat me voor in een grote fabriekshal. Overal staan hoofden en liggen afgehakte armen en benen. Het is een walhalla aan lichaamsdelen. En het ziet er allemaal even echt uit. Aan de telefoon heb ik hem al uitgelegd wie ik ben en wat ik graag wil. We nemen plaats in zijn kantoor naast de fabriekshal.

'Ik hoop dat je me kunt helpen,' zeg ik.

'Zeker. Je wil een *prosthetic* van je neus? En een gebit, toch?'

'Ja, ik weet niet wat allemaal mogelijk is.'

'Ik kan een prosthetic voor je neus, voorhoofd, wangen en kin maken. En een gebit dat je over je eigen tanden kunt plaatsen. Dan zie je er compleet anders uit. Daarmee kun je je gewoon onder de mensen begeven, want het zijn allemaal losse delen, dus je kunt ermee praten.'

'Blijven die losse delen goed zitten?'

'Ja, die plak ik op je gezicht. Dat zit vast met speciale lijm.'

'Klinkt goed. Laten we het maar proberen.'

'Oké. Je mag daar gaan zitten.' Hij wijst naar een kappersstoel. 'Vandaag maak ik de mal van je hoofd waarop we de prosthetics kunnen maken.'

Floris smeert me van mijn kruin tot mijn oksels onder met een dikke smurrie, die hij *algene* noemt. Alleen mijn neusgaten blijven open, zodat ik kan ademen.

'Ik doe als laatste je oren, zodat ik je nu nog kan vertellen dat je goed stil moet blijven zitten tot het droog is. Anders krijg je een rare grimas,' zegt Floris als hij bezig is mijn oren dicht te smeren.

'O, jee, als ik lang stil moet zitten, dut ik vaak even weg.'

'Nou, dat kan dus niet. Wakker blijven.'

Daar zit ik dan. Ik zie niks en hoor alleen het hypnotische geruis van mijn ademhaling. En ja hoor, ik voel de slaap al opkomen. Het gevecht begint. Onder geen beding wil ik de mal verpesten en ik doe mijn uiterste best om wakker te blijven.

'Zo is het wel goed,' hoor ik na wat een eeuwigheid lijkt.

Volgens mij heb ik het gevecht tegen de slaap gewonnen, maar ik kan ook best even weggedommeld zijn. Hopen maar dat het gelukt is.

'Het ziet er goed uit,' zegt Floris. 'Door naar de volgende stap. Hap maar.'

Er wordt een afdruk van mijn gebit gemaakt en samen zoeken we verschillende vormen, grootte en kleuren tanden uit.

'Mooi. Het zit erop voor vandaag. Ik ga nu aan het werk en dan hoor je van me.'

Een maand later krijg ik bericht: de nepneuzen en de gebitten zijn klaar. Het gebitje en de neus veranderen niet alleen mijn aangezicht, maar ook mijn profiel. En met mijn gekleurde lenzen in ben ik inderdaad onherkenbaar. Maar het aanbrengen van de neus blijkt, zoals Floris me al had gezegd, te moeilijk om zelf te doen. Het opplakken is precisiewerk en vereist een vaste hand. Die heb ik niet. De neus moet er in één keer goed op gezet worden en als Floris het doet, ziet het er perfect uit, maar daar heb ik dan altijd Floris voor nodig. Dat is prima voor een speciale gelegenheid, maar niet voor elke dag. Dat is niet wat ik zoek. Mijn gedaanteverandering moet makkelijk en snel kunnen.

'En een masker? Is dat een idee?' oppert Miljuschka.

Een masker? Hmm. Ik googel en zie dat er best goede maskers worden aangeboden. Met zo'n masker ben ik in één klap een oud vrouwtje, of een man. De maskers vallen tot over de schouders, zodat mijn nek en borst er ook hetzelfde uitzien als mijn gezicht. Geen make-up nodig, dus.

Ik bestel er een aantal via internet: Theo (een besnorde jongeman met amandelvormige blauwe ogen), Gracia (een jonge vrouw met grote bruine ogen), Nico (een wat ouder, grof type met gaten voor mijn eigen ogen) en Tina (een witte vrouw van middelbare leeftijd met een klein neusje en volle lippen). De dagen erna verheug ik me op het uittesten van het idee.

'Kijk, Mil, ik wil je wat laten zien,' zeg ik, en ik trek Theo over mijn hoofd. 'En? Ben ik onherkenbaar?'

'Dat ben je. Maar alleen omdat je iets over je hoofd hebt getrokken. Dat masker ziet er niet uit. Je kan net zo goed een vuilniszak over je hoofd doen.'

'Nee, doe effe serieus. Ga eens aan het eind van de kamer staan. Zie je dat het een masker is?'

'Ja. En van dichtbij helemaal.'

'Maar ik kan ze wel gebruiken om uit de auto te stappen. Stel, ze weten in welke auto ik rij, en er stapt een man uit de auto in plaats van een vrouw, dan raken ze toch in de war.'

'In het donker misschien. Maar als je op klaarlichte dag uitstapt, belt iedereen gelijk de politie. Je bent net een etalagepop, met die onbeweeglijke ogen.'

'Oké. Vind je deze beter?' Ik trek Tina zonder ogen over mijn hoofd.

'Mwah. Iets. Van afstand zal dat nog wel gaan, maar van dichtbij sluit het niet aan op de huid onder je ogen. Dat zie je wel heel duidelijk.'

'Deze dan?' Ik doe Nico zonder ogen aan.

'Die vind ik nog de beste. Die kan je 's avonds wel gebruiken voor het in en uit de auto stappen. Maar overdag zeker niet.'

'Valt tegen, hè?' zeg ik teleurgesteld.

'Het idee is goed, je moet alleen het juiste masker vinden. Waarom vraag je Floris niet er een op maat te maken? Dat kan hij toch wel?'

'Ik ga het hem vragen.'

Het kan. We hebben de mal al gemaakt, dus hij kan direct aan de slag.

Vier maanden van boetseren, schilderen, haren prikken, passen en aanpassen later, appt Floris me: *Het masker is klaar. Kun je morgen?*

De volgende dag maak ik kennis met mijn nieuwe gezicht. 'Het is het gemakkelijkst als je met twee handen het masker iets uitrekt en het dan zo over je hoofd schuift.'

Ik doe mijn handen in het masker, rek het iets op en trek het over mijn hoofd. Binnen drie seconden ben ik veranderd in een ander mens. Makkelijker en sneller dan dit is onmogelijk. En toch heeft ook dit een nadeel. Het masker is te statisch, beweegt niet mee als ik praat, en is daarom niet geschikt voor interactie met andere mensen. Ik draag het nog weleens, maar alleen als ik niet met mensen in gesprek hoef. Voor interactie met andere mensen is plastische chirurgie echt de enige oplossing. Zover ben ik nog niet, maar in de tussentijd kan ik, als goede tussenstap, mijn tanden alvast laten doen.

Sonja en ik zitten in de auto en verlaten het parkeerterrein bij de pannekoekenboerderij.

'Was het terras nou open of niet, Son?'

'Ik weet het niet. Er stond buiten een bord. Volgens mij kon je wel afhalen, maar ik heb niet goed gekeken. Ik wilde zo snel mogelijk bij die man vandaan. We zetten thuis wel koffie.'

'Ja, doen we dat.'

APRIL 2021

Voor het archief

Ik heb Sonja net thuis opgehaald. Ze zit naast me in de auto en we rijden door haar buurt.

'Zie je dat, As, die gasten in die auto?' zegt ze, en ze wijst naar een auto.

'Ja, ik zie het. Ik geef het door aan Bewaken en Beveiligen. Ronald zei laatst dat ze ook in dat opzicht met vernieuwingen bezig zijn. Dus laten we maar weer wat vaker verdachte situaties gaan melden, Son. Zo kunnen ze een matrix om ons heen leggen met poppetjes en auto's. Kunnen ze achteraf zien wie er allemaal in de buurt zijn geweest.'

'Ja, achteraf, daar heb ik wat aan.'

Ik app Bewaken en Beveiligen:

Tijd 10:32:47
A: Volgens mij ben ik gespot bij Son maar kan kenteken niet lezen
A: Drie jongemannen
A: Reden rondjes
A: [afbeelding auto]

R: We lopen het uit

Tijd 17:18:31

A: Weer diezelfde auto. Net gepasseerd

R: Kleur? Merk? Context?

A: Zwart. Volkswagen Golf. Geen reden waarom hij daar stond. Zat alleen in de auto

A: Terwijl ik dit zit te typen rijdt hij weer terug mijn kant op.

R: We gaan ermee aan de slag.

MEI 2021

Miljuschka – *Gilmore Girls*

'Mam, wist je dat Lorelai van *Gilmore Girls* een aantal boeken heeft geschreven?'

'Nee, wist ik niet.'

'Zoek maar op.'

'Ga ik doen.'

Zodra ik de zoekterm 'Gilmore Girls' intoets en de afbeeldingen van Lorelai en Rory zie, ga ik onmiddellijk terug in de tijd dat ik met Miljuschka in de Scheldestraat woonde en we gezellig samen op de bank met een schaal vers gepofte popcorn en een bak Italiaans ijs van ijssalon Venetië naar *Gilmore Girls* keken. Het voelde alsof we naar onszelf zaten te kijken. Ik was de jonge, alleenstaande moeder Lorelai en Miljuschka haar intelligente, schoolgaande puberdochter Rory. We herkenden ons in de manier waarop moeder en dochter zich met grappige eentweetjes staande hielden nadat de vader van het gezin was vertrokken en het ene na het andere gezinsdrama zich ontvouwde. Maar net als de vrouwen uit *Gilmore Girls* rooiden we het prima samen. En wat er ook gebeurde, Miljuschka en ik kabbelden rustig verder. Elke dag zodra ik opstond, zette ik de televisie aan en muziekzender MTV op. Met onze gedeelde passie voor popmuziek, een kopje rooibosthee en twee wentelteefjes maakte ik Miljuschka langzaam wakker. Ik ging vervolgens naar mijn werk en zij ging naar school. Als ik thuiskwam, had zij het huis al opgeruimd en konden we meteen samen de keuken in. En 'samen' was minstens drie keer per week met de andere vrouwen van de familie: mijn moeder, zus en nichtje. We manoeuvreerden en cirkelden behendig langs en om elkaar heen door de lange maar smalle keuken – traditioneel de plek waar de vrouwen in onze familie stoom afblazen en hun geheimen delen. Onder het koken werd er heel wat afgekletst en tijdens de afwas werd alles nog eens samengevat en werden de conclusies getrokken. Vaak over de mannen van de familie. 'Hij was weer eens lam.' Of: 'Hij is gewoon een vreemdganger.' Of: 'Hij is niet goed bij zijn hoofd.' Nadat ik speciaal voor Miljuschka een andere keuken in de Scheldestraat had laten zetten met een zespits gasstel, een Boretti-oven, een XL-koelkast, een zwart granieten keukenblad, nog een werkblad van drie meter en voldoende kastruimte, zwaaide zij daar de scepter en werd ik Hoofd Afwas. Na het eten kropen we gezellig op de bank en keken televisie. We vulden elkaar als vanzelf aan. Ons contact was warm en respectvol. In een constant gevecht met mijn beschermingsdrang probeerde ik haar zo veel mogelijk de ruimte te geven om te groeien naar zelfstandigheid. Ze ging al vroeg werken bij de groenteman aan de overkant, verdiende haar eigen zakgeld, kreeg een vriendje en we maakten van de zolder haar eigen verdieping. In die jaren zag ik Miljuschka met vallen en opstaan veranderen van een kind naar een sterke, jonge vrouw met een eigen mening en een eigen visie op haar leven. Maar zodra ik de tune van de serie hoor, is ze weer klein en beleef ik haar kindertijd opnieuw.

Ik was negentien toen ik Miljuschka kreeg. En het moment waarop ik haar voor het eerst in mijn armen hield, herinner ik me nog levendig. Ik voelde een liefde die ik nooit eerder in mijn leven had gevoeld, zo diep en allesomvattend. Alles tussen ons ging vanzelf, haar baby-instinct en mijn moederinstinct sloten naadloos op elkaar aan. Ik zat op een roze wolk en wilde daar nooit meer af.

Maar een week na haar geboorte kreeg ik een brief van de Raad voor de Kinderbescherming: volgens de wet was ik minderjarig en dus te jong om het gezag over Miljuschka te hebben. De meerderjarigheidsgrens lag bij eenentwintig. Er werd een huisbezoek aangekondigd om te beoordelen of er een reden was om tot aan mijn meerderjarigheid 'in de voogdij over Miljuschka te voorzien'. In de voogdij te voorzien? Ik schrok, want dit had ik van dichtbij meegemaakt bij mijn basketbalvriendinnetje Amy. Zij had ook een voogd en was daarna uit huis geplaatst. Ze woonde in een kindertehuis en haar moeder had niets meer over haar te vertellen. Ik voelde me ineens zo machteloos. Ik was bij Miljuschka's geboorte automatisch haar moeder geworden, maar ik had niet automatisch het recht om over haar te beslissen. Dat zou iemand anders kunnen doen. Misschien dachten ze dat ik niet goed voor haar kon zorgen. Ik was immers het zusje en het schoonzusje van twee van de mannen die niet zo lang geleden heel Nederland hadden gechoqueerd met de ontvoering van biermagnaat Freddy Heineken en zijn chauffeur Ab Doderer. De artikelen over ons gezin als maffiafamilie hadden in alle kranten gestaan, en hoewel mijn broer de enige rotte appel bij ons thuis was, werd ik afgerekend op zijn gedrag. Misschien nu weer? De situatie beangstigde me en gespannen wachtte ik op het huisbezoek. Die bewuste dag kwam er een jonge vrouw, die Miljuschka's kamertje ging inspecteren en mij verhoorde alsof ik een misdaad had gepleegd door een baby te krijgen, met als dieptepunt dat ze mijn kleine meisje 'waarschijnlijk een ongelukje' noemde. Ik bleef rustig en behandelde haar met alle egards. Miljuschka gedroeg zich voorbeeldig, alsof ze voelde dat deze dag belangrijk voor óns was. En na een stroef begin werd het bijna gezellig. Maar ik bleef op mijn hoede. Deze jongedame kon mijn moederschap maken en breken. Na haar inspectie zou ik bericht krijgen wat er verder ging gebeuren, vertelde ze. Op van de zenuwen wachtte ik af. Het voelde alsof Miljuschka me elk moment kon worden afgenomen.

Op 6 augustus 1985 viel er een brief op de mat met daarin het verlossende woord: de Raad voor de Kinderbescherming zag geen reden om tussentijds een voogd te benoemen. Op mijn eenentwintigste zou ik automatisch het gezag over Miljuschka krijgen. Ik was enorm opgelucht. Zo vlak na mijn bevalling, terwijl de hormonen nog door mijn lijf gierden, had dit overheidsoptreden me behoorlijk geïntimideerd. Miljuschka was nog maar net op de wereld en ik moest al voor haar vechten. En zij vocht voor mij. We waren een team. Vanaf dag één.

Miljuschka was een heel tevreden baby. Ze was twee weken langer doorgegroeid dan de uitgerekende datum en was als ruime achtponder ter wereld gekomen. Ze sliep goed, at goed en huilde weinig. Ze was een makkelijke baby en werd een makkelijk kind. Behalve de gebruikelijke en aandoenlijke woedeaanvallen op de 'twee is nee'-leeftijd, wat uitglijders en diepe dalen in de puberteit, liep alles redelijk op rolletjes. We hadden een heel fijne, warme, Jordanese moeder-dochterband.

'Heb je niet één foto van je zwangerschap, mam?' vroeg Miljuschka me gisteren verbaasd.

'Nee, niet één.'

'Niet gemaakt, ook?'

'Jawel. Je vader had destijds een hele diaserie gemaakt om er een schilderij mee te maken. Maar dat schilderij is er nooit gekomen en nadat we uit elkaar zijn gegaan, heb ik die dia's nooit meer teruggezien. Ze zaten bij zijn werkspullen. Die heeft hij meegenomen,' leg ik haar uit.

'Kun je daar niet om vragen?'

'Heb ik gedaan, vaker zelfs, maar hij zegt dat hij ze niet meer heeft.'

'Wat triest, mam. Dus je kunt jezelf nooit meer zwanger terugzien? En ik kan niet zien hoe jij mij droeg?'

'Nee, en we kunnen het helaas ook niet nog eens overdoen.'

'Misschien moeten we het toch nog een keer proberen,' zegt Miljuschka.

'Wat? Proberen het over te doen?'

'Nee, vragen of hij ze kan vinden. Ik zou zo graag het moment dat wij samen één waren willen zien. We moeten het hem vragen,' dringt ze aan.

'Ik denk niet dat dat zin heeft, lieverd.'

En wat maakt het nog uit? Ik heb dan geen foto's van mijn zwangerschap, maar wel alle seizoenen van *Gilmore Girls* op dvd, en zodra ik een aflevering opzet zie ik Miljuschka en mezelf terug en voelt het alsof we weer samen één zijn. Zoals een moeder één is met haar aanstaande baby. En daar kan geen foto, ergens in een laatje bij een vervelende ex, tegenop.

JUNI 2021

Negen, nog drie jaar te gaan

'Hai, Mil.'

'Ja, ma?'

'Ik voeg Son even toe. En Fran. Hé, zijn we compleet?'

'Ik ben er,' roept Sonja.

'Ik ook. En ik heb oma mee,' zegt Francis.

'Oké. Ik ben er met vijf minuten. Ik parkeer aan de achterkant. Mil, kijk jij even mee op de camera's?'

'Doe ik.'

'Ik sta hier al even, maar zie geen gekke dingen,' zegt Sonja.

'Deze kant ook niets geks, As,' zegt Francis.

'Oké. Ik ben met een blauwe Audi. Tot zo.'

In het huis staat alles in het teken van superhelden. Van de taart tot de traktaties. De tuin is overgenomen door de Hulk, Superman, Iron Man en Batman. Allemaal levensgroot en indrukwekkend gespierd. Rich gaat tussen ze in staan, voelt even aan de buik van de Hulk en zegt: 'Nou ik nog.'

'Dan moet je niet zoveel zuipen,' roept mijn moeder.

'Och, begin je weer met me, oma?'

'Nou, het is toch zo?'

Rich gooit een tennisbal haar kant op. 'Hier, vangen.'

Zittend op een stoel plukt mama hem feilloos uit de lucht.

'Dat kan je nog als de beste, hè oma?'

'Dat verleer je nooit,' zegt ze.

'Ik doe mee,' zeg ik.

Met z'n drieën gooien we de bal rond.

'Dit deed je vroeger ook altijd met me, oma,' zegt Rich.

'Met mij ook, mam, maar dan met een basketbal.'

'Jullie hebben allebei je balgevoel van mij. En jij hebt dat zuipen van je vader, Rich.'

'Ja, en die mooie blauwe ogen. Heb ik ook van m'n vader.'

'Ja, maak er maar weer een grapje van. Je hele leven heb ik achter je kont aan gerend. Je overal naartoe gebracht. Naar school, naar trainen. En dan doe je me dit aan. Ik kan het maar niet begrijpen, Rich. Je moeder maakt zich de hele tijd zorgen. Waar is dat nou toch allemaal goed voor?'

'Maak je niet druk, oma. Het komt goed. Hier, kijk. Ik heb een colaatje in m'n handen. Maar ik hoor het al. Het is tijd om iets te eten te halen. Willen jullie wat?'

'Maak voor oma maar een toastje met filet americain.'

'O, lekker. Ja, doe maar, Rich.'

Als Rich een paar stappen van ons verwijderd is, zeg ik: 'Hij neemt het van ons toch niet aan, mam. Maar Peter heeft laatst ook met hem gesproken. Hij weet dat hij moet veranderen.'

'Laten we maar hopen dat hij wel naar hem luistert, dan.'

JULI 2021

Miljuschka – *RTL Boulevard*

Het is avond en ik kan me er eindelijk toe zetten om de koelkast schoon te maken. In de woonkamer staat *RTL Boulevard* op. Ik luister of ik de stem van Miljuschka hoor, maar zij staat niet aan de desk vandaag en ik zet de tv uit. Ze timmerde al langer aan de weg als foodblogger toen ze Peter het promotiefilmpje van zichzelf liet zien dat ze net had gemaakt.

Peter vindt haar van het beeld af spatten en vindt dat ze op de buis moet. Hij draagt haar voor bij *BLVD* en regelt een auditie voor haar. Na een aantal zenuwslopende weken krijgt Miljuschka te horen dat ze bij *RTL Boulevard* aan de desk als fooddeskundige kan werken. De opnamen voor het programma zijn op het Leidseplein, midden in het uitgaanscentrum van Amsterdam, en voor de deur parkeren is daar uitgesloten. De ingang van het gebouw ligt in een voor het verkeer ontoegankelijke straat. Je mag er met de auto niet in.

Ik ben blij voor haar. Maar niet met de situatie waarin ze haar werk moet doen. De uitzendingen zijn live, dus is het een abc'tje om te weten wanneer ze naar buiten komt en naar haar auto loopt.

'Hé Mil, zal ik Ronald vragen of hij met RTL in overleg gaat hoe dat moet, met parkeren en zo?'

'Mam, alsjeblieft niet. Als ik lastig ga lopen doen over beveiliging, schrikt het ze misschien af en nemen ze me niet aan. En ik wil niets liever dan daar aan de desk staan. Dit is mijn kans om een groot publiek te vertellen over eten.'

'Dan breng en haal ik je met de pantserauto.'

'Dat hoeft niet. Er zit een paar honderd meter verderop een parkeergarage.'

'Maar daar ga jij je auto echt niet neerzetten. Dan heb je geen zicht op wat ermee gebeurt. Weet je nog dat Yolanthe daar gefilmd is? Wist zij ook niet.'

'Mam, iedereen bij *Boulevard* die met de auto komt zet zijn auto daar neer.'

'John niet.'

'Omdat hij met beveiliging komt.'

'Maar Mil, denk even na hoe makkelijk je daar op te wachten bent. Nee, dat kan echt niet. En je moet vanaf die garage ook nog eens een paar honderd meter lopen. Wat denk je dat er onderweg kan gebeuren? Heel *RTL Boulevard*-kijkend Nederland weet precies wanneer de uitzending begint en wanneer je daar weer weggaat. En dan moet je nog een paar honderd meter de straat over? Alsjeblieft, doe me dat niet aan. Daar moet echt een oplossing voor komen.'

'Maar zonder dat RTL het weet, goed? Ik ga niet mijn toekomst op het spel zetten voor hem. Ik heb nog twee monden te voeden.'

'Prima, maar tot we een oplossing hebben, brengen en halen Flip of ik je met de pantserauto.'

'Je mag die straat niet in.'

'Dat zien we dan wel. Ik kan hooguit een bon krijgen.'

Haar veiligheid is me die bon meer dan waard, maar als Miljuschka en ik de Leidsestraat in rijden om haar af te zetten, zijn er behalve de handhavers en politieagenten ook voetgangers, brommerrijders en fietsers die, soms behoorlijk agressief, kenbaar maken dat we daar niet in mogen. Sommigen gaan demonstratief voor de auto lopen of blokkeren de doorgang, waardoor ik in z'n achteruit weer naar het begin van de straat moet en Miljuschka alsnog honderden meters naar de studio moet lopen. Het geeft haar stress, boven op de zenuwen om op nationale televisie haar zegje te doen.

Gelukkig komt Ronald na korte tijd met een oplossing. Miljuschka krijgt een ontheffing om die straat in te mogen rijden. Als haar partner Flip of ik haar brengen, is dat goed te doen. Dan kan ze zo vanuit de auto het gebouw in stappen. Maar als een van ons om wat voor reden dan ook niet mee kan, moet ze nog steeds die vreselijke paar honderd meter ongeschonden van de parkeergarage naar de ingang van de studio zien te komen. Dat valt niet op te lossen zonder medewerking van RTL. Miljuschka moet het bespreekbaar maken.

'Hopen dan maar dat ik daar niet weg hoef.'

Dat hoop ik ook. Stel dat RTL er verkeerd op reageert en alsnog afhaakt, dan heb ik haar carrièrekansen verpest. Ik vrees voor de reactie van RTL, maar het omgekeerde gebeurt: ze faciliteren een veilige toegang en vertrek voor haar, waar ze dankbaar gebruik van maakt. Het probleem is opgelost.

Ik kijk tevreden naar mijn blinkend schone koelkast als Rich belt. 'As, er is iemand neergeschoten in de Leidsestraat. Weet jij wie het is?'

Onmiddellijk denk ik aan John. Iedereen weet dat hij momenteel target nummer één is.

'Ik vraag. Je hoort zo.'

Ik app Ronald.

A: Is John oké?
R: John is oké.
A: Wie is het?

Maar Ronald reageert niet meer.

Ik bel John in de hoop dat hij opneemt. Hij neemt op en zegt onmiddellijk: 'Astrid, het is Peter.'

Het is alsof ik in een andere dimensie terechtkom. Dit kan niet. Niet Peter. 'Weet je het zeker?' vraag ik. 'Is hij dood?'

'Het is zeker. Hij leeft nog, maar het ziet er niet goed uit.'

'Ik moet je hangen,' zeg ik.

Ik moet Royce bellen. Hij moet weten wat er met zijn vader is. 'Royce... Je vader...'

Hij onderbreekt me. 'As, ik krijg overal belletjes vandaan. Ik...'

Ik versta hem niet en hij hangt op.

Ik bel Sonja. 'Peter is neergeschoten.'

Ik bel Francis en Miljuschka. Dan Rich.

'As, het internet staat vol. Hoe Peter op straat ligt.'

'Niet kijken, Rich.'

'Het ziet er niet goed uit, As.'

'Nee, hopen op een wonder.'

'Ik ben de hele avond en nacht bereikbaar. Dus als je wat hoort, laat het me weten.'

Niet veel later blijkt dat Peter de RTL-studio uit is gelopen, die vreselijke paar honderd meter door de Leidsestraat terug naar de parkeergarage waar zijn auto geparkeerd staat. Halverwege is hij door een schutter onder vuur genomen.

Ik krijg een bericht. Het is van mijn advocaat: *Alles oké? Gerucht gaat dat Son is neergestoken.*

Ik schrik. Wanneer dan? Ik heb Sonja net aan de lijn gehad. Ik bel haar meteen weer. Ze neemt gelukkig op.

'Ben je oké, Son?'

'Ja, hoezo?

'Er is een vrouw neergestoken. Gerucht gaat dat jij het bent, zegt mijn advocaat.'

'Wat is dat nou weer voor iets geks? Ik ben oké. Ik denk alleen maar aan Peter. Of hij het redt.'

'Ik ook.'

De dagen die volgen houden we hoop. Praten we op elkaar in dat Peter sterk is en altijd iedereen verrast.

8 juli 2021
Wij mogen even naar Peter toe. Rich appt.

R: Zijn jullie daar nog? Anders bel me even.
R: Ik hoop zo dat Peter het redt.
R: Reageerde hij wel een beetje? 'Met ze ogen of handen of zo?
A: Ogen. Ik geloof erin.
R: Ja, ik ook. Misschien morgen beter. Hoe was Royce?
A: Sterk.
R: Gelukkig.
A: Ja.
R: Doen ze ook oefeningen? Met kleur kijken en zo?
A: Nog niet.
R: Oké.

9 juli 2021
R: Nog nieuws?
A: Nee
R: Oké. Is Royce wel daar? Of heb je hem nog gehoord?

A: Hij moet dingen regelen.
R: Oké.
A: Royce zegt dat hij weer goed reageerde. Hij hoopt dat het zo doorzet.
R: Ja hij gaat het redden. Dat zegt mijn gevoel.
A: Ja.
R: Ik ga zondag naar Peter toe.

14 juli 2021
Royce belt. Het gaat niet goed met Peter. Hij moet worden geopereerd.
Ik app Rich.

R: Maar als die operatie goed gaat. Kan het dan alsnog niet helen? Of is het echt gewoon klaar
A: Royce was niet optimistisch
R: Nee maar hij is bang. Peter is sterk.

15 juli 2021
R: Nog wat gehoord?
A: Nee, ik niet.
R: Oké
A: Rich, ze gaan afscheid nemen.
R: Pff
A: Heel heftig. Echt triest
R: Ja.

13.22
Royce belt. Peter is overleden.

13.26
Ik app Rich.

A: Peter is overleden. Kom je zo ook naar Mil?
R: Ik ga pas rond 5 uur dan ofzo ben echt kapot
R: Moet even tot rust komen. Ja? Later.
A: Oké
R: Ik kom zo.

Rich stuurt een zwart-witfoto van Cor en Peter. Ze zitten schuin naast elkaar op rieten kuipstoelen voor het Beauvais-hotel, waar Peter samen met Cor het boek *De ontvoering van Alfred Heineken* schreef en waar hun vriendschap ontstond. Ze kijken allebei krachtig de camera in. Op de achtergrond is nog net een deel van het lichaam van een andere man te zien. Die man op de achtergrond is Wim.

Een uur later belt Rich. 'Ik ben er, kan jij opendoen?'

Rich komt binnen. We zitten met z'n allen bij elkaar. De laatste keer dat Peter bij ons was vierden we kerstfeest. Nu is er leegte. We praten niet. Zeggen niks. Niemand van ons is in staat het verdriet te verwoorden.

De volgende dag stuurt Rich een foto van een bos witte rozen met in het midden één rode roos. Op de achtergrond is een zee van bloemen te zien. Hij is op de plek waar Peter is neergeschoten en Nederland hem massaal eert. Op het kaartje heeft Rich geschreven: *Voor Altijd Samen.*

'Voor Altijd Samen' is de tekst op het graf van Cor. De tekst die staat voor onze onderlinge solidariteit. Zo vaak hebben we die tekst aan Peter gestuurd. Omdat hij bij ons hoorde. En hij hoort nog steeds bij ons, net als Cor, want voor altijd samen, is voor altijd samen.

Binnenkort vindt de uitvaartdienst voor Peter plaats. Sonja, Francis en ik facetimen.

'Kun jij een hart bestellen, Fran? Net zoals we dat voor papa hebben gedaan?' vraagt Sonja.

'Mil en ik willen ook graag een hart met rode rozen, Fran.'

'Ja, ga ik gelijk regelen. En de tekst op het lint?'

'"Voor altijd samen",' zegt Sonja.

'Natuurlijk.'

Francis stuurt foto's. Een mooier en respectvoller laatste eerbetoon kunnen we Peter niet geven.

Ze is sterk, Francis, maar ik weet hoe moeilijk ze het nu heeft. Zeventien jaar geleden regelde ze ook kransen, voor haar vaders begrafenis. Nu regelt ze het voor de man die tijdens die begrafenis haar vader toesprak. Peter. Die al sinds haar eerste levensjaar deel van haar leven uitmaakt. Hij was er op elke verjaardag, na haar eindexamen, op haar trouwdag, na de geboorte van haar kind. En nu is hij er niet meer. Vermoord. Net als de meeste mannen die deel van haar leven uitmaakten. Thomas, Kleine Gijsje, George en nu Peter – allemaal vrienden van haar vader. Allemaal dood.

De volgende dag bel ik Francis. Ik wil weten hoe het met haar gaat.

'Het gaat wel, As. Vraag maar even niet door. Ik bel je later wel.'

Peter schreef in het overlijdensbericht voor Cor: 'Misdaad bracht ons samen. En misdaad trok ons uit elkaar.' Misdaad bracht ook ons samen, Peter, en een laffe misdaad trok ook ons uit elkaar. Maar we zullen je nooit vergeten. Je zit in ons hart. Voor altijd samen.

Als Peter begraven wordt, regelt Bewaken en Beveiligen dat we de uitvaart kunnen bijwonen. Rich draagt daar voor de tweede keer in zijn leven de kist van een vaderfiguur.

AUGUSTUS 2021

Francis – Zwanger

Francis stuurt een foto met een positieve zwangerschapstest.

Ik facetime haar. 'Echt waar, Fran?'

'Ja!' gilt ze opgetogen.

'Wat geweldig. Gefeliciteerd!'

'Jij ook gefeliciteerd, As! Je wordt weer tante!'

'Hoe ver ben je al?'

'Zes weken ongeveer.'

'Och, wat leuk. Weet oma het al?'

'Ze wist het twee weken geleden al. Ze had het al aan me gezien.'

'En Son?'

'Ja, natuurlijk. Die was ook heel blij.'

'En de rest van de familie?'

'Ja, ik heb alleen Mil nog niet te pakken gekregen. Wel een berichtje gestuurd.'

'O, dan ziet ze het zo wel. Ze is nu aan het werk.'

'En As?'

'Ja?'

'Dank je wel, hè.'

'Waarvoor?'

'Deze zwangerschap hoef ik die stress van hem niet te hebben.'

'Bedank je moeder maar.'

'Nee, dat mijn moeder voor ons opkomt is logisch. Maar jij had het niet hoeven doen, hè.'

'Jullie zijn toch ook mijn kinderen.'

'Jawel, maar...'

'Oké. Nou, ander onderwerp. Ik vind het zo leuk dat er weer een kleintje komt. Oma in de wolken, zeker?'

'Ja, die is helemaal door het dolle. Die is alweer aan het oefenen, zodat ze met een stok kan lopen.'

Francis was zwanger van haar eerste kind Nora, toen Wims straf voor de afpersing van Endstra en andere vastgoedbaronnen er net op zat. Gedurende haar hele zwangerschap leefde ze in angst voor haar 'lieve oompje', zoals hij zichzelf noemde, omdat hij Francis verweet dat zij tegen een van zijn vriendinnetjes had gezegd dat hij verantwoordelijk was voor de moord op haar vader. Dat had toen nog niemand durven uitspreken, en die uitspraak was voor Francis inderdaad levensgevaarlijk. Want 'wie praat, die gaat'. Ze wist dat ze op enig moment op die uitspraak afgerekend zou worden, en ze was als de dood voor het moment dat Wim bij haar op de stoep zou staan. Tegelijkertijd moest ze tijdens haar zwangerschap aanzien dat haar moeder door haar oom geterroriseerd en afgeperst werd en bij haar kwam onderduiken omdat haar eigen broer de opdracht voor haar liquidatie al had gegeven. Eenmaal bevallen van een prachtige dochter, hoorde Francis haar oom op band zeggen dat haar moeder mocht tossen om wie van haar kinderen hij eerst dood zou laten schieten: haar of haar broertje. De hele zwangerschap, de bevalling en de tijd daarna was doordrenkt met angst voor de bloeddorst van haar oom. Met Wim levenslang achter de tralies hoefde ze deze zwangerschap in elk geval niet bang te zijn dat hij persoonlijk bij haar aan de deur kwam. En ze hoefde de dagelijkse terreur die haar moeder destijds moest ondergaan nu niet aan te zien. Niet dat ze geloofde dat het gevaar geweken was, maar door zijn afwezigheid was het minder zichtbaar in haar directe omgeving en daardoor kon ze het wat vaker loslaten en meer genieten van deze zwangerschap.

Ik bel Sonja. 'Gefeliciteerd, zus!'

'Jij ook, As. Het is wat, hè?'

'Tja.'

'Je weet wel wat ik bedoel,' zegt Sonja timide.

'Ik weet het.'

'Ik laat Fran niks merken, hoor, As. Maar hoe kan ik nou blij zijn als ik weet dat ik er eigenlijk niet eens heen kan?'

'Doe gewoon alsof. Voor Fran.'

'Ja. Maar ik kan toch moeilijk met een baby over straat in mijn situatie. Dat verpest nu al de pret voor mij.'

'Snap ik. Maar misschien ziet de wereld er over negen maanden wel heel anders uit,' zeg ik in een poging haar op te beuren.

'Laten we het hopen. Zeg maar niks tegen Fran, hoor, over wat ik nu gezegd heb.'

'Ben je mal. Laat haar alsjeblieft op die roze wolk.'

Miljuschka belt. Ze moet naar RTL *Boulevard* en daar ziet ze erg tegenop. 'Ik weet niet of ik me goed kan houden. Ik ben bang dat ik in de uitzending breek,' zegt ze.

'Onderga het maar, Mil. Je moet een keer.'

'Ja, maar misschien is het nu nog te vroeg. Het is allemaal nog zo vers.'

'Doe wat je gevoel je ingeeft. Forceer het niet.'

'Nee, ik zie wel. En mam, gefeliciteerd, hè, met Fran en de nieuwe baby.'

'Jij ook, lieverd.'

'Heeft ze het je verteld?' vraagt Miljuschka.

'Wat?'

'Dat ze al wist dat ze zwanger was op het moment van de uitvaart van Peter?'

'Nee.'

'Ja. Bizar toch, mama. Hoe leven en dood elkaar kruisen.'

'Ja, heel bijzonder.'

'Ja... Nou, ik moet je hangen, mam. Doe je voorzichtig?'

'Altijd.'

SEPTEMBER 2021

Miljuschka – Posten

Na de moord op Peter is *RTL Boulevard* tijdelijk verplaatst naar het Mediapark in Hilversum. Miljuschka's auto staat aan de overkant van de studio geparkeerd en Sonja en ik zijn er al drie keer langsgereden. We komen steeds dezelfde politiebus tegen, maar die vindt het kennelijk prima dat we daar rijden. Het is natuurlijk gek dat we hier zomaar rond kunnen rijden, want we horen hier helemaal niet te zijn. En als wij dit ongestoord kunnen doen, dan kan iedereen dat.

'Zullen we even onder haar auto kijken?' zegt Sonja. 'Je weet maar nooit.'

'Is goed.'

We stappen uit, Sonja gaat op de grond liggen en schuift onder de auto. Zaklantaarn aan.

'Aan deze kant zie ik niks.'

'Ik zie achter het kenteken ook niks.'

De politiebus komt op ons af rijden. Een agent stapt uit.

'Ik check nog even de andere kant,' zegt Sonja.

'Mevrouw, wilt u even gaan staan?' vraagt de agent.

'Ja zo, ben effe bezig,' zegt Sonja, en ze gaat verder met het controleren van de auto op explosieven en trackers. 'Niks te zien, As.'

'Ho, stop,' zegt de agent. 'Wat bent u aan het doen?'
Ik kom tussenbeide en zeg: 'Wij controleren de auto van mijn dochter. Ze werkt daar in de studio.'
'Wilt u dat niet doen!' roept hij tegen Sonja.
'Is goed. Ik ben toch al klaar.' Ze komt overeind.
'Mag ik uw identiteitsbewijs, alstublieft?' De agent gaat dichter bij ons staan.
'We gaan al weg.'
'Niet voordat ik uw beider identiteitsbewijs heb gezien.'
Met tegenzin halen Sonja en ik ze tevoorschijn. De agent pakt ze en loopt ermee terug naar zijn dienstauto, en na wat geroezemoes tussen hem en zijn collega krijgen we onze identiteitsbewijzen terug en mogen we gaan.
We rijden richting de uitgang van het Mediapark en het politiebusje rijdt net zo lang achter ons aan tot we het terrein af zijn. Als het busje uit het zicht is, draaien we weer om en parkeren op een plek waar we zicht hebben op de auto van Miljuschka.
'Daar komt ze,' zegt Sonja. 'Ze stapt in.'
Miljuschka belt. 'Ik heb jullie gezien.'
'Oké,' zeg ik.
'Iedereen binnen heeft jullie gezien. Ze hebben hier camera's die het hele terrein overzien. Willen jullie dit niet meer doen? Ik ben hier op mijn werk.'
'O, sorry.'
'Ja, wat nou sorry. Je moet hiermee stoppen, mam!'
'Ik zal ermee stoppen,' zeg ik.
Ze hangt op en ik draai mijn hoofd naar Sonja. 'Ze kan me toch niet tegenhouden. Ik ben haar moeder.'
'Zo is dat,' zegt Sonja.
'Ga je nog even met me mee? Ik moet nog even door.'

'Nee, As. Ik ben moe. Ik kan niet meer.'

'Oké. Geen probleem.'

'Moet je nog iets doen dan?' vraagt ze.

'Nee. Niks bijzonders. Ik zet je bij je auto af.'

Sonja stapt in haar auto en belt me. 'Wat ga je doen dan? Moet ik echt niet met je mee?'

'Nee, ik ben oké. Ga maar lekker slapen.'

Ze rijdt naar huis en we blijven aan de lijn tot ze veilig binnen is.

Een uur later belt ze weer. 'Hai, wat ben je aan het doen?' vraagt ze.

'Ik zit in de auto.'

'Nog steeds? Waar ga je heen dan?'

'Nergens. Ik ben er al.'

'Sta je op de uitkijk?'

'Ja. Mil zit in het restaurant hier aan de overkant te eten.'

'Waarom zeg je dat nou niet, dan ga ik toch mee?'

'Je was zo moe. En het kan weleens laat worden. Dat trek jij niet.'

'Nee. En? Zie je iets?' vraagt Sonja.

'Nee. Alles rustig.'

'Wordt het heel laat, denk je?'

'Denk het. O, er is beweging. Ik ga je hangen.'

Ik zie de deur van het restaurant opengaan. Miljuschka komt naar buiten en stapt in haar auto. Ze ziet me staan. Ze rijdt weg en belt me. 'Ben je er weer?'

'Ja, ik had toch niets te doen.'

'Nee, je had toch niets te doen. Je weet dat ik het liever niet heb.'

'Weet ik. Was het gezellig?' vraag ik.

'Ja, heel.'

'Nou fijn, ik hou van je, Mil.'

'Hou van jou, mam.'

Haar stem klinkt geïrriteerd en dat snap ik ook wel. Zij wil niet dat ik risico neem, maar ik kan niet anders. Sinds Peter ben ik bezorgder dan ooit.

Sonja stuurt een filmpje door van een feestende Rich.

A: Hij heeft het weer gezellig.

S: Het wordt steeds erger, As. Sinds Peter.

A: Son, het is zijn derde vaderfiguur die hij verliest. Logisch dat hij zich wil verdoven met alcohol.

De volgende morgen stuur ik Miljuschka een berichtje. Geen reactie. Ze is vast bezig. Dan maar koffiezetten. Met de telefoon in mijn hand loop ik naar de keuken, voor het geval ze belt of een berichtje stuurt. Ja, daar is ze. Nee, toch niet. Ik kijk steeds op mijn telefoon. Geen bericht nog. Logisch. Het is ochtend en spitsuur in haar gezin.

Zullen we zo even bellen? app ik haar aan het einde van de ochtend. Ik krijg geen antwoord.

De volgende ochtend wens ik haar weer goedemorgen. Ik krijg geen antwoord. Pas in de middag schrijft ze: *Ik ben druk. App je morgen wel.*

Maar de volgende dag blijft het ook stil.

'Ben ik te ver gegaan bij Mil?' vraag ik aan Iris.

'Je bent een angstige moeder,' zegt Iris.

'Ja, en terecht.'

'Zij wil geen angstige moeder.'

'Ik weet het, maar hoe kan ik niet angstig zijn? Ik ben als de dood dat haar iets overkomt. Ik moet haar wel beschermen, door mij zit ze in deze situatie. Daarom rij ik overal naartoe waar ze is. Stiekem. Sta ik buiten in de omgeving te posten. Na Peter is dat alleen maar erger geworden. Meestal ziet ze het niet, maar als ze het ziet wordt ze boos.'

'Jouw angst holt jullie relatie uit. Je moet haar loslaten om haar weer dicht bij jou te krijgen.'

'Loslaten? Dat is makkelijker gezegd dan gedaan. Wie waakt dan over haar? Peter was een makkelijk doelwit, omdat *Boulevard* een live-uitzending is. De schutters weten daardoor precies plaats, dag en tijd. Makkelijker kun je het ze niet maken. Ik ga dat bij Mil niet laten gebeuren.'

'Dat snap ik. Maar je moet wat aan je angst doen, anders raak je haar kwijt.'

'Ik denk dat ik haar al kwijt ben.'

'En morgen moet je getuigen?'

'Ja.'

'Zie je ertegenop?'

'Altijd. Maar het zijn de laatste loodjes. Dit is mijn zesde jaar als getuige. Als ik het voortraject meetel, ben ik al acht jaar bezig. Het zou wel lekker zijn als er een keer een einde aan kwam.'

'Het is ook belastend voor je.'

'Ik vind het een vreselijke ervaring. Maar goed, daar is hij ook op uit. Zo probeert hij me te breken. Monddood te maken. In het begin luisterde ik nog naar hem, dan kon ik me vreselijk opwinden. Maar na de opmerking van mijn moeder dat ik me niet zo druk moest maken, omdat liegen niet zijn tweede natuur, maar zijn hoofdnatuur is, dacht ik: ze heeft gelijk, waarom zou ik al die negativiteit nog aanhoren? En vanaf dat moment heb ik me ervoor afgesloten.'

'Maar nu moet je weer.'

'Ja, en dat is prima. In hoger beroep is elke strafzaak altijd wat minder beladen. Alles is al een keer verteld. Er is door mij bij de rechtbank gezegd wat gezegd moet worden en dat zal ik dan nu bij het hof nog een keer vertellen. Ik weet wat me te wachten staat en dat maakt het voor mij wel wat rustiger. En het einde komt in zicht.'

Thuis leg ik vast mijn kleren klaar voor de volgende morgen. Het verhoor staat gepland voor de hele dag, dus het wordt weer een lange zit en dan is het lekker als ik iets aanheb wat nergens knelt. Slapen doe ik niet veel die nacht; ik overdenk hoe het de vorige keren is gegaan. Ik moet me niet gek laten maken en vooral rustig blijven als hij de waarheid weer eens de nek omdraait en dumpt op zijn kerkhof van leugens.

Het is zover. De gepantserde Mercedes staat voor de deur. Ik neem de lift naar beneden. Daar word ik opgewacht door twee beveiligers met wie ik al meerdere ritjes heb afgelegd. Het is fijn ze te zien. We gaan. De locatie is deze keer niet de Bunker, maar het Justitieel Complex Schiphol, waarin het gerechtsgebouw zich bevindt.

De omstandigheden waaronder ik getuig zijn dezelfde: ik zit in een afgesloten ruimte, niet zichtbaar voor Wim. De raadsheren kunnen mij wel zien.

Het verhoor is een vervelende herhaling van zetten. Sonja en ik zijn gek, volgens hem, en alles is één groot complot tegen hem. Nog even en dan ben ik klaar voor vandaag. Het zit erop. Even de vernederingen van me afvegen. En thuis onder de douche de smerige insinuaties van me afspoelen.

Onderweg bel ik mijn moeder.

'Hai mam.'

'Ben je klaar, As?'

'Ja.'
'Hoe is het gegaan?' vraagt ze.
'Zoals altijd.'
'Moet je nou nog een keer?'
'Ja, begin volgende maand,' zeg ik.
'Nog even volhouden dan maar. Kan ik iets doen?'
'Nee hoor, mam. Komt goed, ik zie je snel.'

OKTOBER 2021

Mama – Bij jou

Vandaag word ik weer gehoord. Nog even doorbijten en dan is deze ellende achter de rug.

Na het verhoor bel ik mijn moeder.

'Is het nu dan klaar?' vraagt ze.

'Dat hoor ik nog. Misschien dat ze nog vragen hebben en dan moet ik nog een keer terugkomen.'

'Laten we hopen dat je er na vandaag vanaf bent. Dan heb je dat ook weer gehaald. Misschien zie ik je snel?'

'Zeker weten. Je ziet me verschijnen, moedertje. Hou van jou.'

'Hou van jou. Tot gauw.'

Thuis stap ik onder de douche, maar afspoelen is niet genoeg. Deze dag moet ik van me af boenen. Maar hoe hard ik ook probeer de vervelende vragen en opmerkingen van me af te schrobben, het lukt niet. Ze blijven door mijn hoofd gaan. Tijd voor afleiding. Ik zet het televisieprogramma *Just for Laughs* op: een Canadese show waar geen enkele sombere bui tegen bestand is. Het lijkt op het vroegere *Bananensplit*, en hoe slecht ik me ook voel, het werkt gegarandeerd op mijn lachspieren en reset mijn stemming. Want door te lachen neemt het stresshormoon cortisol af en komen er andere hormonen vrij, die zorgen voor een ontspannen en vrolijk gevoel. En na zo'n dag als vandaag kan ik dat goed gebruiken. In no time lach ik me van somber naar vrolijk.

De volgende dag zorg ik dat ik bij mama ben. 'Hé mam, ik heb tompoezen bij me. Wil jij er ook eentje?'

'Ja, natuurlijk.'

'Komt eraan.' Ik zet de tompoes voor haar neer en ga naast haar aan tafel zitten. 'Hier. En een vorkje.'

'Lekker, hoor. Gezellig dat je er bent. Je ziet er weer goed uit vandaag.'

'Dank je wel, moeders. Ik heb speciaal voor jou iets roods aangetrokken.'

'Staat je goed, kind. En hoe gaat het met Mil?' vraagt ze.

'Ze is heel druk. Maar ze gaat goed.'

'Maak je je zorgen om haar?'

'Constant.'

'Ik ook. Ik kan er niet over uit dat ze in de EBI die gasten allemaal bij elkaar zetten. Ik wou dat ik iets kon doen. Hebben ze nog wat met die brief gedaan die ik aan de EBI heb geschreven?'

'Dat weet ik niet, daar krijgen wij geen informatie over.'

'Ik heb toen wel een heel nette brief teruggekregen. Weet je nog? Van de directeur. Misschien moet ik weer een brief schrijven.'

'Ik denk niet dat dat helpt, mam. Wim heeft alweer vier uur per dag de tijd om zijn medegedetineerden te manipuleren.'

'Vier uur? Kunnen ze vier uur per dag met elkaar praten?'

'Ja. Weet je nog dat Wim mij om wilde leggen in 2015?'

'Ja, natuurlijk weet ik dat nog.'

'Nou, uit dat onderzoek blijkt dat ze minimaal vier uur per dag contact met elkaar kunnen hebben.'

'En ik dacht dat hij zo geïsoleerd zat?'

'Dat dacht ik ook. Ik heb me jaren ellendig gevoeld, omdat ik dacht dat hij elke dag moederziel alleen was, maar dat is dus niet zo. Hij zit met twee anderen op een groep en ze recreëren samen. Kunnen samen sporten, samen luchten, samen op de Playstation, koken en eten.'

'Dan heeft hij per saldo meer sociaal leven dan jij. Het moet toch niet gekker worden.'

'Mam, het is zelfs mogelijk voor ze om op de luchtplaats contact met elkaar te hebben zonder dat het personeel het kan zien of kan horen. Ze kunnen elkaar ook stiekem dingen geven.'

'Maar waarom weet niemand dit?'

'Ze weten het wel maar ze vertellen ons niks, mam. En ondertussen geven ze hem wel de kans om terug te komen op zijn oude machtsniveau.'

'Ze moeten onderhand toch wel weten hoe hij is.'

'Dat zou je denken. Ze hoeven maar naar zijn strafblad te kijken en zijn modus operandi spat van de pagina's af. Hij haalt altijd hetzelfde trucje uit.'

En daar heeft hij geen organisatie voor nodig. Het enige wat hij daarvoor nodig heeft is één man. Meer niet. Van die ene man wint hij het vertrouwen en zo wurmt Wim zich diens criminele organisatie binnen. Hij begint nederig en onderdanig. Hij is de wijze, ervaren strateeg die ze de weg wijst. Hij werkt zich op. En dan gaat zijn status groeien. Hij heeft nog wel wat mensen met wie hij ze in contact kan brengen. Die iets voor hen kunnen doen. Dat lukt. Ze gaan op hem vertrouwen. Hij betekent steeds meer voor ze. Ze gaan op hem leunen. En dan komt het moment waarop hij wat terugverwacht. En krijgt. Een boodschap die naar buiten wordt doorgegeven aan zijn getrouwen, mensen die zich in het verleden bewezen hebben. Over wie hij nog te veel weet, zodat ze niet kunnen weigeren. Mensen die samen met hem strafbare feiten hebben gepleegd en al jaren bang zijn dat hij over ze gaat praten. Mensen met wie hij financiële belangen deelt. Die nog geld van hem hebben en dat beheren. Mensen die aan de grond zitten en wat willen verdienen. Er zijn er nog genoeg. Mannen en vrouwen. In het gunstigste scenario faciliteren ze hem bij het aangenaam vertoeven in de inrichting. In het slechtste scenario plegen ze buiten de strafbare feiten die hij binnen heeft uitgedacht.

Als hij dat voor elkaar heeft, gaat hij verder met de organisatie die hem inmiddels bewondert om zijn daadkracht. Want met moorden plegen bouw je aanzien op in de gevangenis. Hoe meer moorden, des te hoger je staat in de pikorde. En hij staat weer aan de top. Ondertussen stookt hij, speelt hij net als altijd de kopstukken tegen elkaar uit en neemt de organisatie over. Zijn macht is dan niet alleen hersteld, maar ook toegenomen.

'Misschien moet ik toch maar weer een brief schrijven,' zegt mijn moeder.

'Met een brief van jou in de la van een directeur gaan wij het niet redden, mam.'

'Maar als ze hem doorhebben, dan gaan ze het vanzelf zien.'

'Dat is waar. Maar als ze het niet willen zien, krijgen ze het ook nooit door. En ik denk dat daar het probleem schuilt. Als ze het *zien*, kunnen ze het niet meer *ontzien*. En dan moeten ze handelen, en het is de vraag of ze dat kunnen. Maar dat is niet aan ons. Dus bemoei jij je er maar niet mee, mam.'

'Nou zeg, ik mag toch ook wel wat doen.'

'Zeker, je mag mij de helft van je tompoes geven.'

'Vergeet dat maar. Hij is veel te lekker,' zegt ze en lacht.

'Nou, de tijden zijn wel veranderd. Weet je nog dat ik als klein meisje Italiaans ijs voor ons haalde bij Tante Nel op de hoek van de Egelantiersstraat? Jij nam altijd een wafel met malaga en slagroom.'

'En jij at er na je eigen ijsje altijd nog de helft van op.'

'Nee, jij gaf mij altijd de helft. Uit liefde. Maar nu?' Ik grijp demonstratief naar haar bordje.

'Sodemieter je op of niet?' Ze lacht en duwt me weg. 'Je krijgt niks. Je kreeg de helft, omdat je toen de helft kleiner was. Nu wegwezen.'

Ik omhels haar en geef haar een kus op haar wang. 'Ook goed. Dan pak ik nog wel een nieuwe. Ik heb er zes gehaald, dus we kunnen voorlopig voort.'

'Doe mij er ook nog maar eentje dan. Ik moet veel eiwitten hebben. En die slagroom zit er vol mee, dus dat is goed voor me.'

'Lekker, hoor. Beetje vetreserve opbouwen. Kan geen kwaad. Ik maak nog even koffie.'

Wanneer ik even later de koffie voor mijn moeder neerzet, vraagt ze: 'Werk je nog voor Mil, As?'

'Ja.'

'Dan kan je haar toch ook een beetje in de gaten houden?'

'Nee, dat is best ingewikkeld. Ik moet zo anoniem mogelijk blijven en kan dus niet normaal bij haar op de werkvloer meedraaien. Een overleg is daarom altijd telefonisch, geen camera, en dat vinden mensen toch een beetje raar. En als het toch tot een persoonlijk contact komt, maakt dat me onzeker, omdat ik niet weet of die persoon lijntjes heeft met personen die ik beter kan vermijden. En er is weer iemand die mij kan herkennen. Al die afwegingen, die beperkingen, maken mijn functioneren krampachtig. Het vertroebelt onze relatie, heb ik het gevoel. Soms denk ik dat Mil me alleen maar het gevoel wil geven dat ik nog iets voorstel. Zij weet ook dat ik anders nergens aan de bak kan. Het voelt voor mij soms als liefdadigheid.'

'Doe normaal. Ze is altijd vol lof over je.'

'Toch voelt het voor mij niet zo. Ik ben haar moeder. Ik hoor voor haar te zorgen, niet omgekeerd. Ik moet weer iets voor mezelf zien op te bouwen.'

'Wat een onzin.'

'Nee, dat is geen onzin. Ik moet echt weer wat meer voor mezelf gaan doen. Ik dacht aan een thriller schrijven.'

'Gatverdamme. Wat is daar nou leuk aan? Ga eens een keer over iets leuks schrijven.'

'Iets leuks? Misschien heb je gelijk. Ik denk er nog wel even over na.'

De volgende dag belt Francis. 'Oma is gevallen. Onderweg naar de wc. Ik heb haar net gevonden.'

'Blacky liep me weer voor de voeten. Ik weet niet wat er mis is met dat beest,' hoor ik mijn moeder op de achtergrond zeggen.

'De linkerkant van haar gezicht is helemaal blauw.' Francis houdt de camera voor haar gezicht.

'Je breekt nog eens een heup en dan is het snel afgelopen,' zegt Sonja, die inmiddels ook is gearriveerd.

'Ja, oma, en ik wil nog wel dat je er straks bent voor kleine Suus.'

'Het komt door die kat. Elke keer loopt hij me voor de voeten.'

'Mama, kijk dan wat beter uit,' zeg ik.

'Dat gaat niet als ik zo nodig moet. Dan moet ik snel, snel. Weet je wel. Och, As, het gaat allemaal niet zo makkelijk meer als je ouder wordt,' zucht ze.

'Ik zou het fijn vinden als je bij mij kwam wonen, mam. Dan heb ik ook een beetje aanspraak. Ik zit ook maar alleen.'

Het is een idee dat ik al langer heb en ook al eerder heb gesuggereerd. Maar tot nu toe tevergeefs.

'Dat zeg je alleen maar omdat je vindt dat ik niet meer alleen kan wonen, As.'

'Ik denk dat je het jezelf moeilijk maakt voor niks, mam.'

'Nee. Het is die kat. Ik vind het heel zielig, maar hij moet echt weg. Ik breek mijn nek nog eens over dat beest. En dat miauwen de hele nacht, ik doe geen oog dicht. Weet je wat hij nu weer doet? Klimt hij boven op de kast en dan springt hij zo naar beneden. Boven op me.'

Sonja hakt de knoop door en Francis brengt Blacky diezelfde dag nog naar het asiel om herplaatst te worden.

Haar schuldgevoel kwelt mama net zo lang totdat de herplaatsing een feit is. En vanaf dat moment voelt ze zich eenzaam. 'Ik kan niet tegen die stilte. Ik ben gewend aan huisdieren. En nu zit ik hier maar.'

Ze mist die kat. Nee, niet dat kattengejank de hele nacht, niet zijn slidings waardoor ze onderuit gekegeld werd, maar zijn warmte. Hij was net een kacheltje en nu heeft ze het doorlopend koud. Het elektrische kussentje dat we voor haar gekocht hebben, helpt amper. En ze is ook al over het snoer gevallen. Dan kan ze net zo goed weer een kat nemen.

'Weer een kat, Fran? Een kitten? Wie gaat die kat nemen als oma er niet meer is? Geef haar een aquarium. Is ook afleiding. Ik ben tegen.'

'Maar As, nu zit ze maar te verpieteren in haar stoel. Ze huilt steeds.'

'Maar dat is toch zielig voor dat beestje? Ik kan die kat niet nemen als ze dood is. Of als het straks weer een monster blijkt te zijn. Ik zou wel willen, maar Abbey kan ik overal onder mijn arm mee naartoe nemen, een kat niet. Ik vind het echt krankzinnig.'

Dat mocht ik vinden. Ze waren het zelfs met me eens. Maar toch was er twijfel. Tot Sonja, die niet bepaald een fan van katten is, ineens voor stemde en ik een foto kreeg van mama naast Francis in de auto, kattenmand op schoot en een kitten erin. Snowy. Treffende naam voor een bijzonder mooie, eigenzinnige Britse korthaar. Mama was verliefd. Wij allemaal wel. Zelfs Sonja.

Mam fleurt weer op. Snowy laat zich rondrijden op haar rollator en wijkt geen seconde van haar zijde. Gaat het baasje naar de wc, dan zit ze op haar schoot. Gaat het baasje douchen, dan ligt ze in de wasbak. Mama heeft de laatste veertig jaar niet zo'n lieve kat meegemaakt. Mentaal gaat het weer goed met haar.

Maar fysiek gaat ze steeds verder achteruit. We moeten ons voorbereiden op het moment dat ze vierentwintig uur per dag zorg nodig heeft.

NOVEMBER 2021

Rich – Drinken

Sonja belt. 'Rich' leverwaarden zijn verhoogd.'

'Voelt hij zich daardoor steeds zo slecht?'

'Ja, kan.'

'Misschien moet hij maar even niet meer drinken, Son.'

'Dat is een goeie, was dat maar waar.'

De volgende dag zie ik een filmpje voorbijkomen. Rich is uit eten. Wijntje voor zijn neus. Ik stuur hem een berichtje: *En je leverwaarden dan?*

Ik neem maar twee wijntjes. Die paar druppies maken niet zoveel uit. Slaap ik lekker op, is zijn antwoord.

Die paar druppies zijn de kern van zijn alcoholprobleem. De basis daarvoor is gelegd in het zonovergoten Benalmádena, het Spaanse dorpje waar Villa Francis staat, ommuurd en aan het zicht onttrokken. We zijn er met de familie op vakantie. Rich is zes en speelt met zijn vriendjes in het zwembad. Hun moeders liggen op zonnebedjes. De mannen zitten aan het bier.

Cor kijkt de tuin rond. 'Hé Dikke, kom met je luie reet van dat bedje af. Jij ook, Lange.' Hij staat op en loopt naar de poort. 'We gaan naar het strand. Kom op, Rich, jij gaat met de mannen mee.'

De vrouwen gaan de mannen ongevraagd achterna. Deels omdat ze ook naar het strand willen, deels zodat hun man, beneveld door de sangria, geen fratsen met een Spaanse schone zal uithalen.

Bij de strandtent op La Carihuela Beach bestelt Cor een kan sangria. 'En voor mijn jongetje een Tinto de Verano. Hier, jongen, jij mag met de mannen meedoen. Jong geleerd is oud gedaan.'

Trots zet Rich zijn mond aan het glas wijn met 7Up en neemt een slok.

Sonja loopt op hem af, pakt het glas af en richt zich tot Cor. 'Verdomme, Cor, hou daar nou eens mee op!' roept ze kwaad. 'Die jongen is veel te klein om te drinken.'

'O, o, een paar druppies wijn, dat kan toch geen kwaad. Gaatie goed van slapen. Hè, Rich? Dat kan jij wel hebben, hè. Jij bent een echte man.'

'Ja, mam. Ik ben een echte man.'

'Doe niet zo stom, Rich. Hup, mee naar huis.'

'Laat die jongen nou. Hier, Rich, neem er nog maar eentje. Papa neemt ook nog wat. Son, wegwezen. Die jongen blijft hier.'

Sonja gaat voor Cor staan. 'Niks daarvan. Hij gaat mee,' zegt ze, en ze trekt Rich overeind. 'Je weet dat ik een hekel aan drank heb, Cor.'

'Doe toch niet zo overspannen om een paar druppies, Son. We hebben het gewoon gezellig. Ga zitten en neem ook een wijntje.'

'Ik moet geen wijn.'

'Zo ongezellig, die vrouw,' zucht hij tegen zijn vrienden.

'Dan maar ongezellig. Rich, kom op, we gaan. As, we gaan.'

Met z'n drieën lopen we terug naar het huis.

Diep in de nacht hoor ik geschreeuw buiten. Ik kijk uit het raam. Het is Cor.

'Son, doe het hek open!'

Maar het hek blijft dicht. Cor blijft schreeuwen en ik zie Sonja zwaar geïrriteerd naar het hek lopen.

'Daar ben je. Eindelijk. Doe open dat hek,' zegt Cor.

Sonja staat stil, kijkt hem aan en wijst op de boord van zijn witte overhemd, waarop felrode lipafdrukken staan.

'Doe het hek even open voor je lieve mannetje,' slijmt Cor.

Sonja kijkt hem ijzig aan. 'Ga jij maar terug naar die snollenbakken waar je vandaan komt. Ga daar maar slapen en laat ze gelijk je overhemd wassen. Ik hoef hun smerige lippen niet in mijn wasmachine.' Ze draait zich om en loopt het huis weer in.

Vijf minuten later hoor ik een luide plof. Cor is over de muur geklommen, strompelt tussen de struiken vandaan en gaat neer op een ligbedje aan het zwembad. Ik blijf luisteren totdat ik zijn luide gesnurk hoor en ik er zeker van ben dat hij de val heeft overleefd.

'Het is toch niet te geloven,' zegt Sonja. 'Verhoogde leverwaarden en gewoon doorzuipen. Ik kan het niet begrijpen. Elke dag belt hij wel tien keer, omdat hij allerlei klachten heeft. Hij weet dat het door de drank komt, maar hij blijft drinken.' Haar stem klinkt moedeloos.

'Ja, Son. Eerlijk gezegd neem ik hem bijna niet meer op. Hij kan uren janken over een pijntje hier en een pijntje daar, maar zodra hij ophangt gaat hij weer door met feesten.'

'Omdat hij zijn klachten niet voelt als hij drinkt.'

'Dan zal hij alleen maar meer gaan drinken, Son.'

'Ik weet me geen raad. Hij drinkt zich nog eens dood. As,

alsjeblieft, kan jij die ene jongen niet vragen? Die jou toen zo goed geholpen heeft?'

'Boyd? Ik weet niet of hij in Nederland is.'

'Je kunt het toch vragen?'

'Ik app hem wel. Ik spreek je later.'

Aan het einde van de dag heb ik Boyd gesproken. Hij is zowel fysiotherapeut als manueel therapeut, met een holistische visie op lichaam en geest. Hij wil tijd maken voor Rich en ik bel Sonja. 'Rich heeft mazzel, Boyd is er tot morgen. Hij kan komen, maar alleen vanavond om tien uur. Dan is Rich zijn laatste klant voordat hij weer naar Belgrado vertrekt.'

'Kun jij met hem mee?'

'Ik mee? Liever niet.'

Sonja weet waarom ik niet met Rich mee wil. Hij stuurt me soms foto's van hem en van die types, met hele berichten dat die mensen mij kennen en me zo tof vinden. Maar ik ken ze niet. Ik heb die mensen nog nooit gezien. Waarom valt mijn naam dan bij dat soort mensen? Omdat Rich over me praat. Of die mensen praten over mij en Rich praat terug. Hoe dan ook: hij is de zwakke schakel.

'Alsjeblieft, As. Hij heeft overal pijn. Hij hyperventileert. Heeft hartkloppingen. En jij kent die therapeut,' zegt Sonja zorgelijk.

'Omdat hij zo ongezond leeft. En er valt niet tegenaan te praten. "Als ik zo hard heb gewerkt, As, mag ik in het weekend toch wel losgaan? Ik ben nog jong. Ik moet toch van het leven genieten?" Ja, maar niet op deze manier, Rich, zeg ik dan. Je vernietigt je lichaam, je hebt overal zenuwpijn als je roes even opklaart. Ik heb hem alles al honderd keer gezegd, maar hij blijft zijn eigen mantra herhalen: hij werkt hard, wil twee keer in de week losgaan en vindt dat leuk. Hij vindt dat hij geen probleem heeft, wíj vinden dat hij een probleem heeft.'

'Hij heeft een probleem.'

'Maar dat kan ik niet oplossen, Son.'

Ik heb het wel geprobeerd, een aantal jaar geleden. Het was vlak nadat zijn allereerste vriendinnetje hem verliet. Ze wilde dat hij hulp zocht voor zijn gedrag. Ze maakte het uit en hij verdronk in pure paniek. Hij wist zich geen raad en belde me de hele dag door, bang om ook maar een seconde met zijn eigen gedachten en zijn gevoel alleen te zijn. Ik voerde urenlange telefoongesprekken met hem, maar bereiken deed ik hem niet. Hij had geen drankprobleem, hij maakte alleen maar plezier. Zijn vriendinnetje hield echter voet bij stuk en ik zocht een therapeut voor hem en ging met hem mee. Twee keer heeft hij het volgehouden. De laatste keer dat we zouden gaan, zat ik er alleen.

'Je begrijpt dat dit geen enkele zin heeft?' zei de therapeut tegen me.

'Ik wel. Maar zijn moeder hoopt dat dit hem gaat helpen.'

'Dit gaat hem niet helpen, want hij komt niet voor zichzelf. Hij komt omdat anderen dat willen.'

'Ik begrijp het.'

'Ik laat het aan hem over of hij me nog belt.' En met die woorden beëindigde de therapeut het gesprek.

Rich heeft nooit meer gebeld. Hij ging er alleen naartoe zodat zijn vriendinnetje hem terug zou nemen, en dat deed ze. Maar niet voor lang. Het was uit tussen hen toen de fysieke klachten toenamen. Volgens hem werden die veroorzaakt door een onderliggende ziekte. Hij had zijn bloed en alles laten controleren, maar de dokters konden niks vinden. 'O ja, behalve een verhoogde leverwaarde,' propte hij in een bijzin.

Ik heb er geen geloof meer in, maar omdat zijn moeder ten einde raad is, stem ik in en neem hem mee naar Boyd. Langdurige therapeutische praatsessies hebben bij Rich geen zin, en dit is misschien een shortcut naar een begin van inzicht. Ik weet dat Boyd hem, zonder op enig moment veroordelend te zijn, kan uitleggen dat er een verband bestaat tussen zijn lichamelijke klachten en zijn drankgebruik. Dat is iets wat hij nog van niemand heeft willen aannemen.

'Ik app je het adres, Son.'

'Ja, rij jij er zelf heen?' vraagt ze.

'Ja, maar ik wil niet dat Rich weet dat ik er ook ben. Ik wil geen afspraken met hem.'

Als Rich die avond aankomt met Sonja, neem ik hem mee naar binnen.

'Hai Boyd, goed je te zien. Bedankt dat we konden komen. Dit is Rich.'

'Hallo Rich. Waar heb je last van?' vraagt Boyd belangstellend.

'Ik ben door mijn rug gegaan. Ik kan amper lopen.'

'Kom zitten. Lukt dat?'

'Ja.'

'Willen jullie thee?'

'Ja, lekker. Dank je,' zegt Rich.

'Ik ook, graag.'

Boyd laat het hoge wereldse tempo volledig aan zich voorbijgaan. Hij heeft een lage, zangerige stem met een sympathiek Duits accent. Zijn relaxte houding laat stress volledig stilvallen. Hij vraagt Rich iets over zijn geschiedenis te vertellen.

'Nou, ik ben personal trainer. En ik heb last van tintelingen.'

'Hij heeft een drankprobleem,' zeg ik.

'Ik drink wel veel, ja.'

'Zijn leverwaarden zijn verhoogd,' zeg ik.

'Ja, iets, maar dat hoeft niet van de drank te komen.'

'Het zou wel beter voor je lichaam zijn als je zou stoppen met drinken, Rich.'

Boyd komt tussenbeide. 'Laten we beginnen,' zegt hij, en hij neemt Rich mee naar zijn praktijkruimte.

Na anderhalf uur zijn ze weer terug.

'Je lichaam staat in overlevingsmodus, Rich. Jouw hele lichaam is extreem strakgespannen. Ik weet niet of het nog veel meer spanning aankan. Al je energiebanen zijn geblokkeerd. Wat is er gebeurd toen jij twee jaar was?'

Rich en ik kijken elkaar aan.

'Weet ik niet,' antwoordt hij.

'Niks,' antwoord ik in zijn plaats. 'Maar toen hij drie was, is er wel wat gebeurd. Kan dat nu nog invloed hebben op het stressniveau in zijn lichaam?'

'Dat kan,' zegt Boyd. 'Wat is er toen gebeurd dan?'

Rich en ik kijken elkaar weer aan.

'Toen is de auto beschoten waar hij in zat,' zeg ik.

'Maar ik ben niet geraakt,' zegt Rich. 'En ik kan het me ook niet herinneren. Dus waarom zou ik daar nu last van hebben?'

'Jouw geest is het vergeten, maar je lichaam vergeet het niet. Met elke heftige ervaring die jouw lichaam heeft, probeert het een manier te vinden om daarmee om te gaan. Vaak zijn deze copingmechanismen en patronen slapend, tot ze getriggerd worden door stress van buitenaf. En als dat gebeurt, kan de persoon zich niet herinneren waarom het lichaam zo reageert of waarom hij zich op een bepaalde manier gedraagt. Maar ons zenuwstelsel vergeet niets en houdt altijd de score bij.'

Ik schrik van mezelf. Ik heb bij die hele vreselijke gebeurtenis niet meer stilgestaan. Het naderen van de schutter naar de auto. De harde knallen, het raam dat verbrijzelde. Het gegil van Sonja. Rich die door haar uit de auto getrokken werd. De totale paniek.

Het geschreeuw op straat. De sirenes van de ambulance.

Rich dacht dat er stenen tegen de ramen waren gegooid en dat hadden we zo gelaten. Klaar. *Case closed.* Nooit meer over praten. Ik heb niet het verband gelegd met zijn huidige gedrag, omdat het makkelijker was het er nooit meer over te hebben.

Voordat we weggaan vraag ik Boyd of Rich moet stoppen met drinken.

'Rich hoeft van mij niet te stoppen met drinken. Als je lichaam het signaal geeft dat het niet meer verder kan, stop je vanzelf.'

Rich klaart helemaal op van die opmerking. Eindelijk iemand die hem niet dwingt te stoppen, maar het aan hemzelf overlaat.

Als we naar buiten gaan, staat Sonja voor de deur geparkeerd. Ze heeft terwijl wij binnen waren mijn auto in de gaten gehouden.

'Ik voel me nu al wat beter, As. Ik kan weer lopen. Dank je.'

'Dat is fijn.'

'Binnenkort samen even zitten?'

'Is goed.'

Hij wil weglopen, maar ik houd hem tegen.

'Herinner je je echt niets van wat er toen is gebeurd?' vraag ik.

'Nee, ik heb er nul herinnering aan. Ik weet alleen wat ik er van anderen over gehoord heb.'

'En van de tweede aanslag op papa? En de derde? Van de begrafenis? Van de aanslag op Kleine Gijsje? Op George? Het is nogal wat.'

'Maar ik heb er geen last van, As. Ik ben altijd heel liefdevol opgevoed door mama, oma en jou. Natuurlijk had ik graag een vader gehad, want jullie begrijpen niet hoe het is om een man te zijn. Maar ik ben geen liefde tekortgekomen.'

'Maar waarom maak je er dan zo'n zooitje van?'

'Ik denk omdat ik geen man als voorbeeld heb gehad.'

Ook 's nachts spookt Rich nog door mijn hoofd. Al zijn traumatische ervaringen; natuurlijk hebben die impact op hem gehad. Waarom ben ik blijven steken bij zijn verslavingen? Waarom had ik hem al afgeschreven? Ik schaam me voor mijn gedrag. Ik moet hem helpen. Maar het probleem is dat ik het me op dit moment gewoon niet kan permitteren om hem te vertrouwen. Hij kan gebruikt worden zonder dat hij het in de gaten heeft.

Ik houd hem liever op afstand. Hij weet niets van mij, niet waar ik woon, niet wat ik op een dag doe en niet in welke auto ik rij. Afspraken maak ik niet met hem, voor het geval hij gevolgd wordt. Het klinkt misschien hard als ik dat zeg over mijn neefje, iemand die mij altijd als zijn tweede moeder heeft gezien. Die aan mijn keukentafel is opgegroeid, die ik hielp met zijn huiswerk en naar wiens tenniswedstrijden ik ging kijken. Maar ik heb ook een kleinkind dat nog twaalf moet worden, en haar gezondheid wil ik niet riskeren voor een volwassen man die zijn shit niet op orde heeft. Tegelijkertijd, zoals het nu loopt, gaat hij van kwaad tot erger, en dat kan ook alleen maar verkeerd aflopen. Ik moet iets doen en dat kan alleen als ik hem dichterbij laat komen.

De volgende ochtend bel ik Sonja. 'Hé As. Ik ben bij mama, wacht, ik zet je op speaker.'

'Hallo lieverd,' zegt mijn moeder. 'Alles goed?'

'Ja, mam, alles goed. Son?'

'Ja?'

'Ik ga het proberen met Rich.'

'Graag,' zegt Sonja.

'Je lijkt wel gek,' zegt mijn moeder. 'Hij trekt je mee in zijn ellende. Die jongen gaat nog een hoop problemen veroorzaken, neem dat maar van mij aan.'

'We kunnen hem ook niet aan zijn lot overlaten, mam. Daar wordt niemand wijzer van,' zeg ik.

'Ja maar, As, in jouw situatie. Dat ga je toch niet doen? Hij hangt met al die gekkies in de stad rond.'

'Ik heb hem al geappt dat ik hem morgen zie. We moeten maar kijken hoe we dat het best kunnen regelen.'

Hoe, dat wist ik nog niet. Waar, ook niet. Naar zijn huis gaan vond ik een risico. Naar dat van Sonja ook. Eigenlijk overal waar ik met hem zou afspreken was een risico, omdat het risico juist in het afspreken zelf zit. Ik dacht het en mijn moeder zei het.

'Waar ga je dat doen dan?' vraagt mama.

'Nou, Son, ik denk... Als jij hem een uur van tevoren laat weten dat hij naar de parkeerplaats bij de golfbaan moet. Daar leidt maar één weg naartoe. Dan sta jij daar een kwartiertje van tevoren, dan kun je zien of er al iemand op de parkeerplaats staat. Je ziet hem dan ook via die weg ruim van tevoren aankomen en dan kan je ook zien of er een auto achter hem zit. Dan laat je hem overstappen in jouw auto en rij je naar de locatie die wij van tevoren hebben afgesproken. Dan weet hij vooraf niet waar hij naartoe gaat en dan kan hij dat ook niet als hij dronken is rondvertellen.'

'Dan moet je hem ook zijn telefoon afpakken,' zegt mijn moeder. 'Want anders kan hij het zo effe doorappen.'

'Ma, doe nou niet zo hatelijk! Dat gaat Richie echt niet doen. Alsof hij Assie gaat verraden. Doe normaal!'

'Ja, dat gaat een beetje te ver, mam.'

'Ik zeg ook niet dat hij het expres doet. Ik ben gewoon voorzichtig. Maar als het om Richie gaat, kan jij dat niet aanhoren,

Son. Want Richie kan niets fout doen in jouw ogen. Nou, hij doet genoeg fout en jij houdt hem altijd de hand boven het hoofd. Daarom is hij zo geworden. Daar moet je eens mee ophouden!' zegt mijn moeder luid.

'Hoor wie het zegt,' bitst Sonja terug. 'Had jij dat ook maar gedaan, dan zaten wij nu niet al jaren in zo'n klotesituatie.'

'Nou, in elk geval, dames: zo gaan we het doen. En dan kijken we wel waar het schip strandt. Of zinkt.'

Het schip zonk. Al binnen een week. Vijf dagen ging het goed. We voerden dagelijks goede gesprekken, wisselden allerlei wijze lessen uit die we hadden gelezen en ik merkte dat hij zijn best deed te ontdekken wat hem verleidde tot drinken. Maar theorie en praktijk zijn twee verschillende dingen. Het werd weekend, hij had hard gewerkt en hij vond dat hij zichzelf wel één keer in de week een pleziertje mocht gunnen. Die één keer in de week werd twee keer en vervolgens hoorde ik hem niet meer.

'Ik zei het je toch,' zei mijn moeder. 'Vertel mij wat over alcoholisten.'

DECEMBER 2021

Miljuschka – Kun je even komen?

'Gefeliciteerd, zus. Ga je wat doen met je verjaardag?' vraagt Sonja.

'Nee. Andere keer weer.'

'Zal ik even naar je toe komen? Is toch ook niks aan, de hele dag in je eentje vandaag?'

'Ja, best. Doen we even een rondje Schiphol? Kunnen we wat meters maken. Ik heb veel te weinig bewogen deze week.'

'Oké. Zie ik je zo.'

Als Sonja bij me is en we op het punt staan om naar Schiphol te vertrekken, belt Miljuschka.

'Mam, kun je alsjeblieft komen? De zus van Flip is niet goed geworden en ik moet met haar naar de dokter, maar ik wil de kinderen niet alleen laten. En Flip is weg. Ik zou het je normaal niet vragen, maar ik heb echt helemaal niemand anders die me kan helpen.'

'Oké, ik kom eraan. Kom op, zus, we moeten naar Mil. Haar schoonzusje is niet lekker geworden.'

'Jeetje. Kom op, ik rij,' zegt Sonja.

'Nee, ik rij zelf. Pffft. Niet handig hoor, dit. Op mijn verjaardag naar Mils huis. Maar goed, we zien het wel.'

'Je kan haar niet laten zitten, As.'

'Waar is Flip dan? Ze had beter Flip kunnen bellen,' merk ik geïrriteerd op.

'Geen idee. Ze zal je niet zomaar vragen, dat is niks voor Mil. Ze weet dat het eigenlijk niet kan.'

'Hou je ogen goed open. Hé, wat doet die auto daar midden op de weg? Dat is raar. Hou je vast, ik ga eromheen, dat wordt krap.'

Zonder vaart te minderen, manoeuvreer ik mijn auto langs de bus en raak de stoeprand.

'As, je hebt wat geraakt.'

'Ja, dat zien we zo wel. Eerst bij Mil naar binnen.'

Miljuschka vangt ons bij de deur op en Sonja en ik haasten ons naar binnen.

Als ik de deur door stap, is er muziek en word ik ontvangen door een aantal oude vrienden en mensen die als familie voor me zijn, maar van wie ik de meesten lang niet meer gezien heb. Een surpriseparty.

Ik kijk naar Sonja. 'Wist jij hiervan?'

Ze knikt. Ik schud mijn hoofd.

Ik kijk naar Miljuschka. 'Wat lief, Mil.'

'Ik dacht: ja mam, juist nu moeten we het leven vieren.'

Een week later belt Ronald.

'Kan ik jou en Sonja even spreken?'

'Zeker. Is er weer iets? Moet ik éxtra voorzichtig zijn?'

'Nee, en het klinkt raar voor gewone mensen, maar "gewóón scherp" zijn.'

'Oké, gewoon scherp. Hij gaat zeker uit de EBI?'

'*Fishing*. Privacy gedetineerde,' zegt Ronald. 'Het is meer informatief. Marcel komt mee. Is vanmiddag goed?'

‘Prima. Zelfde locatie. Ik zeg het Son wel.’

Die middag ben ik met Sonja al even op de afgesproken locatie als Ronald en Marcel binnenkomen. Na het uitwisselen van beleefdheden zeg ik tegen de mannen: ‘Nou, vertel. We zitten alweer lang genoeg in spanning.’

Ronald neemt het woord. ‘We zijn hier om jullie te vertellen dat iemand een jaar geleden heeft gezegd dat de opdracht op de zussen is uitgezet. Maar dat het in het jaar daarvoor door iets niet is doorgegaan of vertraagd. Wat dat “iets” is, weten we niet.’

‘En met “het” wordt de uitvoering bedoeld?’

‘Klinkt hard, maar: ja,’ antwoordt Ronald.

‘Oké, dus begrijp ik het goed: het is nu 2021, dus ergens in 2020 heeft iemand verteld dat de opdracht op Son en mij is uitgezet?’

‘Ja, en niet is doorgegaan.’

‘Of vertraagd,’ zeg ik. ‘Het kan dus nog steeds? Als dat “iets” is opgelost?’

‘Daar heb ik op dit moment geen informatie over.’

‘En dat “iets” is dan in 2019 gebeurd, toch?’

‘Dat is de informatie die we hebben.’

‘Heeft die informant nog meer gezegd?’

‘Wij krijgen alleen die ene regel: de opdracht op de zussen is uitgezet en is door iets niet doorgegaan of vertraagd. En omdat wij alleen die opmerking krijgen, hebben we geen zicht op de groep uitvoerders waar de opdracht aan is gegeven. En of die groep nog in staat is om de opdracht uit te voeren.’

‘Oké. En verder?’

‘En verder is het 99 procent zeker dat wij niet meer info krijgen vanuit deze kant.’

‘Vanuit deze kant? Bedoel je dat er meer mensen zijn die hier wat van weten?’

Mama en vader Holleeder (1960)

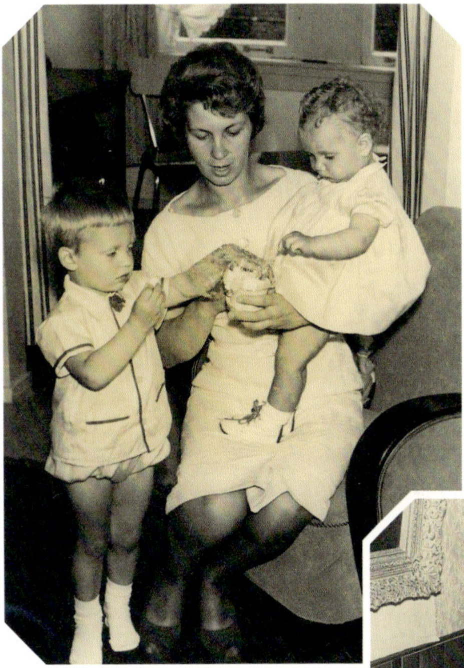

Wim, mama en Sonja (1961)

Gerard, Wim, Astrid en Sonja.
Astrid 1 jaar oud (1966)

Mama en Francis op de Marco Polostraat, vóór de Heineken-ontvoering (1983)

Mama en Francis op de Marco Polostraat, na de Heineken-ontvoering (1983)

Sinterklaasfeest John Franklinstraat, Francis vanaf een vaste lijn bellende met Cor in de gevangenis (1988)

Wim, Sonja en Cor samen in Frankrijk

Wim in de Deurloostraat na zijn vrijlating voor de Heineken-ontvoering (1992)

Francis voor vertrek naar bezoek aan Cor en Wim in de gevangenis

Cor en Sonja tijdens bezoekuur in Norgerhaven (1991)

Wim en Francis samen

Mama en Astrid (1966)

Miljuschka pasgeboren (1985)

Astrid met Miljuschka

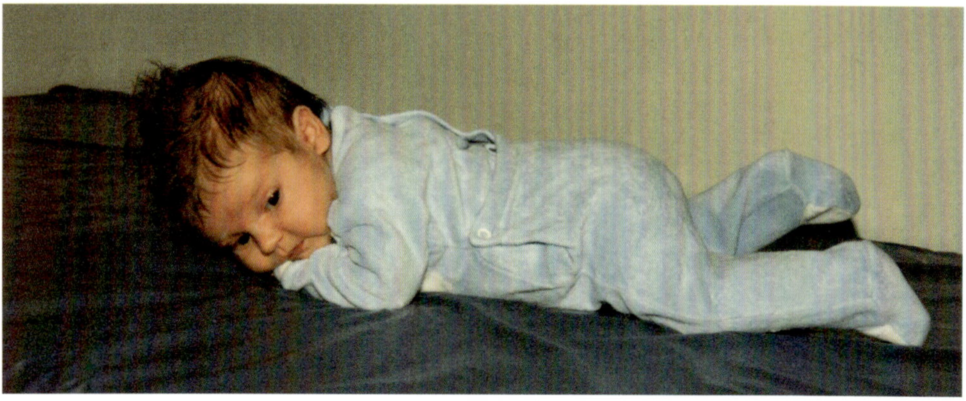

Miljuschka in blauw babypakje van Francis (1985)

Miljuschka (1989)

Cor op verlof tijdens straf voor de Heineken-ontvoering. Samen met Sonja en Francis in de portiek van mijn ouderlijk huis (1991)

Cor op verlof voor de verjaardag van Francis (1990)

Wim, Sonja en Cor in Disneyland, Parijs (1992)

Cor en Francis en een rode Ferrari (1993)

Wim, Dagobert Duck en Cor in Disneyland, Parijs (1992)

Miljuschka op vakantie in Spanje (1993)

Cor achter de kinderwagen met Rich (1993)

Wim en Thomas van der Bijl (1993)

Mama met Rich (1993)

Rich in een speedboot (1995)

Francis, Cor, Sonja en Rich (1994)

Francis en Miljuschka (1995)

Cor en Rich na de eerste aanslag, ondergedoken in Frankrijk (1996)

Francis en Cor na eerste aanslag in de haven van Le Lavandou (1996)

Miljuschka in de Deurloostraat (1996)

Rich, Cor en Francis in Disneyland, Parijs (1996)

Francis en Miljuschka (1996)

Francis, Rich en Miljuschka, Loro Parque, Tenerife (1997)

Rich, Cor en Francis op vakantie in Benalmádena, Spanje (1998)

Miljuschka (2000)

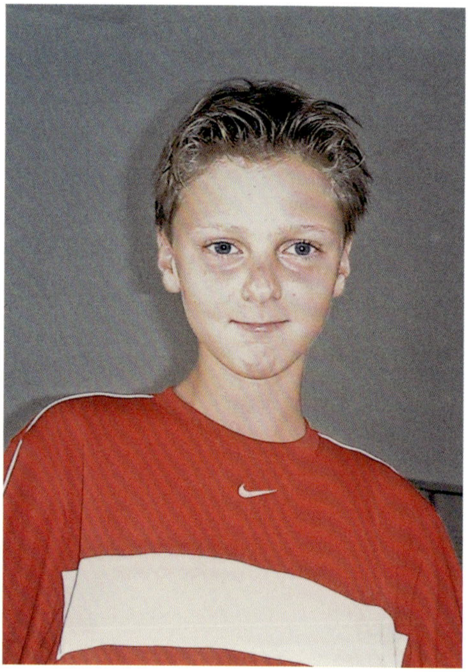

Rich, 10 jaar oud (2003)

Miljuschka en Rich (2001)

Francis en Miljuschka (2003)

Rich bij de tennis (2004)

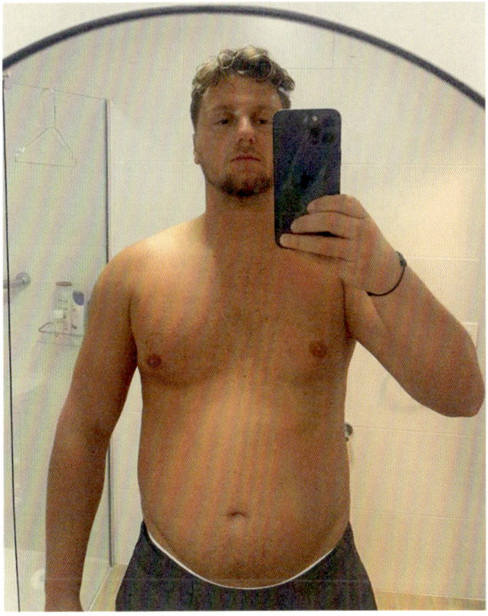

Rich vóór zijn transformatie

Rich na zijn transformatie

Vier generaties vrouwen. Handen van mama, Miljuschka, Stientje en van mij

'Dat zeg ik niet.'

'Dat zeg je niet of dat weet je niet?'

'Ik weet dat niet, want ik mag dat niet weten. Uit veiligheid voor de informant. Informatie over een groep kan alleen komen van iemand die bekend is met die groep. Dan is het niet zo moeilijk voor de groep om uit te vinden wie de informatie met de politie heeft gedeeld. Dus dat krijgen wij niet te horen.'

'Ik ben al blij dat we sowieso wat horen,' zegt Sonja.

'En nu, Ronald?'

'Rustig blijven ademen. Maar wel melden als er iets is.'

Het gesprek is ten einde en we nemen afscheid.

Op de terugweg zegt Sonja: 'Nou, dat was het dan weer voor deze keer. En het enige wat ze voor ons doen, is vertellen dat we het toch vooral moeten melden als we iets verdachts zien.'

'Ja, ik zal nog even doorgeven dat er gisteren bij jou werd aangebeld.'

A: Ronald, gisteren werd er om 21.23 aangebeld bij Son.

A: Raar type

A: Reed in wit bestelbusje, duidelijk geen pakketbezorger

'Zo. Voor het archief, zullen we maar zeggen.'

DECEMBER 2021

Mama – Gevallen

Sonja belt. 'Schrok me kapot net. Kwam iemand keihard op me afrennen. Ik was gelukkig snel binnen.'

'Heb je camerabeelden?' vraag ik.

'Ja, op mijn bodycam. Ik stuur het je nu.'

'Ik stuur ze wel door aan Ronald,' zeg ik.

Ronald, kwam net iemand keihard de hoek om rennen toen Son uitstapte. Dus ze schrok zich kapot. Zie video. Son loopt zo snel mogelijk naar de deur.

'Misschien is het niks,' zegt Sonja.

'Het ziet er op de beelden wel heel getimed uit,' zeg ik. 'Maar dat kan ook toeval zijn. Wat ga je verder vandaag doen, Son?'

'Ik ga zo even naar mama. Ik heb bami met kip gehaald. Eten we even samen.'

'O, fijn voor haar. Bel me als je weggaat en hou me aan de lijn. Na zoiets als net vind ik dat wel prettig.'

'Blijf maar hangen, ik check even de camera's voor ik ga en dan loop ik de deur uit.'

'Nog iets geks te zien, Son?'

'Hmm... Nee... Ik ga nu naar buiten... Ik zit... Ik ben er... Ik loop nu naar binnen... Galerij op... Hé, wat is dat nou?!' roept Sonja verbaasd uit.

'Wat is wat?'

Ik hoor dat ze gaat rennen. 'Mam, wat doe je? As, mam ligt op de grond.'

'Ik kom niet meer overeind,' hoor ik mijn moeder zeggen.

'As, ik bel je zo terug.'

Sonja belt weer. 'Son, wat was dat nou?'

'Ze had de voordeur opengemaakt. Ze dacht dat ze de kat buiten zag zitten.'

'En is die nu weer binnen?'

'Die kat was helemaal niet buiten. Dat dacht ze. Toen ging ze weer naar binnen en is ze gestruikeld over de mat. Ik kom aanlopen en ik zie een been naar buiten steken. Ligt ze daar.'

'Ik kwam niet meer overeind, Assie.'

'Heb je pijn, mam?' vraag ik.

'Valt mee.'

'Hoe lang lag je daar al?' vraag ik.

'Net,' zegt ze.

'Waarom bel je ons niet?'

'Ik had mijn telefoon niet bij me.'

'Oké. Zorg alsjeblieft dat je je telefoon bij je hebt, mam. Ook in huis. Moet ze niet even langs de dokter, Son?'

'Nee hoor, ben je mal. Alles beweegt nog. Ik heb niks gebroken. Het zal wel weer helemaal blauw worden,' zegt mijn moeder nuchter.

'Oké. Son, bel me als je daar wegrijdt.'

'Ja.'

Een uurtje later belt Sonja me en houdt me aan de lijn. 'As, ze had dus de voordeur opengemaakt omdat ze dacht dat ze de kat buiten zag zitten.'

'Maar dat is niets voor mama, zomaar de deur openmaken,' zeg ik.

'Dat zei ik ook al. Je weet nooit wie er staat. En als ze dan alleen is...'

'Gaat het wel goed met haar, denk je? Laatst was ze die hamburger vergeten. Ik weet niet. Ik vind haar af en toe vergeetachtig.'

'Maar dat is toch niet vreemd op haar leeftijd?' zegt Sonja.

'Nee, als ze maar niet dement wordt, want dat wil ze niet, dat weet je. Misschien moet Fran alvast eens met de huisarts gaan praten? Hoe zij dat ziet?'

'Ze is niet dement, As,' zegt Sonja.

'Dat zeg ik ook niet. Ik wil alleen graag weten als het wel zo is, wat daar dan aan te doen is, want ik weet hoe vreselijk mama dat vindt.'

Vroeger bezocht ik dementerende cliënten voor mijn werk. Oudere mensen die niet meer in staat waren voor zichzelf te zorgen. Niet meer genoeg aten. Met vuur speelden. Zichzelf niet verzorgden. Mijn moeder ging vaak mee als ik deze cliënten bezocht en wachtte dan buiten in de auto op me. Als ik terugkwam in de auto vertelde ik haar wat ik binnen aan reddeloosheid en radeloosheid tegenkwam. Ze leefde mee. Herbeleefde de tijd met haar eigen moeder, die ook dement was en in een verzorgingstehuis zat toen ze overleed. Ze heeft haar tot aan de laatste dag haar eten gevoerd, omdat de verpleging er geen tijd voor had. Ze vond het vreselijk om haar moeder zo te zien. Zeventachtig is ze geworden. Haar jongere zus, mijn tante Betty, was inmiddels ook dementerende, maar ontkende dat tot grote ergernis van mijn moeder in alle toonaarden. Mama was bang dat het in de familie zat en dat het haar op een dag ook zou treffen.

'Je moet me beloven dat je een kussen op mijn gezicht drukt als ik dement word,' zei ze.

'En dan de bak in draaien zeker? Denk je dat dat zomaar kan? Nee, al zou ik het voor je overhebben, mam, dat gaat niet.'

'Dan ga ik het van tevoren regelen, dat ik euthanasie krijg,' zei ze vastbesloten.

Ik weet hoe bang ze is voor die aftakeling. En ik snap het. Ik moet er ook niet aan denken terug te keren naar mijn vreselijke jeugd. Eén keer die hel beleven is meer dan genoeg. Daarom ben ik ook alert op de signalen. Misschien te alert.

'Ze valt wel steeds vaker,' zegt Francis. 'Daar maak ik me wel echt zorgen om.'

'We moeten toch langzamerhand voorsorteren op dat ze bij een van ons gaat wonen.'

Dat wil ze nu nog niet, maar dat moment komt een keer. Ik ben al op zoek naar iets waar we met z'n tweeën kunnen wonen zonder dat we te dicht op elkaars lip zitten. Anders zijn we straks te laat als het wel nodig is.

Want mama heeft steeds meer momenten van de dag zorg nodig. Bij het opstaan, voor haar persoonlijke verzorging, bij het naar bed gaan. Te veel momenten op een dag voor ons om af en aan te rijden. Het gaat zo niet langer. Gelukkig vindt ze dat zelf nu ook.

Ik vind een woning waar ik samen met haar kan wonen.

'Hoe vind je het hier, mam? We hebben allebei een verdieping. Je hebt je eigen badkamer en een eigen terrasje voor je planten.'

'Maar ik kan die trappen niet op.'

'Jij neemt de begane grond, toch?'

'O nee, dat vind ik niks. Veel te donker.'

Ik kijk Sonja aan en zucht.

Ze lacht. 'Ja, jij wil zo graag met die ouwe wonen, dan zal je het weten ook.'

'Nee, zij wil niet bij jou wonen. Omdat jij zo ongezellig bent, Son. Bij jou gaan de lichten al uit om acht uur.'

'Wat moet ik in de woonkamer zitten als ik lekker in mijn bed tv kan kijken?'

'Omdat dat gezellig is als er iemand bij je woont.'

'Vind ik niet,' zegt Sonja.

'Maar mam, nogmaals, bedenk wel dat als je bij mij woont je geen bezoek kunt ontvangen. Dan moet je het alleen met mij doen. Dus geen Rich, geen Fran, geen Mil, geen Nora, geen tante Leen. Je kunt ze nog wel zien, want je houdt je huis aan, maar dan moet je wel speciaal een afspraak maken. Het spontane is er dan af. Weet je zeker dat je dat wil?'

'Ja, As, ik kan toch niet meer alleen zijn?'

'Nee, maar je kan er ook voor kiezen om bij Son te wonen. Of bij Gerard? Misschien vind je het fijner als hij voor je gaat zorgen?'

'Nee, ik wil bij jou.'

'Je kan ook een paar dagen in de week komen. Dat Son de rest van de week bij jou thuis langskomt. Dan kunnen we het spreiden,' opper ik.

'Nee, As, ik krijg mijn eigen sokken niet meer aan en uit. En ze kan moeilijk 's ochtends en 's avonds komen.'

'Wat moet, dat kan. Waar jij je het prettigst bij voelt, mam.'

'Dan kom ik bij jou. Maar dan wil ik wel de bovenverdieping.'

'Dan laat ik er wel een traplift in zetten.'

JANUARI 2022

Mama – De man met de rode muts

Mama woont inmiddels bij mij. We houden haar huis aan, zodat ze altijd weer terug kan als het samenwonen haar niet bevalt. Zo behoudt ze haar gevoel van zelfstandigheid, en ik vind het ook prettig dat we niet in een gedwongen situatie met elkaar zitten. Maar het gaat ons goed af. We kunnen onszelf zijn bij elkaar. En ik vind het fijn dat het nu mijn beurt is om voor haar te zorgen, na alles wat ze voor mij heeft gedaan.

Miljuschka appt vanaf haar vakantieadres.

M: Mama, hoe gaat het met oma?
A: Nog steeds niet helemaal lekker. Ze blijft hoesten.
M: Heeft ze geen antibiotica?
A: Ze heeft al een kuur gehad. Morgen weer even de dokter bellen. Hoe gaat-ie bij jou?
M: Lekker. We hebben het leuk. We houden van je en van oma. Kusjes van ons allemaal en zorg goed voor oma.
A: Doe ik.

Ik ga naast mama op bed zitten. 'Mam, je krijgt een dikke kus van Millie, Flip en de kids.'

'Wat lief. Hebben ze het leuk?'

'Ze hebben het heerlijk.'

Ze pakt mijn hand en legt hem op haar voorhoofd. 'As, moet je voelen hoe warm ik ben.'

'Je hebt weer koorts. Ik blijf bij je liggen vannacht.'

'Ga nou lekker naar je eigen bed, As.'

'Nee, ik wil je een beetje in de gaten houden.'

'Oké.'

Ze valt rustig in slaap. Om vier uur in de nacht wordt ze wakker. Ze is drijfnat.

'Zal ik even een schone pyjama bij je aandoen, mam?'

'Ja, fijn.'

'Kom maar iets rechter op, mam. Dan geef ik je eerst even twee paracetamol. Hier is water. Je koorts moet omlaag.'

'Ik heb weer een longontsteking, denk ik.'

'Ik denk dat hij nog niet weg is geweest. Je hebt meer antibiotica nodig, dat ga ik morgenvroeg gelijk regelen. Hier, drink nog wat, mam. Je moet vocht hebben.'

De volgende ochtend gaan Sonja en ik naar mama's arts. We vragen haar om een verlenging van de kuur, omdat de antibiotica onvoldoende aanslaat; ze houdt koorts en blijft hoesten.

'Je moeder heeft met mij besproken dat als de antibiotica niet werkt, ze geen antibiotica meer wil.'

'Ze zegt nu van wel.'

'Dat moet ik dan van jullie moeder horen.'

'Maar u weet toch dat een kuur van drie dagen vaak te kort is voor haar?'

'Ja, dat klopt. Maar ik wil haar toch zelf even zien. Ik ga vandaag nog bij haar langs.'

Sonja en ik kijken elkaar aan. Dat gaat niet, want ze is bij mij. En ik heb liever niet dat de dokter mijn geheime adres weet. Dit is een tegenvaller. Omdat mama altijd hetzelfde ziekteverloop heeft, hadden we verwacht dat we wel een recept mee zouden krijgen. Maar niet dus. Ik knik naar Sonja: bij jou? Ze knikt terug: moet maar.

'Kunt u dan naar mij toe komen?' vraagt Sonja. 'Ze ligt bij mij. U bent daar al eens eerder geweest voor mijn moeder.'

Op weg naar huis bespreken we de situatie. Sonja rijdt.

'Wat een gedoe dit, As. Die dokter kan toch wel gewoon een recept uitschrijven? Nou moeten we een hele toer uithalen.'

'Ja, hier hebben we even geen rekening mee gehouden,' zeg ik.

Als we even later de kamer binnenkomen, zit mama rechtop in bed.

'Je ziet er weer wat beter uit, mam.'

'Maar ik blijf hoesten. Ik hoest nog eens mijn longen uit mijn lijf.'

Sonja neemt haar temperatuur op. 'Geen koorts. Maar het is ochtend, die kan vanavond zomaar weer oplopen,' zegt ze.

'Neem toch maar een kuur,' zeg ik. 'Daarom wil de dokter je zien. Dus we gaan je even verplaatsen. Hou me vast.'

We tillen haar op de traplift naar beneden en rijden haar in de rolstoel naar Sonja's auto.

'En Snowy dan?' vraagt ze onderweg.

'Die kan niet mee, maar daar zorg ik voor. En we gaan zo snel mogelijk weer terug.'

'Ja, want dat arme beest kan niet de hele dag alleen zitten.'

'Komt goed, mam. Jij moet eerst wat beter worden. Daarom moet je straks wel tegen die dokter zeggen dat je nog een kuur wil. Jij hebt tegen haar gezegd dat je dat niet wil. Maar je moet de baby van Fran nog geboren zien worden.'

'Jazeker. Ik wil haar groot zien worden. Nou, dat zal moeilijk worden op mijn leeftijd. Eerst maar eens bij de bevalling zijn.'

'Dat moet je de dokter ook zeggen.'

We leggen haar thuis bij Sonja in bed. De dokter komt en mama maakt haar duidelijk dat ze haar achterkleinkind geboren wil zien worden. De arts verlengt haar antibioticakuur en Sonja haalt de medicijnen meteen op bij de apotheek.

'Hier, mam, neem in. Dan kan het gaan werken.'

Ze neemt de pil en valt weer in slaap.

Ik zit aan haar bed met mijn laptop op schoot te werken. Zo kan ik haar in de gaten houden. Ze ligt er zo kwetsbaar bij. Ik moet er rekening mee houden dat ook haar leven eens ophoudt en van die gedachte krijg ik tranen in mijn ogen. Ze wordt wakker. Ik wend snel mijn gezicht af, maar ze heeft het al gezien.

'Waarom huil je?' vraagt ze.

'Ik zou niet weten wat ik zonder jou zou moeten,' zeg ik.

'As, hou op, ik ben niet van plan om dood te gaan. Hou op, hoor.'

'Heb je wel een mooi leven gehad, of niet?'

'Met jullie wel.'

'Wij met jou ook. Weet je wel hoeveel we van je houden, mam? Besef je dat?'

'Nee,' zegt ze.

'Nee. Je hebt geen idee, hè?'

'Ach, As, ik ben gewoon een moeder.'

'Je bent veel meer dan gewoon een moeder, mam. Je hebt altijd alles voor ons gedaan en voor de kleinkinderen.'

'Maar ik vind dat dat hoort.'

'Weet ik, maar we zijn je wel heel dankbaar. Niet iedere moeder doet het zoals jij. We kunnen je echt niet missen.'

'Ja, maar dat is wel het leven.'

'Weet ik.'

'En zesentachtig is al een hele leeftijd.'

'Daarom wil ik dat je weet hoeveel we van je houden.'

'Oké, As, dank je wel.'

'Oké, mam, graag gedaan.'

Ze lacht. 'Ander onderwerp. Hoe is het met Snowy?'

'Met Snowy gaat het goed, ga maar weer lekker slapen, ouwe. Des te eerder kunnen we naar haar terug.'

En dat is nodig, want Snowy zit sinds we met mama vertrokken zijn voor de deur te wachten tot ze terugkomt.

'Zit ze er nog steeds?' vraagt Sonja.

'Ja, kijk maar.' Ik laat haar het camerabeeld zien van een wachtende Snowy.

'Zo zit ze al sinds gisteren en vannacht heeft ze op de deurmat voor de deur geslapen. Zo zielig. Ze mist mama echt. Dit is echt voor het eerst in jaren dat ze weer eens een lieve kat heeft.'

'Ja, maar die kat komt er bij mij toch niet in. Heb je gezien wat ze met jouw vitrage heeft gedaan. In één dag. Nee, het is een sloper. Ze wacht maar even tot jullie weer terug zijn.'

De volgende ochtend gaat het al iets beter met mama.

'As, zit die kat nou al de hele dag alleen?' vraagt ze.

'Ja, sinds gisterenochtend. Kijk, daar zit ze. Ze is nog niet bij de deur weggeweest.'

'Heeft ze wel te eten?'

'Ja natuurlijk, en voldoende water. Ik ga vannacht wel bij haar langs.'

'Graag, want dat vind ik zielig. Liever ga ik met je mee.'

'Blijf jij nou nog maar een dagje uitzieken.'

Die nacht sta ik om drie uur op. Het is pikkedonker. Als een dief in de nacht sluip ik Sonja's huis uit en ga richting mijn adres.

Het is doodstil op de weg. Als ik mijn sleutel in het slot steek, gilt Snowy alsof ze levend wordt gevild.

'Ssst, stil, gek beest. Je maakt de hele buurt wakker.'

Ik geef haar eten en vers water. Speel een halfuurtje met haar en ga terug naar Sonja, voordat de wereld – of beter gezegd: de onderwereld – wakker wordt.

Mama hoort me thuiskomen. 'Assie?'

'Ja?'

'Ben je bij Snowy geweest?'

'Ja.'

'Ging het goed?'

'Ja, ze heeft gegeten en gedronken.'

'O, fijn.'

Ik kijk op de camera's. Ze zit weer voor de deur te wachten. Wat een apart beest is het toch.

'Wanneer gaan we weer naar jouw huis?'

'Het is ook jouw huis, mam.'

'Jaja. Gaan we vandaag?'

'Morgen. Oké?'

Maar in de dagen erna knapt mama niet veel op. Ze blijft koorts houden. En hoesten. Alsmaar hoesten. Het put haar uit. Ze wordt steeds zwakker. De antibiotica slaan onvoldoende aan en de arts schrijft haar een andere kuur voor. We hopen dat deze wel aanslaat.

Ze slaapt de hele dag. 's Avonds om halftwaalf wordt ze wakker. 'Assie?'

'Ja?'

'Kom eens bij me zitten.'

Ik ga bij haar op bed zitten.

'Ik ben, je weet wel…' Ze beweegt haar hand van onder naar boven.

‘Uit de dood opgestaan?’

Ze knikt. ‘Ja. Er stond een man. Hij had een rood mutsje op en een puntneus. Hij wenkte me. Ik zwom naar hem toe. Hij zat op een soort glijbaan en ik zwom omhoog. Niet door water, maar door de lucht. Hij stuurde al die kinderen of dwergen weg en toen ik bij hem aankwam, was hij weg. En ik bleef leven. Jij hebt me teruggehaald door je goede zorgen.’

‘Nee, mama, dat was de antibiotica die begonnen te werken. Deze kuur slaat goed aan bij jou. Die moeten we een volgende keer gelijk vragen.’

‘Nee, As. Jij hebt me teruggehaald. Ik heb het toch zelf meegemaakt.’

‘Nou, mam, daar ben ik dan heel blij om.’

‘Geloof je me niet?’

‘Ja, zeker wel. Ik denk alleen niet dat ík je terug heb gehaald. Als in: dat je door mij nog leeft. Dat je nog leeft komt volgens mij echt door de antibiotica.’

‘Dat zou kunnen. Het was zo bijzonder, As, dat zwemmen door de lucht. Alsof ik zweefde. En ik voelde nergens pijn meer. Mijn voeten, mijn knieën, alles deed het weer gewoon. Het was zo mooi. Ik weet nu hoe het is om over te gaan van leven naar dood.’

‘Maar alsjeblieft de komende jaren nog niet, mam. We hebben je echt nog te hard nodig.’

Op het moment dat ik dat zeg, komt Sonja de kamer binnenlopen.

‘Ja, mam,’ zegt ze, ‘we kunnen je niet missen. Hoe voel je je nu?’

Mama glimlacht en zegt: ‘Veel beter, Son. Veel beter.’

FEBRUARI 2022

Lijst

Ik krijg een mededeling.

'Er circuleert een lijst waar jullie namen op staan. Die van jou en die van Son.'

'Dat is niet best.'

'Zeker niet.'

Ik spreek onmiddellijk met Sonja af.

'En nu?' vraagt ze.

'Nu niets. We kunnen niets doen.'

'Ik vind het eng.'

'Ik ook.'

'Vertellen we het de kinderen?' vraagt Sonja.

'Niet de details. We vertellen ze dat ze weer wat scherper moeten zijn. Dan weten ze genoeg. Mil moet ook goed oppassen. Proberen wat minder weg te gaan. Ik kan niet tegelijk voor mama zorgen en op haar passen.'

Ik spreek met Miljuschka af.

'Maar mam, die dreiging is op jou. Niet op mij. Je moet helemaal niet op mij passen. Ik heb je al zo vaak gevraagd daar eens mee op te houden.'

'Mil, ik ken hem. En de manier waarop hij wraak gaat nemen.'

'Hou op. Zorg voor jezelf, en voor oma. Ik kan wel voor mezelf zorgen.'

Ik denk daar anders over. Ze heeft geen idee. Ik heb haar altijd overal buiten gehouden: het geweld, de intriges, het dubbelspel, de onbetrouwbaarheid. Ik bewaakte haar onbevangenheid en dat komt me nu slecht uit. Maar ik laat het onderwerp voor nu even rusten. Ik weet hoe ze is; ik moet niet te veel druk zetten.

'Hoe is het met oma?' vraagt ze.

'Ze wordt langzaam maar zeker beter. En ze raakt niet uitgepraat over de man met het rode mutsje. Ik neem haar snel weer mee naar mijn huis. Ze vindt het prettig daar. Kan ze lekker met haar plantjes rommelen.'

'O fijn, geef haar een dikke kus.'

Mama's herstel gaat langzaam. Ze is weer bij mij, maar ligt nog steeds veel op bed. Ik zet warme chocolademelk met slagroom op haar nachtkastje, zoals ze die vroeger voor mij als kind ook maakte. Met pure cacaopoeder, suiker en water maakte ze een papje en goot daar de melk op. De slagroom klopte ze nog met de hand, totdat ik haar voor Moederdag een elektrische mixer gaf. Ze begint over Snowy en dat hij slagroom ook zo lekker vindt. En Poekie en Flippie, onze allereerste katten. Een rode kater en een siamees. Eenentwintig zijn ze allebei geworden. Ze houdt van de herinneringen aan haar katten. We hadden er vroeger op een bepaald moment zes thuis.

Mama strekt haar armen naar me uit. 'Help me even naar de wc, wil je?'

Ik pak haar handen en trek haar langzaam overeind, schuif haar benen voorzichtig over de rand van het bed en doe haar sloffen aan haar voeten. Ik leg mijn armen om haar bovenlichaam.

'Omhoog nu, mam. Eén, twee...'

Ik til, zij duwt en ze staat. Onvast. Wiebelig. Ik houd haar goed vast, draai naar haar zijde en schuif mijn arm door haar arm. Mijn hele leven loop ik al op deze manier naast haar. Het is hoe alle moeders en dochters in de Jordaan het doen. Arm in arm met hun moeder. Voetje voor voetje schuifel ik met haar naar de badkamer.

'As, ik leef niet lang meer.'

'Jawel, mam. Tuurlijk wel. Je wordt honderd.'

'Nee, echt niet.'

Ik voel de tranen opwellen. Ze staat stil en klemt haar arm vaster om mijn arm.

'Ik wil niet dat je verdriet hebt, As. Maar moet je kijken hoeveel ik ben afgevallen. Mijn pyjama slobbert om me heen.'

'Je bent net heel ziek geweest, mam. Je moet nu aansterken.'

'Kijk die rimpels in mijn gezicht.'

'Wat wil je dan? Er als twintig uitzien? Je bent zesentachtig.'

'Daarom. Hoeveel jaar zal ik nog hebben?'

'Omie wordt honderd, zegt Stientje altijd. En we hebben je nodig, mam. Fran gaat bijna bevallen. Je moet weer oppassen.'

Ze glimlacht.

Ik leg haar weer in bed.

'Je bent sterk, mam. Je wordt honderd. Dat moet.'

Ik kijk naar haar. Grote blauwe ogen in een ingevallen gezicht. De koorts heeft haar gesloopt. Ze pakt mijn hand, kijkt me aan en schudt haar hoofd. 'Ik wil niet dat je verdriet hebt, As.'

Die paar woorden beschrijven precies wie ze is. Ze wil altijd het beste voor mij. Denkt aan haar kinderen, niet aan zichzelf. Ik pak mijn notitieboekje en schrijf de zin op. Ik schrijf zo veel mogelijk op. Om zo veel mogelijk van ons samenzijn te bewaren voor later. Ik neem mijn gesprekken met haar op. Haar ademhaling als ze naast me ligt te slapen, zodat ik haar leven nog bij me kan hebben na de dood.

Ze kijkt me aan en lacht.

Ze heeft het me zo vaak zien doen. Altijd als ik bij haar was, nam ik mijn notitieboekje mee. Tijdens het schrijven van *Judas* heeft ze meegedacht en meegelezen. Het was mijn kans om haar de vragen te stellen die ik nog had. 'Nog één boek,' zei ik na *Judas*, omdat ik vond dat het verhaal van een tekortschietende overheid verteld moest worden. Ze las mee. Verontwaardigd. Boos. 'Nog één boek,' zei ik na *Dagboek van een getuige*, omdat ik de impact wilde beschrijven die het proces op onze familie had, en ik schreef *Familiegeheimen*. Zij las mee. Ging met mij terug in haar tijd.

'Wat heb je opgeschreven? vraagt ze, en ze knikt naar mijn notitieboekje.

Ik lees haar de zin voor: 'Ik wil niet dat je verdriet hebt, As.'

'Ga je een boek over me schrijven?'

'Misschien. Wil je dat?'

'Ik vind het goed, hoor.'

'Je verdient het wel. Om nooit meer vergeten te worden,' zeg ik.

'Zo bijzonder ben ik niet.'

'Dat ben je wel.'

Ze lacht. 'Begin je nou weer?'

'Ja, wie heeft nou zo'n lieve moeder?'

'Wie heeft nou zulke lieve kinderen?' Ze lacht.

In de avond gaan we naar beneden en kook ik voor haar. We zitten samen aan de eettafel en Snowy springt op haar schoot.

'Die kat is nu van jou.'

'Ja, gezellig, hè Snowy? Wil je sla, mam?'

'Nee, ach ja, doe maar een beetje. Zo is het genoeg. Ik lig er soms wakker van, hoor.'

'Waarvan?'

'Nou, dat als ik doodga, hoe dat dan geregeld moet worden. Ik weet dat het de realiteit is. Ik bedoel, ik ben zesentachtig, mankeer van alles. Ik weet heus wel dat ik het eeuwige leven niet heb.'

'Dat heeft niemand, toch. Wil je aardappeltjes? Veel mensen willen er niet over praten, want dan roep je het af.'

'O nee, nee. Ik niet, want ik zei toch tegen je: je hoeft niet te huilen hoor, As, want het is gewoon de realiteit.'

'Ja, je bent in een jaar tijd zes kilo kwijt. We moeten ook niet doen of er niets aan de hand is. Mayonaise, mam?'

'Graag. Nee, daarom, As. En dan heb ik het er toch liever over. Heb jij al wat geregeld voor als...'

'Ja. Flip heeft me aan iemand voorgesteld. Heel fijn mens. Ik wil het op mijn eigen manier. Ik vind het fijn dat ik weet dat ik in een kist ga die ik zelf heb uitgekozen. Wacht, ik zal hem je laten zien. Of vind je dat eng?'

'Ik niet, hoor. Pak mijn bril even.'

'Kijk. Zie je wat dat is? Dat is een kist van geweven wilgentakken. Opengewerkt. En dan in doeken van rozenbladeren.'

'Kan je dat zo kopen?' vraagt ze verbaasd.

'Ja, dat kan tegenwoordig.'

'Ongelofelijk, dat moet je ook maar weten. En wat is dit?'

'Binnenbekleding. Satijn. En fluweel,' zeg ik.

'Dat fluweel is mooi, zeg. Satijn is zo kil, koud. Fluweel is warmer. Rood fluweel.'

'Echt Jordanees.'

'Als je erover kunt praten, is het ook niet meer eng. Ik heb toch ook altijd tegen je gezegd als je ging huilen: er valt niks te huilen, want het is nu eenmaal zo...'

‘De dood hoort bij het leven.’

‘Zo is het. Die sla is lekker, hoor.’

‘Lekker, hè.’

‘Wat hebben ze nog meer, As?’

‘Van alles. Kijk maar. Deze kisten worden allemaal met de hand gemaakt. In elke kleur. Je kan er ook bloemen op laten schilderen of wolken of wat je maar wil. Alles kan.’

‘Als alles kan, wil ik wel een rode kist.’

‘Rood is mooi. Helemaal jouw kleur. Wil je nog wat mayonaise, of ketchup?’

‘Een beetje mayo. Ketchup ook. Dank je, lieverd. En ik wil niet in een vreemde vriezer. Laat me niet alleen.’

‘We laten je niet alleen, mam. We blijven bij je. Ik wil ook niet dat je bij vreemden ligt.’

‘Ik wil bij jou blijven, want Son vindt dat niks, een dooie in haar huis. Dat weet ik nu al.’

‘Maar mam, we hebben toch nog steeds jouw huisje? Daar brengen we je gewoon heen, daar kan iedereen komen, want het maakt niet meer uit dat het bekend wordt. Je woont er toch niet meer.’

‘Ja, maar in de dagen dat ik daar lig, kan jij daar dan niet komen en dat wil ik niet. Want hij snapt ook wel dat hij jou daar dan kan vinden.’

‘Dat ga ik wel met Ronald bespreken, hoe we dat moeten doen dan.’

‘En geen vreemde handen aan me dooie lijf.’

‘Geen vreemde handen, mam. Beloofd.’

‘Effe denken… Nog wat anders? Ja, en het moet niet zo zijn dat mijn haar ineens anders zit.’

‘We doen zelf je haar.’

‘Denk je dat Son dat durft?’ vraagt ze.

'Tuurlijk. Ze moet wel. We mogen je ook zelf mooi maken, als je dat wil.'

'Je bedoelt opmaken als ik dood ben?'

'Ja.'

'Dat wil ik.'

'Oké. Nog wat water?'

'Nee, dan moet ik weer de hele nacht mijn bed uit om te plassen, As.'

'Ik ben toch wel bang voor de dood, mam.'

'Weet je wat het is, As, je bent bang voor je nabestaanden. Dat is het. Voor de kinderen, de kleinkinderen.'

'Ja, dat is zo.'

'Zelf weet je het toch niet meer.'

'Eens. Wil jij nog wat sla?'

'Nee, neem jij maar. Misschien is de tijd nog lang niet daar, maar het kan ook zo afgelopen zijn.'

'Je hebt er niets van gemerkt dat je zo ziek was, dat vond ik wel prettig. Je was je er niet eens bewust van geweest als je was gegaan.'

'Ja, ik zie me nog zo wakker worden bij jou, toen ik die man met die rode muts had gezien. Weet je nog? Ik had zo dood kunnen gaan. Dat was ook prima geweest. Het was helemaal niet eng.'

'Vroeger was je wel bang voor de dood.'

'Ik was bang om alleen dood te gaan, zonder jullie bij me. Maar ik lig nu toch bij jou?'

'Je hebt het elke dag over die man met die rode muts.'

'Gek, hè? Het was ook zo maf. Zwemmen door de lucht. Eet smakelijk, As. Ik vind gewoon dat je erover moet kennen praten. Ik wil het er ook met de kinderen over hebben. Dat zou ik heel fijn vinden.'

'Ja.'

'Ook omdat ik al zo kwetsbaar ben nou. Dit is al de derde keer dat ik het overleefd heb. Maar weet je wat het is, ik ben sterk. Dat zei de dokter ook. "U bent zo sterk, mevrouw," zei ze. Lekker die aardappeltjes, hè.'

'Lekker knapperig.'

'Hoe vaak heb ik niet al longontsteking gehad? Dus ja, misschien ga ik nog een paar jaar mee, maar misschien ook niet. Dat weet je niet.'

'We hopen het, mam, en we hopen dat die laatste jaren zo gezellig mogelijk zijn. Daarom vind ik het fijn dat je hier bent.'

'Ik ook. Maar het gaat niet alleen om mij, het gaat ook om jou. Jij geeft je hele hebben en houden op door mij in huis te nemen.'

'Ik geef niks op. Het is geen opoffering. Ik heb jou liever hier, want als ik de hele tijd moet denken dat je thuiszit en ik niet naar je toe kan als je ziek bent, dat is pas erg. Of dat je geen eten in huis hebt, of de hele dag nog niemand hebt gezien, daar word ik heel ongelukkig van. Ik ben blij als we lekker samen kunnen eten, kletsen, televisiekijken. Ik heb er alleen maar mee gewonnen. En het is hier groot zat. We lopen elkaar niet in de weg, dat merk je toch.'

'Ja, ik heb geen last van je. Als ik dan zo'n buurvrouwtje zie, bij mij op de galerij. Geen verzorging, haar kinderen wonen in het buitenland, ze is hele dagen alleen...'

'We blijven altijd bij je, mama. We stoppen je nooit in een tehuis. We laten je niet in een vriezer gooien. En we laten je niet aanraken door vreemde handen. Wil je nog sla?'

'Nee. Ja, doe toch maar. Klein beetje. Nou, dat is fijn om te horen. Maar dat moeten we wel regelen dan. Kan ik ook eens met die begrafenismensen praten, As?'

'Ja, natuurlijk.'

'Dat vind ik fijn. Was Mil bij dat gesprek dat je met die mensen had?'

'Nee. Ze kon het niet aan.'

'Dat snap ik wel. Ze wil het niet weten.'

'Nee. Ze doet alsof het niet bestaat. Daarom kan ik het beter zelf vast regelen.'

'Ik vind het goed, hoor, dat je dat doet. Ik vind het ook fijn dat ik nu iemand weet die me daarbij kan helpen. Morgen gelijk regelen.'

'Welke kleur rood vind je mooi, mam, voor een kist?'

'Dat mogen die kleintjes uitzoeken. Nora, Stientje en Storm.'

'Laat Nora dat maar doen. Die weet altijd precies wat ze wil,' zeg ik.

De volgende dag ga ik met Sonja langs de Gamma om verschillende rode kleurkaartjes op te halen, en daarna door naar Nora om haar de kleur te laten bepalen. Ze kiest kauwgombalrood.

'Nou, die kleur rood is me een beetje te gortig, As. Ik sta niet op de kermis. Heb je nog een andere kleur? Meer bordeauxrood?'

'Ja, ik heb een heel pak. Hier.'

We gaan samen door de kleuren heen en uiteindelijk kiest ze voor historisch rood.

'En dan geef ik dit af, als het zover is, en dan maken zij de kist in die kleur.'

'Zo makkelijk. Niet te geloven. Dat moet je toch ook maar weten, dat dat bestaat. En dan gaan we toch ook nog wel zeggen wat ik aan moet?'

'Ja, zeg het maar.'

'Ga ik even met de meiden overleggen. Wat ze leuk zouden vinden. Leuk niet, maar passend bij mij. Dan zullen ze wel gaan huilen en zeggen dat het nog niet zover is. Nee, het is ook nog niet zover, maar ik ben zesentachtig, ik ben al drie keer op het randje geweest en als ik ga wil ik dat het gaat zoals ik het wil.'

'Jij hebt controle over jouw leven en je hebt controle over jouw dood.'

'Zo is dat.'

'Ik weet al wat ik het mooiste vind,' zeg ik.

'Wat dan?'

'Dat rode colletje met dat rode vest.'

'Ja? Zit ook lekker warm, haha.'

'Of dat groen staat je ook heel mooi, maar ik vind rood... dat ben jij.'

'Dat is dan geregeld, As.'

FEBRUARI 2022

Mama – Naar huis

'Ik heb de hele nacht excuses verzonnen waarom ik niet zou hoeven gaan,' zegt mijn moeder.

'Vind je het eng?' vraag ik.

'Ja, dat idee van een ander zijn bloed in mijn bloed, ik weet het niet.'

'Dat maken ze helemaal schoon, mam. Dat is niet zomaar bloed.'

'Maar ja, je weet toch nooit, met al die bacteriën daar in dat ziekenhuis.'

'Ik denk dat je er goed aan doet wel te gaan. Nu lig je zo vaak te slapen overdag. En daar krijg je weer nieuwe energie van.'

'Ja, ik doe het ook. Voor Fran. Ik wil nog met haar winkelen voor die kleine meid. Dat heb ik beloofd.'

'In het ziekenhuis kunnen we ook wat leuks kopen, daar hebben ze een hele stelling vol babyspullen.'

'Dat wil ik dan sowieso.'

'Daar kunnen we ook wat drinken.'

'O nee, dat vind ik vies met al die bacteriën. Als ik wat koop, moet Fran het ook gelijk wassen. Voordat die kleine wat krijgt.'

'Ik denk dat dat allemaal wel meevalt, mam.'

‘Door corona ben ik zo lang niet opgeroepen. Ik had al eerder moeten komen. Geen tijd voor. Het is toch wat, hè.’

Mama heeft al jaren lymfatische leukemie. Het is al die jaren al stabiel, maar nu heeft ze ernstige bloedarmoede en dat verklaart haar klachten: de moeheid, de vreemde smaak in haar mond en zelfs de vergeetachtigheid. Vandaag krijgt ze een bloedtransfusie. De arts dacht dat ze die al eerder had gekregen, maar doordat corona ertussen kwam, is het haar nooit aangeboden. We hopen dat ze hierna weer de oude wordt.

Ik ben al om acht uur met haar in het ziekenhuis. Ik zit naast haar aan haar ziekenhuisbed. Het infuus loopt al even en ik merk gelijk al een verandering. Ze krijgt weer kleur in haar gezicht en als de verpleegster de kamer verlaat, steekt ze een tirade af over de schandalige onderwaardering van het ziekenhuispersoneel.

‘Nou, dat gaat wel erg snel. Je krijgt gelijk alweer praatjes, hè mam?’

‘Ja, nou ga jij spijt krijgen dat je me in huis hebt genomen.’

‘Hahaha. Dat denk ik ook. Hoe ga ik het met je uithouden als je weer je gebruikelijke dominante zelf wordt?’

‘Eigen schuld. Je ken nu niet meer terug.’

Ik stuur Sonja een foto van een lachende mama op haar ziekenhuisbed.

S: Wat goed. Hoe lang moet ze blijven?
A: Tot twee uur.
S: Oké. Ik rij weg als jij ook wegrijdt.
A: Ik app je wanneer ik wegrij.
S: Oké.

We zijn thuis en mama is duidelijk merkbaar opgeknapt. Ze wil alweer ruzie met de buren zoeken omdat ze hun auto te ver voor mijn deur geparkeerd hebben. Ik heb mijn oude vertrouwde moeder weer terug. Lastig als altijd, gelukkig maar, dat heb ik gemist. We doen samen weer een rondje *Grace and Franky*, *Meiden die rijden* en *Gordon*. Ze praat honderduit en heeft weer commentaar op alles en iedereen, wat heerlijk.

Die nacht slaapt ze als een roos en de volgende ochtend, als ik beneden kom, staat ze al aan het aanrecht om koffie voor me in te schenken.

'Goedemorgen lieverd.'

'Een hele goedemorgen moeders. Wat zie jij er goed uit. Sokken ook zelf aangekregen?'

'Alles. Ik voel me een ander mens,' zucht ze opgelucht.

'Ik zie het! Dit moeten we vaker doen.'

'Wat ga je doen vandaag?' vraagt ze.

'Nou, mam, ik moet je wat vertellen.'

'Ik de paling, jij de vellen.'

'Ja, duidelijk, je bent er weer.'

Ze lacht.

'Fijn, mam. Even een paar praktische puntjes. Ik sprak Ronald net en hij zei dat als het zover is, het geen goed idee is om hier een lijkwagen aan de deur te laten komen.'

'Nee?'

'Nee, want als jij overlijdt zal dat waarschijnlijk de kranten wel halen en dan leggen de buren misschien het verband met die lijkwagen voor de deur. En dan weten mensen waar ik woon.'

'Slim van Ronald. En nu?'

'Ik heb die begrafenismensen gebeld en zij zeggen dat ik je ook zelf naar een uitvaartcentrum mag brengen.'

'Dat is nog beter. Scheelt misschien ook weer in de kosten. Maar past dat wel in je auto?'

'Ik denk het wel, dat moet ik meten. En anders nemen we Flip zijn auto, die is groter. Maar er is nog een probleem. Stel dat je hier plotseling in je slaap overlijdt, dan lig je boven. Kijk, als je ziek wordt, maken we gelijk beneden een bed op. Maar als het in je slaap gebeurt, dan moeten we je zelf van boven naar beneden dragen. Of je moet vanaf nu beneden gaan slapen.'

'Dat is zo ongezellig, ik word misschien wel honderd. Zit je al die jaren met een bed in je woonkamer. Je kan me toch op die traplift zetten?'

'Nou, dat lijkt me niet. Nu zegt die man dat we je dan in een lijkkleed kunnen leggen en dan zo naar beneden tillen. Zij maken van die kleden.'

'O, doe ook maar een rooie dan.'

'Ik ga er nu eentje ophalen. Eerst maar eens kijken hoe dat eruitziet. Son komt zo ook, mam. Als je wat hoort, dan weet je dat zij het is.'

Sonja is er als ik thuiskom.

'Kom eens mee naar boven, Son. Jij ook, mam. Ga hier eens in liggen, Son,' zeg ik en spreid het lijkkleed uit.

'Ben je gek? O nee, dat vind ik nieges.'

'Doe nou, dan kan ik voelen of ik het in mijn eentje kan tillen.'

'Gatver. Nee.' Sonja weigert.

'Doe nou niet zo stom. Ik moet toch weten hoe ik mama van boven naar beneden krijg als het zover is?'

'Dan zorg ik toch dat ik bij je ben. Dan tillen we haar samen,' zegt Sonja.

'Hè, Son, zeur niet zo, ga nou effe liggen!' roept mijn moeder. 'Jullie moeten toch oefenen?'

'Hè, mam, bemoei jij je er nou effe niet mee.'

'Dat zal lekker worden, het gaat toch om mij?'

'Oké, ik doe het al,' moppert Sonja. Ze gaat in het kleed liggen. Ik vouw het toe volgens de instructie die ik heb gekregen. 'Niet doen! Dan stik ik!' roept ze.

'Doe toch niet zo hysterisch,' zegt mama lachend. Ze schuifelt met haar rollator onze kant op. 'Ga maar opzij. Ik ga het wel proberen.'

'Nee, mam, jij kan amper op een stoel gaan zitten,' klinkt het gedempt vanuit het kleed.

'Ligt het lekker? Anders hoef ik hem niet, hoor,' zegt mijn moeder, en ze lacht.

'Hij ligt heerlijk. Maar niet helemaal dichtmaken, As, daar krijg ik het benauwd van.'

'Sorry, maar het moet even. Oké, dan ga ik je nu tillen.'

'Lekker stofje,' zegt mama als ze naar voren buigt en aan het katoen voelt.

'Wat blijf jij toch lenig, mam. Niet normaal. Alsof je geen hamstrings hebt.'

'Ja, hallo, kunnen we even bij de les blijven? Ik lig hier niet voor niks,' roept Sonja.

Mama lacht. Ik bind het kleed toe.

'Niet zo strak!' roept ze.

'Dat moet, anders vallen je armen eruit.'

Ik vouw het kleed dicht en probeer Sonja vanuit haar middel op te tillen. Ik krijg haar amper een paar centimeter van de grond af.

Mijn moeder giert van het lachen.

'Nou, leuk geprobeerd, maar dit werkt niet. Alleen red ik dat niet.'

'Maar ik help toch?' zegt Sonja. 'Met zijn tweeën redden we het makkelijk.'

'Jawel, dat lukt jullie wel,' zegt mama vol vertrouwen.

'En anders zien we dan wel weer, toch?' zegt Sonja.

'Nou, vooruit dan maar. Wat ik ook nog moet regelen, is dat er een arts komt die jou doodverklaart.'

'Wat? Vandaag? Haha.'

'Voor als je kassiewijle bent. Ik heb zo een afspraak met mijn eigen huisarts. Ik hoop dat hij het wil doen.'

Ik leg mijn arts uit wat we van plan zijn, maar hij schiet het plan meteen af. Hij kan het niet doen, daar zijn allerlei regeltjes voor. Tijdens kantooruren moet haar eigen huisarts het doen en daarna via de huisartsenpost. En we mogen ook niet zomaar haar lichaam van boven naar beneden verplaatsen; dat kan argwaan wekken en dus meer aandacht trekken.

'Nou, mam, dit gaat hem niet worden. Nu weet ik het ook even niet meer. We gaan de logistiek maar even bij Ronald neerleggen, misschien weet hij een oplossing.'

'Ach, als mijn kist maar rood is,' zegt ze glimlachend.

'Ja, rood en fluweelzacht aan de binnenkant,' zegt Sonja.

'Wat gaan jullie verder doen vandaag?' vraagt mama.

'Niks. Wil jij wat doen?'

'Ik heb zin in een broodje kroket. Kan dat?'

'Tuurlijk,' zegt Sonja.

Sonja en ik zijn allang blij dat mama zo opgeknapt is en dat ze eropuit wil. We willen alles wel voor haar doen. We vinden een lunchroom waar ze Van Dobben-kroketten verkopen. Als de ober onze bestelling brengt, plaagt ze hem met zijn accent. Ze is scherp en ad rem. Ze is weer helemaal de oude.

'Kunnen we even langs mijn eigen huis?' vraagt ze op de terugweg.

'Ja, natuurlijk.'

Met haar tempo blijven dit voor ons lastige momentjes, maar we laten haar niks merken.

Ze doet de deur open, loopt de woonkamer in en roept verrukt uit: 'Wat is het hier toch mooi. Kijk nou! Mijn planten! Die kleuren!' Ze loopt naar haar stoel, gaat erin zitten en barst spontaan in huilen uit.

'Mam, wat is er?'

'Ik weet niet. Ik vind het hier zo fijn. Ik wil naar huis.'

'Dat kan toch,' zeg ik.

'Dat wil ik jou niet aandoen. Die meiden zeggen dat je liever niet alleen bent. En je hebt zoveel voor me gedaan. Ik wil je niet in de steek laten.'

'Dat zeggen die meiden alleen zodat jij je niet bezwaard voelt dat ik voor je zorg.'

'Wat een doerakken!'

'Ben je nou al die tijd bij mij gebleven omdat je het zielig voor mij vindt dat ik alleen ben?'

'Nee, ook omdat ik het gezellig vind. En ik kon toch niks meer. Maar ik vind het hier thuis ook heerlijk. En nu ik zo opgeknapt ben...'

'Dan blijf je toch lekker hier, mam,' zeg ik.

'Echt?'

'Ja, natuurlijk. Wacht, ik zet de kachel even aan en dan ga ik je spullen halen.'

'Dat kan morgen ook wel,' zegt mama.

'Nee, ik ga het gelijk doen. Pas jij maar op Abbey. Kom op, Son, we gaan haar weer verhuizen.'

'Maar As, we kunnen niet weer de hele dag naar haar op en neer.'

'Als we nou eens een camera installeren? Kunnen we haar in de gaten houden en met haar praten. Zo doe ik het thuis ook met haar,' zeg ik.

'Wil ze dat?' vraagt Sonja.

'Dat moet. Straks valt ze. Mam, mag ik zo'n cameraatje neerzetten, die ik thuis ook heb? Waar ik Abbey mee in de gaten kan houden?'

'Ga je me nou als een hond behandelen? Grapje. Ja hoor, dat vind ik wel fijn. Voor als ik val of zo.'

Ik hang haar huis vol met camera's: een in de woonkamer, een op de gang, een bij de wc, een in de slaapkamer en een in de keuken. Zo kan ik haar dag en nacht volgen. En Francis ook. Zij krijgt ook de inloggegevens. Sonja wil ze niet. Zij wil haar moeder niet in haar privésituatie begluren.

Waar mama ook gaat, de camera's bewegen mee. En het allermooiste is dat we via die camera's met haar kunnen praten. 'Hé ma, ga je lekker slapen?' 'Goedemorgen mam, ben je wakker?' 'Ga je al eten?' Dan weer praat ze met mij, dan weer met Francis. Gewone dagelijkse conversatie, kletspraatjes, maar zij is er mentaal volledig door opgeknapt. En wij ook. Door die liveverbinding kunnen we elk moment van de dag monitoren of ze goed eet, of ze niet gevallen is, of ze zich niet lekker voelt. Ideaal.

'Begrijp jij nou waarom we dat niet jaren eerder hebben gedaan, Son? Ik heb ze zelf overal hangen, maar bij haar heb ik er nooit aan gedacht.'

'Mama had dit normaal gesproken nooit gewild. Daarvoor is ze veel te veel op zichzelf. Ze wordt echt oud.'

MAART 2022

Mama – Niet één keer gehuild

Weken geleden heeft mama voor de geboorte van baby Suus een wit babydekentje besteld. Vandaag halen Francis en zij het samen op. Die twee hebben een heel bijzondere band, gevormd door onze ongewone familiegeschiedenis.

Op 30 november 1983 slaap ik bij Sonja op de Nachtwachtlaan. Francis slaapt in haar wiegje in de babykamer naast ons. Ze is negen maanden oud als een arrestatieteam de voordeur uit de sponningen slaat en binnenvalt, op zoek naar Cor. Cor is er niet, maar Sonja, Francis en ik moeten mee naar het bureau. Als ik word vrijgelaten, neem ik Francis onder mijn hoede, want mijn moeder blijkt net als mijn broer Gerard ook te zijn gearresteerd. Als er diezelfde dag iemand van de Raad voor de Kinderbescherming komt en Francis van me wil afnemen, grijpt onze bovenbuurvrouw in en belooft voorlopig voor haar te zorgen. Bij haar is Francis veilig en toch dicht bij mij. Gerard komt vlak na mij vrij en mijn moeder niet veel later. Zij neemt de zorg voor Francis meteen over. Een aantal dagen later wordt Sonja vrijgelaten. Mijn moeder woont in die tijd in een tweekamerappartement in de Marco Polostraat in Amsterdam-West. Sonja moet uit haar woning op de Nachtwachtlaan en trekt met Francis bij haar in.

Na een paar maanden worden Cor en Wim opgespoord in Frankrijk en vastgezet in de Parijse Santé-gevangenis. Vanaf dat moment wordt Sonja's aandacht volledig opgeëist door alles wat er met en rondom 'de jongens' vijfhonderd kilometer verderop speelt. Behalve twee tot drie keer per week op en neer rijden naar Parijs om bij ze op bezoek te gaan, staat ze vierentwintig uur per dag paraat voor als zij kunnen bellen. Er zijn in die tijd nog geen mobiele telefoons en de jongens krijgen niet vaak de kans om te bellen, en als ze die dan hebben en Sonja is niet bereikbaar, breekt de pleuris uit, want even terugbellen kan niet. En dus zit Sonja de hele dag naast de vaste aansluiting te wachten of de telefoon gaat. Mijn moeder gaat met Francis naar buiten voor de nodige frisse lucht en de boodschappen.

Naast telefoondienst heeft Sonja tot taak Wims vrouwen te managen. Wim heeft in die tijd een fotomodel als vriendin, een prachtige, zelfstandige jonge vrouw die een onverwachte toekomst met een Heineken-ontvoerder niet echt ziet zitten. Wim kan die twijfel niet op prijs stellen en haar 'gefrustreerde gedrag' moet afgestraft worden. Sonja moet 'aardig' tegen haar blijven doen. Telefonisch, maar ook in verschillende brieven, geeft hij haar de opdracht in haar buurt te blijven. Voor Sonja een tijdrovende taak erbij. Het gaat precies zoals hij 'het hebben wil', maar Sonja moet het 'aardig doen' blijven volhouden totdat hij weer in Nederland is en bezoek van haar krijgt. Want als ze dan dichtbij is, kan hij haar 'harder trappen'. Tegelijkertijd moet Sonja het contact met zijn andere optie op afleiding onderhouden: Jannie, een rasechte Jordanese die zich niet heeft laten afschrikken door dat 'gedoe' met de Heineken-ontvoering. Hij hoort van anderen terug hoe vaak Sonja aandacht aan Jannie schenkt. Is het naar zijn zin genoeg, dan prijst hij Sonja met lieve woordjes. Vindt hij het te weinig, dan verwijt hij haar dat ze niet genoeg haar best doet en praat hij in op haar schuldgevoel; ze moet hem helpen, want hij zit daar opgesloten in de Santé-gevangenis en kan niks doen.

Die emotionele chantage werkt goed bij Sonja. Ze doet wat hij wil en hoe hij het wil, want al het contact moet wel binnen strikte kaders, om zijn hevige jaloezie en dus zijn woede niet te triggeren. Naar het strand gaan met zijn harem wordt niet gewaardeerd, want een badpak dragen is te bloot. Ergens wat drinken mag ze niet met zijn vrouwen, want hij wil niet dat ze met hen bij zo'n 'hoerenbende' gaat zitten. Net als voor mijn vader is in zijn beleving iedere vrouw geboren als hoer, en alleen met uiterst preuts gedrag laten ze zien dat ze netjes en trouw zijn. Het is aan Sonja om dat preutse gedrag te bewaken. Zo lijft Wim Sonja bij zijn leven in en komt de zorg voor Francis grotendeels op mijn moeder neer. Mijn moeder doet dat met liefde. Ondanks alle problemen om haar heen was het alsof ze een tweede kans kreeg; door de afwezigheid van mijn vader, de tiran die haar al haar vreugde tijdens de opvoeding van haar eigen kinderen had ontnomen, kon ze ongestoord van deze baby genieten en had ze er inmiddels een volwassen 'dochter' bij.

Ik ben achter ze aan gereden en zie dat Francis haar oma voorzichtig uit de auto helpt. Ik wil zo graag bij dit moment zijn, maar Francis kent de eigenaresse van de winkel van vroeger, dus ga ik naar binnen en doe me voor als klant. Als zij vraagt of ze iets voor me kan doen, antwoord ik dat ik eerst nog even rondkijk en dat ze eerst de twee andere dames kan helpen.

'Kijk eens oma, hoe mooi?' hoor ik Francis zeggen als ze het dekentje uit de doos haalt.

In sierlijke roze letters staat de naam 'Suus' bovenaan het dekentje geborduurd.

'En hier sta jij, oma.' Onderaan het dekentje staat 'Oma Stien' geborduurd. 'Zodat Suus jou nooit zal vergeten.'

Mama geniet.

Op de terugweg hoest mama af en toe en Francis geeft dat aan mij door als ze haar weer thuis heeft afgezet. 's Avonds hoor ik via de liveverbinding dat het hoesten erger wordt en de volgende ochtend zie ik op de camera dat ze moeilijker uit bed komt. Ze wordt toch weer ziek. Krijgt koorts. De dokter komt. Er moet vierentwintig uur per dag iemand bij haar blijven, anders moet ze naar het ziekenhuis. Ik ga weer bij haar op de bank liggen. Ze krijgt weer een antibioticakuur en knapt op. Maar voor hoe lang?

'Mam, ik wil terug naar huis. Ga je mee?'

'Ja.'

Terug in mijn huis rommelen we gezellig door, ze eet weer goed en we kijken naar de vrouwelijke vrachtwagenchauffeurs in *Meiden die rijden*. 'Stoer hoor, die meiden,' zegt ze vol bewondering. 'Moet je kijken hoe groot die wagens zijn.'

'Dat is ook wel wat voor mij, mam, om later te gaan doen. Kan ik Abbey meenemen. Lekker constant in beweging. Lijkt me wel wat.'

'Ik zie het jou wel doen.'

'Moet ik eerst mijn groot rijbewijs halen. Dat wilde ik lang geleden al. Door dat gedoe met woonruimte dacht ik: als ik nou een vrachtwagen ombouw tot woning, dan ziet niemand me en hoef ik niet steeds te verhuizen. Rij ik gewoon in de rondte.'

'Goed idee, waarom heb je dat niet gedaan?'

'Misschien doe ik het alsnog. Heeft een behoorlijk oppervlak, zo'n ding. Daarin kan je best lekker wonen. Kogelwerende ramen in het dak van de laadruimte. Lekker veel licht en niemand die je ziet.'

'Dat zie ik ook wel zitten.'

'Leuk. Samen op een roadtrip. Ik zag helemaal in het begin een gepantserde camper op internet staan. Geweldig ding, heel luxe. Als je ging slapen, kon je stroom op de deurhendels zetten. Als iemand dan naar binnen wilde, werd hij lichtelijk geëlektrocuteerd. Die had ik moeten kopen.'

'As, als je alles weet van tevoren, dan win je morgen de Staatsloterij. We moeten het maar nemen zoals het komt. Zullen we naar boven gaan?'

'Ja, is goed, mam.'

'Kom je nog even gezellig bij me liggen?'

Sonja appt.

S: Hoe gaat het met mama?
A: Goed, ik lig naast haar. Ik mag steeds niet weg.
S: Het is al kwart voor twaalf.
A: Ze wil de hele tijd praten.
S: Hahaha. Nou veel plezier.

Ik vind het heerlijk als mama tegen me praat.

'Het enige in mijn leven dat ik voor mezelf heb gedaan, is Cliff,' zegt ze.

Cliff is de man die ze als haar grote liefde zag. Een boomlange vent geboren in Frans-Guyana. Ze was pas kort bij mijn vader weg toen ze hem ontmoette op de markt waar ze werkte. Een verboden liefde. Verboden door Wim. Ze ontmoette hem stiekem in haar eigen huis.

'Weet je nog?' vraagt mama.

'Jazeker.'

'Hoe lang is het nou geleden dat Wim vastzat in de gevangenis in Parijs?'

'Bijna veertig jaar, mam.'

'Bijna veertig jaar. Ken je nagaan. Was ik een veertiger. Bepaalde hij ook mijn leven.'

Ik schreef Wim dat Stien, zoals hij mijn moeder altijd noemde, een vriend had. Hij liet daarop aan Sonja per brief weten dat hij van mij een verontrustend bericht had gekregen, namelijk dat Stien verdomme met 'zo'n vieze neger' ging. Dat was voor hem ontoelaatbaar, omdat Sonja en Francis regelmatig bij mijn moeder sliepen. Hij wilde niet dat Francis wat overkwam. Sonja mocht niet meer bij Stien slapen, omdat daar 'vieze tering negers' waren. Hij wilde ook niet dat Sonja Francis opvoedde in de buurt van negers. Hij dacht dat 'die Stien kinds' was geworden.

'Sorry, dat ik dat toen aan hem verteld heb, mam. Ik zag er geen kwaad in.'

'Daar hoef jij toch geen sorry voor te zeggen?'

'Typisch Wim dat hij jou gelijk een psychische aandoening opplakte. "Kinds", alsof je niet bij je volle verstand was.'

'Omdat ik niet deed wat hij wilde. Dan is iedereen gek, volgens hem.'

'Dat degraderen is een hele vervelende gewoonte van hem. Hij maakt Son en mij ook steeds uit voor psychisch gestoorden.'

'Omdat je niet doet wat hij wil. Zo is hij altijd geweest, als kind al. Maar ik deed wat ik zelf wilde.'

'Maar daar durfde je niet voor uit te komen. Je zag Cliff alleen stiekem.'

'Omdat ik bang was dat hij Cliff een knal voor zijn harses zou geven als hij hem tegenkwam. Dat wilde ik die arme man niet aandoen. Maar hij ging zelf met een Surinaams vrouwtje, die stripteasedanseres. Vreselijk lief mens. En dat was niet erg? Nee, hoor. Hij is niet goed bij zijn hoofd. Ik ben zo benieuwd of Cliff nog leeft.'

'Ik vond hem een heel lieve, zachtaardige man.'

'Hij was altijd heel rustig. Heel wat anders dan die vader van je.'

'Dat vond jij af en toe wel moeilijk.'

'Ik was dat niet gewend. Ik kende alleen maar schreeuwen, schelden en slaan. Maar hij bleef altijd kalm. Hij leefde ook alleen voor zijn kinderen. Net als ik. Deed alles voor ze. Wassen, koken. Dat vond ik toen heel apart. Dat deed een man niet, maar hij vond dat heel gewoon. Echt een hele lieve man. Weet je aan wie ik ook vaak denk? Aan Bart, van de meubelzaak, zou die nog leven?'

'Ik kan eens googelen.'

'Bart was ook altijd zo lief voor me. Ik verdiende vijfentwintig gulden per uur bij hem in de winkel. Kun je nagaan, toentertijd al vijfentwintig gulden. Nadat ik bij je vader was weggegaan, had ik geen piek. Hij heeft me toen zo goed geholpen.'

'Ja, heel lief. Ik kan zo niks vinden op internet. Wil je dat ik op zoek ga?'

'Ja, dat zou ik wel leuk vinden. Om hem nog een keer te zien.'

'Wil je een koppie thee, mam?'

'Nee, anders moet ik weer de hele nacht mijn bed uit om te plassen.' Ze kijkt enkele minuten stil voor zich uit, dan ineens zegt ze: 'Ik begrijp niet dat ik me altijd zo heb laten behandelen door je vader. Hoe kan dat nou?'

'Het was een heel andere tijd, mam. Je kon niet weg. In die tijd werkten vrouwen amper buitenshuis. Je had geen geld, geen opleiding, waar moest je heen met vier kinderen?'

'Maar toch.' Ze draait haar gezicht naar me toe. 'Weet je, As, hij heeft me altijd geslagen, maar ik heb niet één keer gehuild.'

Ik weet niet wat ik hoor. Dit heb ik me altijd al afgevraagd. Hoe heb je jezelf dit kunnen laten aandoen? Hoe heb je het kunnen verdragen? Ik had allerlei verklaringen gevonden waarom ze deze tiran niet verliet. En dat waren allemaal omstandigheden buiten haarzelf: inkomen, huisvesting en vier kinderen. Maar nooit had ik antwoord gekregen op de vraag hoe zij als persoon kon verdragen wat mijn vader haar allemaal aandeed. Het vernederende van de klappen. Zijn onophoudelijke geschreeuw. En nu, op de valreep van haar leven, geeft ze me het antwoord waar ik altijd naar heb gezocht.

Ineens snap ik de woorden die mijn vroegere therapeut Liesbeth jaren geleden tegen me zei toen ik haar vroeg waarom mijn moeder dat allemaal maar pikte. 'Jouw moeder kijkt op je vader neer.' Kijkt ze op mijn vader neer? dacht ik toen. Hoe kun je op iemand neerkijken als hij fysiek mijlenver boven je staat? Je met twee rake klappen onderuit slaat? Maar dit bedoelde Liesbeth dus. Doordat zij zich superieur aan hem voelde, maakte dat slaan hem kleiner, minderwaardig. Hij sloeg haar, maar het raakte haar niet, zij gaf geen kik. Hoe meer hij sloeg, des te meer ze op hem neerkeek.

In een flits ga ik terug naar de keren dat ik mijn vader over haar heen gebogen zag staan. Dat hij haar stompte op haar hoofd, in haar gezicht. Het is waar, ze schreeuwde van de pijn, maar ze huilde niet. Het gehuil in huis kwam van ons, de kinderen. Wij huilden als zij geslagen werd, als wij geslagen werden. Dan sprong zij ertussen en schreeuwde: 'Hou op!' Doordringend, in paniek. Maar ze huilde niet, ook niet na afloop wanneer ze de blauwe plekken in haar gezicht verhulde met make-up. Mijn vader kreeg mijn moeder er nooit onder.

Even word ik boos. Kwaad, omdat ik door een hel moest met die man, terwijl zij daar minder last van had gehad. Woest ben ik. Daarom is ze al die jaren bij hem gebleven. Is ze zelfs nog een keer naar hem teruggegaan, terwijl hij mij nachtenlang terroriseerde. Wakker hield. Me ertoe bracht hem te willen vermoorden. En zij voelde dit niet? Zij voelde niet de angst die ik voelde als hij weer met haar begon? Mijn angst dat hij haar dood zou slaan, die keren dat ze bloed uit haar longen spuugde? Ik ben des duivels. Zag ze niet wat het met ons deed? Begrijpt ze niet dat daarom haar oudste zoon een monster is geworden?

Ik sta op.

'Wat ga je doen, lieverd?'

'Thee maken.'

Beneden ga ik voor de spiegel staan, en ik hoor Liesbeth zeggen: *gevoelens van superioriteit zijn een verdedigingsmechanisme.* Het was voor mijn moeder de manier om de situatie met mijn vader te overleven zonder er zelf aan onderdoor te gaan. Ik realiseer me dat ik het als kind niet anders heb gedaan. En het waarschijnlijk nog altijd doe.

Elke avond na het eten gingen mijn ouders een wandeling maken. En dan begon het 'katjesspel'. Mijn broer Gerard kwam achter me aan, werkte me tegen de grond, klemde zijn arm om mijn nek en begon druk te zetten. Net als mijn vader eiste hij zijn macht op. 'Wie is de baas? Zeg het, of ik stik je!' Ik kon weinig uithalen. Hij was twee jaar ouder en daardoor kon ik mezelf pas bevrijden als hij besloot te stoppen. Maar net als mijn moeder gaf ik geen krimp. Gaf nooit toe. Zei niet wat hij wilde horen. Liet geen traan. Ik vond hem maar een zielenpoot. Schuw en verlegen. Buitenshuis een wezel, binnenshuis een tiran. Net als mijn vader.

Ik moet destijds de reactie van mijn moeder hebben gekopieerd. Ik moet hebben gezien hoe zij het deed, maar ik ben me er nu pas van bewust dat ik het ook deed. Precies hetzelfde als zij. Ik keek op Gerard neer en daardoor heb ik geen last gehad van zijn nare gedrag. Mijn moeder plaatste zichzelf ver boven mijn vader en zij heeft geen trauma aan hem overgehouden. Net zoals ik geen trauma aan Gerard overhield. Maar het had makkelijk gekund. Als ik zijn gedrag te veel op mezelf betrokken had, ook maar een seconde had geloofd wat hij mij wilde laten geloven, namelijk dat zijn kindertrauma in mij zat. Dat hij dat trauma kon verslaan door mij te slaan of te knechten.

Mijn moeder heeft me geleerd om superieur te zijn. Niet vanuit een minderwaardigheidscomplex, maar vanuit een goed gevoel van eigenwaarde. Superieur aan het traumagedrag van de stakkers om ons heen. En ik ben blij dat zij daar niet onder geleden heeft, dat ze mij heeft geleerd daar niet onder te lijden. Ik begrijp haar nu. De cirkel is rond.

Ik loop naar boven met een kop thee in mijn hand. Ze is in slaap gevallen en snurkt zachtjes. Ik ga bij haar liggen, geef haar een kus op haar voorhoofd en val naast haar in slaap.

De volgende ochtend ben ik ontbijt aan het maken als ze naar beneden komt.

'Ik heb tijgerbollen afgebakken, mam. Wil je ook?'

'O, lekker. Ze zijn nog warm. Ja, doe maar een keertje.'

Ze eet een halve met een dikke laag boter en gekookte worst uit de Jordaan.

'Neem nog een halve. Weggooien is zonde.'

'Weet je wat zonde is, As?'

'Nou?'

'Boter op je kont smeren en droog brood vreten.' Ze kijkt me ondeugend aan.

Ik glimlach. Ik hou van haar gezegden.

Als we klaar zijn met eten, ruim ik de borden af en zet ze in de gootsteen. Ze komt met haar rollator naast me staan. 'Laat mij de afwas maar doen.' Ik zie haar op het aanrecht leunen om haar evenwicht te bewaren. Zich vastpakken aan de spoelbak om niet om te vallen. Zo vaak in mijn leven heb ik naar haar gekeken als ze bezig was in de keuken. Groot, fors, stevig op haar voeten. Aards. Ik zie mezelf weer naast haar staan in het kleine, krappe keukentje op de Eerste Egelantiersdwarsstraat. Als klein meisje mocht ik haar helpen het zand uit de andijvie te wassen voordat ze het bij de aardappels in de pan op het vuur gooide. En na het eten hielp ik haar afwassen. Dan zette ze een teiltje in het gootsteentje met crèmekleurige tegeltjes en liet het vollopen met gekookt water om de afwas mee te doen, terwijl ze door de muur heen praatte met tante Loes van het huis ernaast.

Nu stroomt er warm water over haar handen terwijl ze de afwas doet, zoals ze dat in haar leven misschien wel een miljoen keer heeft gedaan. De manier waarop ze een doekje over het aanrechtblad haalt, zoals alleen mijn moeder dat kon maar bijna niet meer kan. Het aanrecht is kraakhelder op pure wilskracht. Ze waggelt naar me toe, ploft uitgeput naast me in haar stoel en valt in slaap.

Als ze twee uur later wakker wordt, kijken we samen naar een aflevering van *Grace and Frankie*. Ik heb de bank zo opgesteld dat haar sta-opstoel tussen twee bankdelen staat. Zo zitten we toch naast elkaar.

'Wat hebben we het gezellig, hè?' Ze kijkt me aan. 'As, ik kan niet meer naar huis. Ik kan het niet meer.'

'Dat hoeft ook niet, mam.' Ik leg mijn hand op haar hand. 'Je blijft bij mij.'

'Ja. Ik kan het allemaal niet meer zelf.'

'Ik weet het.'

Ze knijpt in mijn hand. 'Wie heeft nou zulke lieve kinderen?' vraagt ze.

'Wie heeft nou zo'n lieve moeder?' Ik knijp terug.

In de avond gaan we verder met *Grace and Frankie* en lachen ons gek om 'die twee ouwe wijven', zoals ze Jane Fonda en Lily Tomlin noemt. We kijken aflevering na aflevering.

'Help je me even naar boven?' vraagt mama na een tijdje. 'Het is al laat.'

'Ja, elf uur. Kom op, we gaan naar bed.'

Ik breng haar naar de gang en help haar op het stoeltje van de traplift.

'Klaar voor?'

'Ja, daar gaan we.'

Boven help ik haar haar toilet maken en haar pyjama aantrekken. Ik breng haar naar bed en ga nog even naast haar liggen.

'Hoe laat is het?' vraagt ze.

'Halftwaalf.'

'O, het is nog vroeg. Zullen we er dan nog eentje?'

'Vooruit, nog een.'

Ik zet een volgende aflevering van *Grace and Frankie* op. Ze valt met de tv aan in slaap.

Midden in de nacht hoor ik haar hoesten en ik loop de trap op om te kijken hoe het met haar gaat.

'Mam? Ben je oké?'

'Weer dat gehoest. Ik word er gek van.'

Ze voelt warm aan.

'Ik ga even je koorts meten. Je hebt 38,5. Het is nu drie uur in de nacht, ik ga morgenochtend gelijk de dokter bellen voor een kuur.'

Ik geef haar een paracetamol en ga naast haar liggen om haar in de gaten te houden. Ze ademt weer rustig en snurkt zachtjes.

Om zes uur gaat ze rechtop in bed zitten. Ze staart wezenloos voor zich uit.

'As?'

'Wat is er, mam?'

'Leeft Wim nog?'

'Leeft Wim nog? Ja natuurlijk, mama. Hij zit toch weer vast?'

'Potverdomme, alweer?'

'Ja, weet je dat niet meer dan?'

Ze aarzelt. 'Jawel, hoor. Ik was het alleen even vergeten.'

Vijf seconden later zegt ze: 'Waarvoor zit hij nou weer vast?'

'O, voor allerlei gezeik. Je weet toch...'

'Ja. Het is toch ook altijd wat met hem, hè?'

'Altijd wat.'

'Ik word toch niet dement, hè As? Omdat ik dat effe kwijt ben?'

'Jij dement? Nooit. Dat is de koorts. Die frituurt je hersenen.'

'O, gelukkig, want je weet...'

'Ja, dat weet ik, mam. Dat wil je niet.'

We hadden die discussie in het begin van het jaar al gevoerd. 'Dat is nou net het probleem van dementie, moeder. Zodra je dement bent, kun je dat niet meer beslissen, omdat je dan je eigen wil niet meer kan bepalen,' zei ik toen tegen haar.

'Ja, dat zal lekker zijn. Dat ik niet eens over me eigen leven mag beslissen. Ik ga dat toch eens aan de dokter vragen.'

Een dag later wilde ze dat we bij haar kwamen. Francis had de dokter voor haar gebeld.

'Ik ga een euthanasieverklaring tekenen, ik wil dat jullie erbij zijn.'

Sonja, Francis en ik zijn bij haar.

'As, neem het maar op. Als jullie de stekker eruit moeten trekken, kan daar achteraf nooit gelazer over komen.'

'Filmen is beter,' zegt Sonja.

Mama gaat aan tafel zitten. Papieren voor zich, pen in de hand.

'Ja, maar zo zie je niet wat ze tekent,' zeg ik. 'Dat kan van alles zijn.'

'Mam, lees maar voor wat je tekent.'

Ze leest voor. Haar stem is vast en overtuigd. Voor Sonja, Francis en mij is het een emotioneel moment. Mama is er nuchter onder. Ik kan mijn tranen niet bedwingen, maar zij is onbewogen. Doelgericht is ze bezig met het doornemen en invullen van haar verklaring. Ze wil tot aan de laatste dag de controle over haar eigen leven houden.

'Vooral voor als ik dement word. Kan ik dat nog ergens neerzetten?'

'Ja, daar bij bijzonderheden.'

'Bij wijze van dementie,' zegt ze hardop, en ze zet haar handtekening onderaan het papier. 'Zo, is dat ook weer geregeld.'

MAART 2022

Mama – Corona

Ik bel Sonja. 'Son? Mama heeft corona. Ik heb haar net getest.'

'Ik heb het je toch gezegd, As? Zodra je naar een ziekenhuis gaat, word je besmet. Ben ik al die jaren zo voorzichtig geweest,' zucht mama tussendoor.

Twee dagen later heb ik het ook. Het is mega pijnlijk; mijn keel, neus, oren en longen voelen alsof ze in de fik staan. Ik kan er niet door slapen.

'Je moet me helpen, Son. Ik kan niet alleen voor mama zorgen. Ik ben te ziek. Haal ons maar op. Snowy kan naar Mil.'

Sonja haalt ons op en heeft een dag later ook corona. We verzorgen elkaar en mama, zoals de lamme de blinde helpt. Francis doet de boodschappen voor ons. Ik ben na vijf dagen redelijk opgeknapt. Mama heeft geen koorts meer, maar hoest nog wel. Sonja is astmapatiënt en heeft het zwaar.

'Liggen we dan met zijn drieën,' zegt mama.

'Gelukkig valt deze variant mee, mam. Je bent er nog.'

'Wil je een ijsje, mam?' vraagt Sonja. 'Of een beetje water?'

'Water.'

'Fran komt zo, mam, dan weten we hoe lang het nog duurt voordat de baby er is. Zo leuk!'

‘Ik vind het zo erg dat ik niets voor haar kan doen. Ik lig alleen maar ziek te zijn. En die meid heeft het al zo druk. Moet je kijken, er is bijna niks meer van me over.’

‘Laten we van dat astronautenvoeding proberen,’ opper ik. ‘Dat is heel calorierijk en dan sterk je wat sneller aan. Ik vraag aan Fran of ze wat kan meenemen.’

Fran komt even later terug van de vroedvrouw en heeft de astronautenvoeding bij zich. ‘Ik heb bosvruchtensmaak genomen, oma.’

‘Ik vind alles goed, lieverd. Hoe lang denk je nog voordat ze geboren wordt, Fran?’ vraagt mama.

‘Ja, nog wel even, oma. Veertien dagen of zo.’

Mama legt haar hand op Francis’ buik. ‘Ze komt als ze er klaar voor is, Fran. Geef mij eens een slokje van dat spul, As. Ik moet aansterken voor Suus.’

Miljuschka belt en ik loop de kamer uit. ‘Hoe gaat het met oma?’ vraagt ze.

‘Weer iets beter. Gisteren was ze aan het overgooien met Nora. Met links, hè, terwijl ze rechts is. En ze nam nog een bord lasagne. Maar ze hoest nog steeds. Last van haar keel. Dat scherpe wat ze hiervoor had.’

‘Misschien toch weer longontsteking?’ vraagt Miljuschka.

‘Misschien. De dokter komt zo.’

‘Ik hou zoveel van oma. Ze is zo sterk. Ze knapt wel weer op, mam.’

‘Ja. Gaat het wel goed met jou? Je klinkt zo... ik weet niet. Wat is er?’

‘Ik wilde het je eerst niet vertellen, omdat je zo druk bent met oma, maar Ronald belde. Er is een dreiging. Hij kon er verder niets over zeggen, maar ze nemen het wel serieus.’

‘Op jou?’

'Ja.'

'Oké. Heeft hij gezegd uit welke hoek?'

'Nee, hij beschikt alleen over deze informatie.'

'Oké. We moeten toch aan andere oplossingen gaan denken, Mil. Dit kan zo niet langer.'

Ik word verscheurd. Miljuschka is net gewaarschuwd, maar ik ben bij mama.

'Ik moet naar Mil, mam,' zeg ik tegen mijn moeder zodra ik heb opgehangen. 'Fran blijft even bij je.'

'Is er iets dan?'

'Nee, ik moet even wat ingrediënten halen. Ze heeft opnamen en kan daar niet uit weglopen.' Ik ga mama nu niet belasten met deze wetenschap. Dat heeft geen zin.

'Ik ga mee,' zegt Sonja, die doorheeft dat er wat aan de hand is.

Sonja rijdt. Onderweg licht ik haar in en app Ronald.

A: Ronald, ik weet het al van de dreiging.
R: ?
A: Van Mil
R: Welke?
A: Even serieus. Hoezo ?
R: Ze zou niets zeggen
A: Hoeft niet
A: Moeders weten alles

Ik bel hem. 'Er moeten nu echt maatregelen genomen worden, Ronald. Dit is niet langer verantwoord. Nu gaat het om een kind, een onschuldige buitenstaander. Zij heeft hem niets gedaan. De staat kan niet langer wegkijken.'

'Ik ga overleggen,' zegt hij.

Ik bel Miljuschka. 'Kan ik je heel even spreken?'

'Ja, ik ben wel aan het filmen, maar kan even weglopen als het moet,' zegt ze.

'Zijn er mensen in het washok?' vraag ik.

'Nee.'

'Ga ik buitenom, app je als ik binnen ben.'

'Oké. Tot zo, mam.'

Als ik bij Miljuschka ben, woedt er een storm van woede en onmacht in me. Tegelijkertijd voel ik me schuldig. Miljuschka is er vrij rustig onder. Ik houd haar vast.

'Dit had je allemaal al voorspeld, mam. Niks nieuws, toch?'

Ik zie aan haar ogen hoe verdrietig ze is. Ik ben verslagen.

Sonja staat naast me, haar ogen betraand.

'Jullie moeten weer naar oma,' zegt Miljuschka. 'Ik ben oké, mam. Ga maar.'

'Zeker weten?' zeg ik.

'Ja, en zeg maar niks tegen de rest. Ik kan nu even geen vragen aan, want ik heb toch geen antwoorden.'

'Nee, we zeggen niks,' zeg ik. Tot gauw, lieverd.'

In de auto kijk ik stil voor me uit. Ik weet me geen raad. Vanaf het moment dat ik zwanger werd, is Miljuschka alles waar mijn leven om draait. Zij is de reden dat ik ben gaan studeren, dat ik advocaat ben geworden.

En zij is de reden dat ik Wim heb laten leven.

Sonja en ik legden al twee jaar lang in het diepste geheim verklaringen af over Wim. Al die tijd liep ik met hem rond. Letterlijk. Uren wandelden we buiten, omdat hij dacht dat we daar niet afgeluisterd konden worden. Hij wist niet dat ik tijdens die wandelingen mijn gesprekken met hem opnam om bewijs te verzamelen van zijn misdaden. Ik was continu bang dat hij mijn afluisterapparatuur zou ontdekken tijdens weer een fouilleeractie, omdat 'controle geen wantrouwen' is. Ik zocht hulp bij justitie. Vertelde ze wat hij deed en nog van plan was. Maar justitie greep niet in. Ik was op, uitgeput van de stress. Ik kon zijn gepraat over de dood niet meer aan. De grijns om zijn mond als hij Sonja angst aanjoeg. Anderen bang maakte, omdat iedereen 'wel wist wat hij deed' en dan met zijn hand een pistool uitbeeldde. Ik zag geen oplossing meer. Het ging van kwaad tot erger met hem en justitie greep nog steeds niet in. Ik moest iets doen. En het enige wat ik in mijn wanhoop nog kon verzinnen, was dat ik hem dood wilde. Maar wat mij tegenhield, waren de woorden van Miljuschka: 'Mam, ik wil geen moordenaar als moeder.'

Zij heeft hem gespaard en nu moet ik bang zijn haar te verliezen.

'Het is toch te gek voor woorden dat Mil geen bescherming krijgt,' zegt Sonja woest.

'Ik weet het. Die machteloosheid, omdat je afhankelijk bent van justitie; het vreet me op vanbinnen.'

'En nu?'

'Ze kan zo echt niet meer naar RTL *Boulevard*, dat is levensgevaarlijk. Ik moet zelf iemand vinden die haar wil beveiligen.'

'Maar dan weet je niet wat je in huis haalt, As. Dat is misschien nog riskanter.'

'We moeten iets, ik ga niet zitten wachten tot er iets gebeurt,' zeg ik.

'Ja, maar laten we het er niet over hebben waar mama bij is.'

'Nee, zeker niet. We vertellen het haar niet. Dat trekt ze niet.'

We rijden de straat in naar Sonja's huis. Ze mindert snelheid en wijst. 'Kijk, As, paarden. Die koets die daar aankomt.'

Ik schrik. Het is exact dezelfde lijkkoets waarmee het lichaam van Cor is vervoerd. Getrokken door acht Friese paarden. Alles exact hetzelfde, behalve de kleur. De kist van Cor was wit met witte paarden en deze is zwart met zwarte paarden.

'Wat doet dat ding hier, die koets komt uit Friesland,' roept Sonja.

We zijn verbijsterd. Sinds Cor twintig jaar geleden is overleden, hebben we nooit meer zo'n koets gezien.

'Dit is een teken. Er gaat iemand dood,' zegt Sonja.

'Hou op! Wat zeg je nou? Doe niet zo stom.'

'Nee, zo bedoel ik het niet. Ik bedoel Wim. Hij gaat dood. Kijk maar. Cor was wit en hij is altijd al zwart geweest.'

Eenmaal thuis gaan we bij mama zitten. Ze zit rechtop als we binnenkomen.

'Is er iets, As?'

'Nee, niets, mam. Wat zou er moeten zijn?'

'Ik zie het aan je. Er is iets.'

'Nee, mam. Ik heb alleen een beetje last van mijn maag.'

'O. Heb je al wat gegeten?'

'Ik ga wat pakken. Ik heb nog wat lasagne van gisteren. Wil jij ook?'

'Een klein beetje proberen misschien.'

'Oké.'

In de keuken komt Sonja naast me staan. We kijken elkaar aan en gebaren. *Hoe kan het? Ze ziet ook alles aan ons.*

Als ik terugkom met een kommetje lasagne, ligt ze te slapen. Ik ga naast haar liggen.

Na een kwartiertje wordt ze wakker. 'Waar is die jongen?' vraagt ze.

'Rich?'

'Ja, Rich.'

'Hij is met Royce eten.'

'Royce. Die arme jongen. Gelukkig hebben ze elkaar.'

MAART 2022

Mama – Lieve mama

Er wordt aangebeld. Het is de dokter.

'Komt u binnen,' nodigt Sonja hem uit. 'Mijn moeder ligt in deze kamer.'

De dokter onderzoekt mama. Sonja, Francis en ik kijken toe.

'Is het ernstig, dokter?' vraag ik. 'Ze eet zo weinig. We proberen het met astronautenvoeding, maar ze vindt niets lekker.'

'Ze krijgt het niet weg,' licht Sonja toe.

'Maar ze drinkt wel,' zeg ik.

'Ze gaat toch niet dood?' vraagt Francis.

'Daar kan ik niets zinnigs over zeggen,' zegt de dokter. Hij is heel vriendelijk.

'Vanmorgen hebben we nog de babykleertjes bekeken,' zegt Francis.

'Mevrouw is al oud.'

'Maar ze wil nog zo graag haar achterkleinkind geboren zien worden,' zegt Francis.

'Over het algemeen bepaalt de wil wanneer iemand doodgaat.'

De dokter vertrekt en Sonja, Francis en ik zitten bij mama op bed. Ik bel Miljuschka en zet haar op speaker.

'Wat zei de dokter?' vraagt ze.

‘Oma’s wil bepaalt wanneer ze doodgaat,’ zegt Francis. ‘Dus oma gaat voorlopig nog wel een paar jaar mee.’

‘Ja, dat is een hele geruststelling. Oma’s wil is ijzersterk,’ zegt Miljuschka.

‘Krijg je Suus eindelijk te zien, oma,’ zegt Francis.

‘Ik heb haar al gezien, Fran.’

Francis veert op. ‘Echt, oma?’

‘Ja, lieverd.’ Mama legt haar hand op Francis’ buik. ‘Vannacht was ze bij me.’

‘Is ze mooi?’ vraagt Francis.

‘Ze lijkt op mij.’

Francis legt haar hand op die van mijn moeder. ‘Wat ben ik daar blij om,’ zegt ze huilend.

Mijn moeder kijkt Francis aan. ‘Blijf je nog even bij me zitten, Fran?’

Francis knikt. Hun handen rusten nog steeds op Suus. ‘Ik hou van jou, Fran,’ zegt mijn moeder, en de intense liefde waarmee ze die woorden uitspreekt, gaat alle liefde voorbij. Sonja en ik laten ze in dit moment dat van hen is en gaan de kamer uit.

Ik zit in de huiskamer. Na een uur bij mama te hebben gezeten, komt Francis de kamer in. ‘As, oma roept je.’

‘Ja, ik ga bij haar liggen. Ga jij naar huis?’

‘Ja, ik kom morgen weer.’

Ik ga op de rand van mama’s bed zitten. Ze ademt rustig. Ik haal zachtjes mijn hand door haar haar.

‘Mama?’

‘Ja, Assie?’

‘Beloof je me dat als je gaat, dat je af en toe bij me komt?’

‘Iedere dag,’ zegt ze beslist.

Ik pak een deken en ga dicht tegen haar aan liggen. 'Ik ben bij je, mama. Ga maar lekker slapen. Ik hou van je.'

Ze slaapt. Ik zak even weg en word wakker van haar hand die de mijne zoekt.

'Ik ben hier, mama, voel maar, ik ben hier. Ik hou van je. Wil je een beetje water, mam? Nee?'

Ik leg mijn arm om haar heen en mijn hoofd op haar borst. Ik praat tegen haar over Miljuschka, dat ze een tattoo van haar oma op haar voet had gezet.

Over Storm en Stientje die naar de deur rennen als hun Omie er is en haar dan over de drempel tillen en dringen om haar te ondersteunen naar de bank. Wedijveren om drinken voor haar te pakken en in aanbidding bij haar gaan zitten.

Over Snowy, die nu bij Miljuschka woont en vogels vangt in de tuin.

Over Sonja, en hoe zij samen elke dag van hun leven hebben gedeeld, de liefde tussen hen.

Over Rich, dat het wel goedkomt en dat hij zijn balgevoel van haar heeft, omdat ze zijn hele leven op onverwachte momenten een bal naar hem gooide.

Over hoeveel ik van haar hou en hoe goed ik mijn basketbalwedstrijden speelde, omdat zij naar me keek. Studeerde, zodat zij trots op me kon zijn. Advocaat werd, zodat ze zich niet voor al haar kinderen hoefde te schamen. Boeken voor haar schreef.

Over Francis, die nog elke dag voor haar zorgt, en kleine Suus die eraan komt. En Nora die zo wijs is, zo gek op haar Omie en zo graag met haar naar tuincentrum Osdorp gaat.

'Ik beloof je dat ik er altijd voor Francis, Nora en Suusje zal zijn. Je kan niet tot in de eeuwigheid voor ons zorgen, mam, dat is nu mijn taak. Dat beloof ik je. Ik hou zoveel van je, mam. Mam?'

Het voelt alsof ze niet meer ademt. Ik kom overeind en leg mijn hand op haar borst. Ik voel haar borstkas niet op en neer gaan.

'Mam? Mama? Ben je er nog? Son. Sonja. Son. Son!'

'Ja!' Ze rent de kamer in.

'Ik denk dat mama weg is.'

'Nee. Nee, echt?'

'Ja. Denk het.'

'Hoezo?'

'Ik voel geen hartslag meer. Voel maar. Volgens mij ademt ze niet meer.'

Sonja slaat haar armen om mama heen en trekt haar naar zich toe. 'Mama?'

Een diepe zucht.

'Ze ademt nog!' roept Sonja.

'O, ze is er nog!' We lachen opgelucht.

'Neem je ons weer in de maling, mam?' grappen we van de zenuwen.

'Mama toch... Maar, Son... Nee. Ik voel geen hartslag meer. Mama, ben je weg? Je bent weg, hè? Son, ze is weg.'

'Echt?'

'Ja.'

'Mam! Lieve mama! Son, ik voel geen pols meer. Geen hartslag meer.'

'Ik ga het licht aandoen.'

'Doe zacht licht, Son, doe zacht licht. Mam, je bent weg, hè? Ma, ben je weg? Ze is weg, Son.'

'Ja... Mam, mam, mama. O, mama.'

'Ze is weg. Ze is echt weg, hè? Ik voel geen pols meer.'

Mama is vlak voor middernacht overleden. Sonja en ik houden onze beloften aan haar. We houden haar bij ons en laten haar niet aanraken door vreemde handen. We wassen haar en kleden haar in haar rode col en haar rode vest. We kammen haar haar en maken haar mooi. We volgen in alles haar wens.

En daarna het protocol van het Stelsel Bewaken en Beveiligen.

APRIL 2022

Francis – Precies oma

Vanaf het moment dat ik te horen heb gekregen dat er een dreiging op Miljuschka is, staat mijn wereld op zijn kop. Na wat er met Peter is gebeurd, is het onverantwoord dat ze zonder beveiliging naar *BLVD* gaat, maar justitie wil niets voor haar doen. Op basis van de informatie is het volgens hen 'voorstelbaar' dat er iets gebeurt, maar dat is niet genoeg. Er moeten concrete aanwijzingen zijn. En dat betekent dat ze een 'begin van uitvoering' moeten zien, krijg ik van Bewaken en Beveiligen te horen. Serieus? Dus jullie wachten af tot jullie ergens een wapen vinden met de naam Miljuschka erop? Of is dat nog niet genoeg? Hebben jullie een telefoontje nodig waarin de dader aankondigt dat hij haar gaat vermoorden? Of moet hij dan eerst naar het bureau komen en zich legitimeren, voordat jullie ingrijpen? Dat gebeurt natuurlijk nooit. Het is te gek voor woorden dat justitie nog zo denkt, nadat de geschiedenis met de broer van de kroongetuige, advocaat Derk Wiersum en Peter de Vries heeft aangetoond dat zulke concrete aanwijzingen er vooraf nooit zijn of als zodanig onderkend worden; het witte bestelbusje dat bij Derk door de straat reed was een voorbereidingshandeling, maar werd niet als zodanig opgepikt. En de melding door de medewerker van de garage waar Peter zijn auto altijd parkeerde, namelijk dat hij een verdacht persoon had gezien, werd ook niet opgepakt als signaal voor wat Peter later overkwam. Zowel Derk als Peter hadden geen persoonsbeveiliging. Ik neem dat risico met Miljuschka niet en ga op zoek naar alternatieven. Ik benader iemand die mij al eens eerder beveiligd heeft. Van hem weet ik dat hij de vaardigheden en mogelijkheden heeft om iemand goed te beschermen. Ik stel Miljuschka aan hem voor. Het voelt goed en ze gaat akkoord. Ze kan veilig naar *RTL Boulevard*.

Het is een opluchting, maar tegelijkertijd schaam ik me tegenover haar dat ik het niet met de hulp van justitie kan oplossen. Dat ik vertrouwen in een overheid heb gesteld die mij én haar laten vallen als een baksteen. Dat Miljuschka daarvoor figuurlijk maar ook letterlijk de rekening gepresenteerd krijgt.

Sonja appt een foto van Suus en belt me. 'Ze is er!'

'Gefeliciteerd!! Wat is ze mooi. Gaat het goed met Fran en de kleine?'

'Ja, ze ligt net in bed.'

'Hoe voelt ze zich?'

'Brak.'

'Hoe gaat het met jou, Son?'

'Goed. Die meid is gezond.'

'Wat een zegen. Ik kom zo snel mogelijk naar het ziekenhuis. Ik spreek je later.'

Ik spring op, ik wil naar kleine Suus, zo snel mogelijk. Maar dan is er altijd de alertheid die mijn spontaniteit de kop indrukt. Wie weten er allemaal in welk ziekenhuis Francis is bevallen? Ongetwijfeld veel vrienden en familie. Een kring waarvan ik niet kan inschatten of die uitdijt tot waar het voor mij lastig kan worden. Maar ik wil ook gaan. Het is het waard om risico voor te nemen.

Als ik een tijdje later binnenloop en Francis met die kleine in haar armen zie, smelt ik.

'Kijk, As, ze is precies oma.'

'Dat haar is wel het haar van Stien,' zeg ik. 'Hoe kan het, hè?'

'Oma is er gewoon nog steeds.'

Terwijl Francis van haar bevalling ligt bij te komen, stuurt Rich me 's avonds laat een selfie, staand in een mensenmenigte.

Ben je op een feest? app ik terug.

R: Poolparty.
A: Van wie?
R: Van een man. Hij laat niemand toe in zijn circle. Heeft alles meegemaakt. Maar hij wil me helpen, hij kende me vader ook goed.
A: Dan moet hij mama ook kennen.
R: Ja, die kent hij.
A: Hoe heet hij?
R: Doet er niet toe.
A: Oké.
R: Hij zegt: nooit die handel in gaan.
A: Dat klinkt verstandig.
R: Ja. As, soms moet je dit soort mensen omarmen en kansen pakken.
A: Liever niet. Doe voorzichtig, Rich.
R: Altijd.

Ik bel Sonja. 'Ben je er alweer aan toe? Je zoon is op een poolparty.'

'O, is hij alweer lam?'

'Aan zijn teksten te lezen wel.'

'Straks verzuipt hij nog,' zegt Sonja.

'Zo'n vaart zal het niet lopen. Maar hij is weer eens met iemand die zegt dat hij jou kent. Ken jij iemand met een villa en een zwembad in Nijmegen?'

'Nee, natuurlijk niet.'

'Dat bedoel ik.'

'Nou, dat wordt weer een nacht niet slapen,' zucht Sonja vermoeid.

'Ja, ik moest het je toch zeggen.'

'Moet je ook, As. Ik ben ook blij dat je het doet.'

'Nou, ik hou mijn telefoon bij me voor als er iets is. Dan bel je me, hè Son?'

'Doe ik.'

Twee uur later stuurt Rich weer een bericht. Het is een selfie zittend in een super-de-luxe Bentley.

Staat mij wel, staat eronder.

R: Kwestie van goede vrienden hebben. Mijn vriend zegt dat ik kan krijgen wat ik wil als ik een goed idee heb. Als ik morgen iets nodig heb, regelt hij het. Dus als jij iets weet.

A: Is het Klaas???

R: Hahaha. Ik beroep me op me zwijgrecht.

A: Hoe gaat het met je leverwaardes?

R: Mijn waardes zijn prima.

Ik stuur het bericht door aan Sonja.

'Waardes prima. En dan mag het weer. Het is hopeloos, As. Sinds Peter en mama gaat het steeds slechter met hem.'

Een halfuur later komt er een filmpje door van Rich tussen een hossende menigte die de polonaise loopt. Het bijschrift luidt: *Eigenaar van een kledingbedrijf. Geeft de duurste flessen weg. Ook aan ons. Bizar, hè?* Hij stuurt een foto van een fles Champagne Dom Perignon Vintage 2012 op wit tafellinnen met als onderschrift: *Deze fles is 1000 euro. Heeeel lekker.*

Ik word niet goed van zijn stomme berichten. Ik heb wel iets anders aan mijn hoofd. Ik maak me zorgen om Miljuschka. Ik blokkeer zijn nummer en trek de dekens over mijn hoofd. Een minuut later deblokkeer ik hem alweer, want anders kan hij me niet bereiken als er iets met hem gebeurt.

MEI 2022

Miljuschka – Elkaar ontzien

De dreiging op Miljuschka vreet aan me, dus ik bel Iris. Ze is op vakantie en telefonisch niet bereikbaar. Ik zal moeten wachten tot ze terug is. En dat valt me zwaar. Zij kan me altijd goed tot rust brengen en advies geven. Er met Miljuschka over praten lukt niet. Zij doet alsof het niet bestaat. Met Sonja praten helpt ook niet; integendeel, zij zegt voor mijn gevoel alles verkeerd. En verder heb ik niemand met wie ik het over dit soort dingen kan hebben. Ik loop een week lang met mijn ziel onder mijn arm, ik eet niet en slaap slecht. Het liefst ben ik vierentwintig uur per dag bij Miljuschka, maar daar maak ik het er voor haar niet veiliger op. Ze moet zelf weerbaarder worden.

'Hoe noem je dat?' vraagt Miljuschka.

'*Train as you fight.*'

'En dat is?'

'Je leert in de praktijk.'

'Door te vechten? Moet dat echt?'

'Je moet het in de praktijk leren.'

'Alsjeblieft, mam, doe me een lol. Daar ben ik helemaal niet geschikt voor. Ik gooi wel een deegroller naar zijn hoofd als er iemand op me afkomt.'

'Je hoeft niet te vechten. Het gaat erom dat je niet bevriest. Iemand die in een levensbedreigende situatie terechtkomt, die vecht, vlucht of bevriest.'

'Ik vlucht wel.'

'Doe nou niet zo stom, Mil, met je deegroller en "ik vlucht wel". Het hangt maar net van de situatie af of dat kan. Het gaat erom dat je jezelf onder controle houdt op die momenten. Dat kun je leren door gesimuleerde oefeningen die zo realistisch zijn dat ze het gevoel van werkelijkheid benaderen. Door die situaties te ervaren, leer je hoe jij het beste kunt reageren,' leg ik uit.

'Hoeveel dagen is het?'

'Zeven dagen.'

'Zeven dagen, mam? Dat is een hele week!'

Ik raak geïrriteerd. 'Dat heb ik toch al gezegd? Ik moet een datum plannen. Laat nou even weten wanneer jullie kunnen.'

'Je bent boos op me.'

'Ik ben niet boos, maar moe van het uitleggen van het belang.'

'Ik zie het belang. Ik ben de eerste die te vinden is. Echt, mama, het heeft heel veel impact. En ik hou al overal rekening mee. Ik kan niet eens meer mijn volgers ontmoeten.'

'Nu ben jij boos?'

'Nee, maar we doen allebei wat we kunnen. Dus hou op met pushen. Ik laat je weten wanneer ik kan.'

'Oké. Laat dit niet tussen ons in staan.'

'Nee. Ik laat je een datum weten, mam. Echt waar.'

Ik weet dat ik doordram. Maar ze moet een aantal vaardigheden aanleren.

Zodra Iris terug is, bel ik haar. Zoals altijd legt ze meteen de vinger op de zere plek. 'Gaat het wel goed met Mil?' vraagt ze.

'Niet zo.'

‘Vertel.’

Ik leg uit dat er een dreiging is op Miljuschka en dat ik het zo erg vind dat ik haar dit heb aangedaan.

‘Denkt zij er ook zo over, dat jij haar dit hebt aangedaan?’

‘Nee, daar is ze heel duidelijk in. Ze klaagt er ook nooit over.’

‘Zij accepteert het leven zoals het komt,’ constateert ze.

‘Ja, maar ik heb het daar heel moeilijk mee, want het komt door mij.’

‘Ik denk door je broer.’

‘Maar ik heb gekozen voor dit leven.’

‘Vind je dat je een keus had?’

‘Je hebt altijd een keuze. Ik had het ook niet kunnen doen.’

‘Is dat zo? Astrid, we hebben dit gesprek al vaker gehad. Wat was er gebeurd als je het niet had gedaan?’

‘Dan had ik moeten leven met de consequenties daarvan. Dan zou Sonja er niet meer zijn. En wat andere mensen.’

‘Was dat een betere optie voor jou geweest, denk je?’

‘Zoals ik er nu voor sta? Zonder hulp van de overheid om mijn kind veilig te houden? Ja. Zeker weten, ja.’

‘Maar Mil functioneert wel?’

‘Ja, ze voelt zich óók in de steek gelaten door de overheid, maar ze is er vrij nuchter onder. Dat wel, gelukkig.’

‘Dat had ook anders kunnen zijn. Ze had zich kunnen laten verlammen door de situatie. Dus zij redt zich op haar manier wel.’

‘Ja. Ze zegt: “Mam, het is maar een melding. Misschien is het wel desinformatie.”’

‘Zou dat kunnen?’

‘Alles kan. Die meldingen worden gedaan op basis van informatie die ze ons niet mogen geven, dus ik kan totaal niet inschatten of het iets kan zijn. Aan de andere kant, ik heb geen melding nodig om te weten wat hij gaat doen, en justitie waarschuwt niet zomaar.'

'Maakt het Mil bang?'

'Ze zegt van niet, maar dat geloof ik niet. Ik denk dat ze dat zegt om mij niet te belasten.'

'Dan zorgt zij dus voor jou.'

'Ja, maar ik moet voor haar zorgen. Juist nu.'

'Maar ze is een volwassen vrouw.'

'Ze blijft mijn kind. Tot nu toe is de dreiging op Son en mij geweest. Dat wist ze, en ze wist ook dat het mogelijk een keer over haar zou gaan, maar ze is niet eerder gewaarschuwd. Dat doet toch iets met haar. Met ons beiden.'

'Jij hebt het gevoel dat je niet dichterbij mag komen.'

'Ja, zo voelt het.'

'Maar misschien heeft zij wel dezelfde klachten over jou?'

'Dat kan, want ik durf bijna niet meer van haar te houden. Bang dat wat mij het liefst is mij wordt ontnomen.'

'Jullie ontzien elkaar. Door elkaar te ontzien, zorgen jullie voor elkaar. Dat is prima. Maar je moet daardoor niet van elkaar vervreemden. Creëer geen afstand. Geef het wat tijd. Jij bent erg oplossingsgericht, maar je kunt niet alles oplossen. En dan frustreert het alleen maar.'

Het is fijn om met Iris te praten. Door haar adviezen kijk ik vaak vanuit een ander perspectief naar Miljuschka, mezelf en de situatie. Maar soms voel ik me na een gesprek nog eenzamer dan daarvoor. Verstandelijk gezien klopt het wat Iris zegt: ik kan niet alles oplossen, maar probeer dat maar eens uit te leggen aan mijn moederinstinct. Overleven is een instinct, maar een moederinstinct stijgt daar ver bovenuit. En daar kun je over theoretiseren wat je wilt, maar dat is een zuiver biologisch proces, dat het verstand *overruled.* De dierenwereld laat het vaak mooi zien. De spinnensoort waarbij de moeder zich bij voedseltekort laat opeten door haar kroost. De leeuwin die zich doodvecht voor haar welpen. Ik weet heel goed wat ik niet kan oplossen. Er zijn altijd scenario's denkbaar waarbij risico niet is uit te sluiten. Maar mijn natuurlijke instinct zal blijven proberen die risico's te verkleinen. En als dat Miljuschka frustreert, dan is dat maar zo.

Na mijn gesprek met Iris app ik haar.

A: Ik hou van je, lieverd.
M: Ik hou van jou, mam.
A: Sorry als ik zo dram.
M: Ik snap het, mam. Maak je geen zorgen. Hier komen we ook wel weer doorheen.

JUNI 2022

Tien, nog twee jaar te gaan

Rich appt.

R: As, ik wil in die zaal nog wat zeggen.
R: Kan dat?
R: Als zoon van
R: Hoor je me?
R: Ik wil nog wat zeggen
R: Als laatste
R: Aub
R: Ik wil morgen spreken en dat is voor altijd
R: Mag dat aub?

Het is zeven over halfvier 's nachts. Over enkele uren is de uitspraak in het hoger beroep en het feit dat Rich erover begint als hij dronken is, betekent dat het hem hoog zit. Dat hij zich wil verdoven of moed in wil drinken. Nog iets voor zijn vader wil doen. Mijn hart breekt, maar het spreekrecht is al geweest. Die kans voor hem om te zeggen wat hij wil is voorbij. Dat slechte nieuws wil ik hem alleen niet onmiddellijk geven, want hij zit duidelijk midden in een hevige emotie, dus laat ik het even rusten. Als hij wat heeft geslapen, wordt hij vast weer anders wakker. Dan zijn de dingen van de nacht de volgende ochtend niet meer zo heftig.

Om vijf over zeven 's ochtends app ik terug: *Jeetje Rich, ik denk niet dat dat kan. Het spreekrecht is al geweest. Ik bel je straks wel even.*

Een kwartier later reageert hij: *Oké laat maar.*

Om halfnegen belt Francis.

'Hai Fran.'

'Hoe gaat het, As?'

'Nog steeds hoofdpijn.'

Door een ruggenprik twee dagen geleden lig ik plat. Sinds de punctie blijft er wat hersenvocht uit het prikgaatje lekken. Opstaan geeft een knallende koppijn die alleen overgaat als ik weer ga liggen. Een *bloodpatch* moet dat verhelpen.

'Kan je mee?'

'Ik weet niet. Ik hoor vandaag of ze me die bloodpatch gaan geven. Ze bellen me voor negen uur.'

'Oké. Laat je het me weten dan?'

'Ja.'

Het ziekenhuis belt. Ik krijg een uitleg over de behandeling. Met een bloodpatch kunnen ze proberen het gaatje te dichten, maar er is geen zekerheid dat het in één keer lukt. Dan moet het nog eens. Maar dat gaat allemaal niet vandaag. Het advies is te blijven liggen en wachten tot het vanzelf dichtgaat.

Ik bel Francis terug.

'En?'

'Nee, het lukt niet. Ik ga niet mee. Ik blijf liggen.'

'Komen we daarna, oké?'

'Doe maar niet. Dit is weer zo'n dag.'

Ronald belt. 'En als we je nou liggend daarheen brengen op een brancard?'

'Nee, dank je, Ronald. Ik voel me er niet prettig bij om als patiënt in de bunker op Schiphol te liggen. Het is wat het is. Het is goed zo.' En dat meen ik.

Als ik had gekund, had ik ernaartoe gemoeten. Uit respect voor iedereen die op welke manier dan ook betrokken is bij het proces. Maar ik ben blij dat ik niet kan. De uitspraak bij de rechtbank staat me nog helder voor de geest. Zijn loop naar de stoel van de verdachte. Zijn zenuwachtige gekuch. Zijn donkere haar dat hij in een scheiding opzijschuift. Misschien zijn blijdschap als hij onverhoopt wordt vrijgesproken of zijn verslagenheid als hij opnieuw levenslang krijgt. Wat het ook wordt, ik wil het niet zien. Kan het niet aanzien. Ik hoor het wel.

We zijn er. We houden je op de hoogte, appt Sonja om twaalf uur.

Sterkte, antwoord ik.

Het oordeel van het hof kan de eerdere uitspraak van de rechtbank waarbij Wim levenslang kreeg opgelegd terugdraaien. Als dat gebeurt, gaat hij als vrij man naar buiten. Het gerechtshof beheerste het dossier van 1.244 ordners met een totaal van 537.600 pagina's volledig, vond ook Wim, die de rechters daarvoor prees. Ze hebben zo'n driehonderd getuigenverklaringen opnieuw bestudeerd en Wim heeft ze talloze zittingsdagen lang mogen overtuigen van zijn verhaal. Het is bijna zover.

Sonja, Francis, Rich en Miljuschka zitten om veiligheidsredenen in een aparte kamer en staren naar een zwart scherm. De setting is hetzelfde, maar de situatie is totaal anders dan drie jaar geleden, want mama is er niet meer. Peter is er niet meer. Rich is op het dieptepunt van zijn leven. Ik maak me meer dan ooit zorgen om Miljuschka. En de overheid laat ons nog steeds in de kou staan.

Ik heb alleen maar verloren. We hebben allemaal alleen maar verloren.

Het hof doet uitspraak: Wim wordt opnieuw veroordeeld voor de moorden op Cor van Hout, Robert ter Haak, John Mieremet, Willem Endstra, Thomas van der Bijl en Kees Houtman.

Maar wat heeft het voor zin gehad?

Sonja is bij me. Ze heeft een kop thee gezet en komt naast me op bed zitten. 'Hoe is het nou?'

'Dat weet je toch? Het is een puinhoop. Met zijn veroordeling hebben we eigenlijk alleen maar onszelf gestraft,' zeg ik.

'Niet waar. Praat niet zo. Alles komt goed.'

'Misschien, Son. Ik weet het niet meer. Laat me maar even.'

'Wat zegt het hof allemaal? Wil je me voorlezen?' vraagt Sonja.

'Nee, nu niet. Ik kan niet rechtop zitten. En ik heb er ook de kracht niet voor om me weer met die ellende bezig te houden.'

In de dagen die volgen kan ik steeds langer opzitten zonder pijn en die verandering komt mijn stemming ten goede.

Sonja heeft een cappuccino gemaakt en komt naast me op bed zitten. 'Kun je me nou voorlezen wat het hof gezegd heeft?'

Ik pak de uitspraak van het hof erbij, begin te lezen en probeer op een begrijpelijke manier de uitspraak van het hof samen te vatten.

'Nou, het hof zegt dat de manier waarop verdachte zich uit erop wijst dat het leven van Sonja Holleeder aan een zijden draadje hangt.'

'Dat hebben ze heel goed gezien. Wat fijn dat ze dat ook opschrijven. En verder?'

'Dat omdat wij zo'n lange geschiedenis met hem hebben, we een vrij goed beeld hebben van hoe Wim is, en dat Wim iemand is die anderen doodmaakt als hij daar aanleiding toe ziet.'

'Klopt ook.'

'En dat Wim niet "maar wat zegt" als hij ons vertelt over wat hij gedaan heeft en gaat doen, maar dat zijn uitspraken in de opgenomen gesprekken zicht geven op wat hij daadwerkelijk heeft gedaan en waartoe hij in staat is.'

'We hebben het altijd gezegd, As, "je moet het hem zelf horen zeggen". Hij is veroordeeld op zijn eigen woorden. Kan hij een ander tenminste de schuld niet meer geven.'

'Hij blijft altijd een ander de schuld geven, Son.'

'Ga verder.'

'Dat Willem Holleeder in die gesprekken zelf beschrijft hoe hij is, zijn mentaliteit en zijn gedrag.'

'Oei, dat mensen zijn ware aard zien komt hem slecht uit. Wat goed van dat hof.'

'Hij heeft ze in elk geval geen zand in de ogen kunnen strooien,' zeg ik.

'Verder?' vraagt Sonja.

'En dat uit de opgenomen gesprekken blijkt dat Willem Holleeder en Astrid Holleeder over gedeelde kennis beschikken, en dat er in verschillende opgenomen gesprekken door Willem Holleeder wordt verwezen naar gepleegde moorden.'

'Dus het hof heeft al die gesprekken uitgeluisterd? Wat een werk!'

'Ja, dat moet wel. Anders kunnen ze het niet als bewijs gebruiken. Dat had de rechtbank trouwens ook al gedaan, die had er ook goed zicht op, vond ik.'

'Verder nog wat?' vraagt Sonja.

'Dat Willem Holleeder er klaarblijkelijk op vertrouwde dat Astrid Holleeder nooit iets belastends over hem naar buiten zou brengen. En dat dat ook weer wordt bevestigd door de tapes.'

'Wel fijn dat je het risico van het opnemen van de gesprekken niet voor niks hebt genomen, toch?' zegt Sonja.

'Nou, vind je dat echt? Tegen welke prijs?'

'Ja, As, we draaien het toch niet meer terug. Wat zegt het hof nog meer?'

'Dat de mededelingen van verdachte aan Astrid Holleeder en ook aan Sonja Holleeder stijf staan van de doodsbedreigingen. En dat Willem Holleeder meende te kunnen beschikken over leven en dood van anderen.'

'Ik ben zo blij dat andere mensen dat nu ook inzien, As. Het voelt voor mij als een erkenning. Voor jou niet?'

'Het is waarom we het gedaan hebben,' zeg ik.

'Ja, toch? Nou, wees dan niet zo somber. We komen er echt wel uit met elkaar. Als mama je zo zou zien, zou ze je een schop onder je hol geven. Lees verder.'

'De uitspraak eindigt met dat alleen een levenslange gevangenisstraf passend en geboden is.'

'Oef, ja. Goed. Maar ook minder goed, voor ons, want nu heeft hij niets meer te verliezen. Dat zullen we wel snel gaan merken. Maar goed, we hebben het maar mooi gered, het hoger beroep. Het had ook heel anders kunnen lopen. Mama kan trots op ons zijn. Wees blij!'

'Ik ben niet blij. Maar ik ben wel dankbaar dat recht is gedaan. En je hebt gelijk, mama wil niet dat we bij de pakken neer gaan zitten.'

Een week later vieren we Stientjes verjaardag.

'Oma, zullen we basketballen?'

'Later misschien.'

'Je wil niet meer, hè, sinds Omie dood is?'

'Nee, gek hè.'

'Dat geeft niet, hoor. Ik begrijp het.'

Ik kan het niet meer. Het voelt alsof ik het voor haar deed en het nu geen waarde meer heeft.

Als ik de bal in mijn handen voel, denk ik aan jou, mama. Aan al die keren dat je naar mijn wedstrijden kwam kijken. Een zak mandarijntjes meenam voor in de rust. Ik denk terug aan hoe je me aanmoedigde. Hoe we samen de ontlading beleefden van de spanning van de wedstrijd met één punt winnen of met één punt verliezen. Tijdens de zomerstop trainden we door op de volkstuin in Almere, waar ik een basket neer had gezet, of gingen we een balletje schieten op een veldje in Amsterdam. Elkaar duwen, trekken en lachen tijdens onze een-tegen-eenspelletjes. Ontelbare keren heb je mijn kuiten gemasseerd, mijn voeten verzorgd. We hadden elkaar al zo vaak aangeraakt. Daarom mocht ik jou wassen, liet jij mij toe je te verzorgen.

Toen je na je bloedtransfusie weer even thuis was, facetimede ik je en liet je meekijken als Stientje en ik basketbalden op het parkeerterrein bij het huis, waar ik een basket voor haar had neergezet. Je genoot als altijd. Moedigde ons aan. Nu weet ik dat dat de laatste keer was dat je mij hebt zien spelen. En ik ben me ineens bewust van al jouw laatste keren. De laatste keer dat je de trap naar beneden nam. De laatste keer in je leven dat je de lift bij Sonja naar boven nam, de laatste keer een likje van een ijsje, de laatste keer een slokje water. De laatste keer dat je ons zag, ons in de ogen keek, dat je mijn hand voelde, mijn hand die jij vasthield tot het allerlaatste moment. Ik denk aan de laatste keer dat je op Stientjes verjaardag was. En nu is het Stientjes eerste verjaardag die ik zonder jouw fysieke aanwezigheid vier. Maar we zijn weer een verjaardag verder, mama. Het schiet al op. Nog maar twee jaar te gaan.

JULI 2022

Rich – Ik wil naar hem toe

Ik bel Rich.

'Hallo... Au, shit, m'n teen... Hallo?' klinkt het aan de andere kant van de lijn.

'Jeetje, man, wat klink jij brak,' zeg ik. 'Maak ik je wakker?'

'Ja... O. Hé. Ja,' zegt Rich. 'Ik lag nog te slapen.'

'Het is twee uur... in de middag.'

'O. Ja. Wat is er? Je blijft bellen. Is er iets?'

'Nee, niets. Maar je hebt me vannacht geappt,' zeg ik.

'Vannacht?'

'Ja, om vier uur, Rich.'

'Eh, effe denken... Wat? Ja, ja... Ik weet het nog... Ik wil bij Wim op bezoek.'

'Dat las ik. Waarom?' vraag ik.

'Waarom? Ik wil gewoon naar hem toe.'

'Maar wat wil je daar doen dan?'

'Gewoon. Een beetje praten.'

'Een beetje praten...'

'Ja.'

'Waarover dan?' vraag ik.

'Gewoon. Een beetje praten. Ik zie wel hoe het loopt.'

'Wat heeft dat voor zin dan?'

'Ik wil hem in zijn ogen kijken.'

'En wat verwacht je daarvan?'

'Dat weet ik niet. Dat zie ik dan wel. Ik moet dat gewoon doen, As.'

'Je had hem op de zitting aan kunnen spreken. Op bezoek is even wat anders, hè.'

'Toen was ik er nog niet aan toe. Nu wel.'

'Nu wel.'

'Ja. En As, ik heb jouw toestemming niet nodig, hè!'

'Nee, dat klopt.'

'Dus...'

'Heb je het al met je moeder besproken?' vraag ik.

'Nee, en dat ga ik ook niet doen. Ik ben negenentwintig. Ik ben een volwassen man, As. Ik kan doen wat ik wil.'

'Ja, dat is waar.'

'Kun jij het voor me regelen?'

'Ik ga wel even informeren. Ik laat het je weten,' zeg ik.

'Oké. Niks tegen mijn moeder zeggen, hè?'

'Nee. Ik spreek je.'

Ik bel Sonja.

'Hé As.'

'Hij wil naar Wim.'

'Wat bedoel je: hij wil naar Wim? Wie?'

'Rich. Hij wil bij hem op bezoek in de gevangenis,' zeg ik.

'Daar gaan we weer, ik word zo moe van die jongen. Wat heb je hem gezegd?'

'Dat ik zou informeren.'

'Ben je gek of zo? Dat ga je toch niet doen?!' roept Sonja uit.

'Nee, natuurlijk niet.'

'Je moet het hem verbieden.'

'Son, als hij niet snapt dat het niet kan, ga ik hem dat niet verbieden.'

'Hij is niet goed bij zijn hoofd, As. Als jij het niet zegt, dan doe ik het wel.'

'Dat kan niet. Ik mocht jou niks zeggen.'

'Ik word niet goed van hem. Het is altijd wat!' zucht ze moedeloos.

'Ja. Maar ja, ik ga niet zeggen dat hij niet mag gaan, dan heb ik het weer gedaan. Ik heb al genoeg mensen die een hekel aan me hebben. Ik hoef er niet nog eentje bij.'

'Alsjeblieft, As, anders gaat hij van kwaad naar erger. Je weet dat hij geen schijn van kans maakt tegenover Wim. Hij heeft geen idee.'

'Nee, maar ik laat het even zo. Hij vroeg of ik het voor hem kon regelen.'

'Wat denkt hij nou, dat jij even de advocaat van Wim kan bellen om te vragen of hij op bezoek kan?' zegt Sonja.

'Nee, hij snapt er niks van. Maar goed, alles beter dan dat hij het zelf gaat regelen en we de controle kwijt zijn.'

'Ja, dat zou Wim wel leuk vinden. Wat is die jongen toch een lastpak.'

'Hij klonk weer zo brak, Son.'

'Hij was weer tot laat in de stad, zag ik op Instagram. Daar zal iemand wel iets gezegd hebben, dat hij daar nu weer mee komt.'

'Ja, maar wát heeft iemand gezegd? Waarom wil hij dit opeens? Wat speelt er? Als hij gaat, kan ik geen contact meer met hem hebben.'

'Ik ook niet!' zegt Sonja. 'Heb je hem dat wel gezegd?'

'Nee. Ik wil hem niet onder druk zetten, Son. Misschien waait het over.'

'Laten we het hopen. Ik krijg de zenuwen van die gozer.'

AUGUSTUS 2022

Wim – Verlenging EBI

A: Hai Ronald, mag ik jou nog even een kenteken sturen?
R: Ja hoor.
Ik stuur hem een foto van een kenteken.
A: Bij mij op de hoek
Dan een foto van een ander kenteken.
A: Op de andere hoek.
A: En Ronald, het is weer tijd voor een verlenging en ik weet dat je niet mag zeggen of Wim in de EBI moet blijven, maar krijgen we wel te horen wanneer hij de EBI uit gaat?
R: Dat is precies hetzelfde, Astrid. Privacy gedetineerde.
A: Echt belachelijk, Ronald. Hoe moeten we nou onze veiligheid regelen als jullie ons nooit vertellen waar we rekening mee moeten houden?
R: Ja, dat is nou eenmaal het systeem, Astrid.
A: Dat is altijd jullie antwoord.
R: Ja, dat klopt. En Marcel stuurt een auto jouw kant op.
A: Dank je.

Ik bel Sonja.

‘En? Blijft hij daar zitten?’

‘Willen ze niet zeggen. Maar het komt altijd uit. Zodra hij in een reguliere gevangenis zit, vinden de andere gedetineerden dat machtig interessant en dan wordt er toch over gepraat. En dat krijg ik vroeg of laat wel te horen. Geduld dus. Geen nieuws, goed nieuws.’

‘Oké. Wat ga je doen?’ vraagt Sonja.

‘Ik heb zo training van Rich, via video.’

‘O, gezellig.’

‘Je kan meedoen. Voeg ik je toe?’

‘Nee, ik voel me niet zo goed. Als ik dan ga trainen, wordt het alleen maar erger. Is Rich nog over het bezoek aan Wim begonnen?’

‘Nog niet.’

‘Houden zo,’ zegt Sonja.

SEPTEMBER 2022

Miljuschka – Not amused

Miljuschka appt me.

M: Er waren 2 rare motoren toen ik klaar was bij BLVD met afwijkend gedrag.
A: O, echt?
M: Ja mijn beveiliging was not amused.
A: Bij BLVD zelf?
M: Ja. Maar mijn beveiliging sloeg erop aan.
A: Oké. Wie stond er nog meer aan de desk?
M: Niemand waarvoor ze zullen komen. Ik heb liever dat jij dit ook weet.
A: Ja. Konden jullie gezichten zien? Hadden ze helmen op?
M: Helmen op. Kon gezicht wel zien.
A: Oud of jong?
M: Jong.
A: Oké. Laat even weten wat de situatie precies was. Ga ik even verder vragen.
M: Oké. Komen recht op auto af. Niet normaal. Zo uit het niets. Ze draaiden. Terug weer langs de auto gereden.

Omgedraaid en teruggekomen. Beveiliging kan het je beter vertellen.

A: Laat ze me bellen.

Ik stuur mijn appverkeer met Miljuschka door naar Bewaken en Beveiligen, en ik krijg meteen een reactie: *We pakken het op.*

Een paar uur later belt Miljuschka. 'Is er al duidelijk wat het was?' vraagt ze.

'Geen idee. Ik heb nog niets teruggehoord. Maar ze delen ook niet alles met ons, dus verwacht er niet te veel van. Dat heeft met privacy te maken. Ze zijn er in elk geval van op de hoogte. Ben je geschrokken?'

'Ja, omdat mijn beveiliging er zo op aansloeg. Maar zal wel niets zijn,' zegt ze.

'Laten we het hopen.'

'Ja, en door! Er gebeurt iets, we reageren en meer kunnen we niet doen. Dus mam, ga nou niet weer een of andere rijcursus of vechtcursus voor me regelen. Daar heb ik er inmiddels wel genoeg van gedaan.'

'Maar Mil, ik dacht aan…'

'Mam! Laat het los. Dat doe ik ook.'

OKTOBER 2022

Dreiging op de kinderen

R: Graag contact.
A: Oké. Zelfde locatie als vorige keer?
R: Prima.

Ik zie Ronald al zitten en hij steekt onmiddellijk van wal. 'Er is sprake van een dreiging. De informatie heeft betrekking op jou en, schrik niet, de kinderen. We hebben alle kinderen geïnformeerd, ook die van Sonja en Sandra.'

'Oké. Kun je iets meer vertellen?'

'Nee.'

'Uit welke hoek komt het?'

'Je weet hoe dat gaat: TCI komt alleen met info als de bron volledig kan worden afgeschermd. Ik krijg alleen de slotzin. We moeten even kijken wat eenieder nodig heeft en waar we nog extra beveiligingsmaatregelen kunnen treffen.'

'Ik maak me nu wel echt zorgen. Eerst Mil, nu alle kinderen.'

'Dat begrijp ik.'

'Ik kan nu niet meer rustig blijven ademen.'

'Begrijp ik ook.'

'Wat gaan jullie voor ze doen?'

‘We doen waar nodig aanpassingen op locatie.’

‘En permanente persoonsbeveiliging? Ik neem aan dat jullie geen tweede Peter de Vries riskeren?’

‘Permanente persoonsbeveiliging wordt lastig.’

‘Dat wordt lastig? Dus jullie hebben er geen probleem mee als mijn kind voor de deur bij RTL *Boulevard* op de grond ligt? Mil is een halfjaar geleden al gewaarschuwd, telt dat niet mee? Jullie hebben zelf opgeschreven dat hij in staat is zich op de kinderen te richten. Sonja is gaan getuigen omdat ze van hem mocht tossen wie van haar kinderen hij eerst zou vermoorden. Daar is geen ontkennen aan – niet door hem, niet door jullie – want dat staat keihard op tape. Net zoals hij dreigde met het vermoorden van Royce de Vries als hij door toedoen van zijn vader “ook maar één dag moest zitten”. En door ons zit hij levenslang! En zijn jullie vergeten dat Sandra ook is gaan getuigen omdat hij haar zoon “net als zijn vader wilde laten liggen”. En de kinderen van Endstra bij wie hij op het schoolplein stond? Als je dat allemaal weet, dan kun je toch niet meer de andere kant op kijken? Jullie hebben de mond vol van maatwerk, maar jullie doen niks. Niks doen is jullie oplossing voor elk probleem. Niks doen, doen of je gek bent, en kijken of het overwaait. Dat mogen jullie doen bij je eigen kinderen, maar niet bij mijn kind.’

‘Astrid, ik begrijp je emotie.’

‘Emotie? Ronald, dit is geen emotie. Dit zijn de feiten op een rij gezet. Justitie wist precies waar ze aan begon met ons, met de kinderen. Moet ik het proces-verbaal van Karin Zon er weer bij halen? Zij zegt letterlijk dat de overheid er rekening mee houdt dat hij een van de kinderen gaat vermoorden. En nu is er tot twee keer toe een dreiging op Mil en dan is dat nog steeds niet genoeg voor maatregelen? Ronald, het gaat om de kinderen. Ik smeek jullie: doe iets. Voor mij hoeven jullie niets te doen, maar doe alsjeblieft iets voor de kinderen.'

'Astrid, we nemen de kwestie serieus. Ik laat je weten wat de uitkomst wordt van het overleg. Daar zullen alle feiten en factoren worden afgewogen.'

En dat is het. Daar moet ik het mee doen. Weer die muur waar ik tegenaan loop. Weer dat machteloze gevoel.

Ik bel Miljuschka. 'Ben je oké?' vraag ik aan haar.

'Ja, maar wat nu?'

'Ik denk dat jij het meest gewilde target bent. Jouw beveiliging moet uitgebreid worden. En voor de rest zo veel mogelijk binnenblijven. Ik heb Ronald om permanente persoonsbeveiliging gevraagd.'

'En gaan ze dat doen?'

'Dat weet hij nog niet.'

We hangen op en ik bel Francis. 'Gaat het?' vraag ik.

'Nee.' Ze huilt. 'Wat moet ik nou doen? Ik heb net een baby.'

Ik hoor de angst in haar stem.

'Ik kan toch niet de hele dag thuis blijven zitten? Ik moet ook werken.'

'Ik weet het niet, Fran. Ik weet het ook niet meer. Sorry. Voor alles.'

'Nee, As, jij kunt er toch ook niks aan doen? Het is alleen, je krijgt een mededeling en dat is het. Wat moet ik daar nou mee?'

'Ze kunnen camera's plaatsen.'

'Die heb ik toch al, As. Maar wat helpt dat tegen iemand die kwade bedoelingen heeft? Ja, je kunt het filmen. Ja, en dan? Sorry, ik weet het gewoon even niet meer.' Ze hangt op, overmand door verdriet.

Ik bel Rich. Geen gehoor. Ik bel weer. Geen gehoor.

Om vier uur 's nachts word ik wakker van de telefoon. Sonja.

'Rich vraagt of ik hem op kom halen.'

'Shit.'

'Ik moet wel, hij kan geen taxi krijgen.'

'Oké, waar is het? Rij ik ook die kant op.'

'Nee, blijf jij maar in je bed liggen.'

'Son, je weet niet wat je daar aantreft. Ik rij er ook heen. Geef het adres maar.'

'Oké.' Ze appt me het adres.

'Daar ben ik pas een halfuur later dan jij.'

'Zo lang kan ik hem niet laten wachten. Ik ga vast.'

'Ik kom ook. Facetime me als je de deur uit loopt en blijf hangen.'

'Ja, ik trek effe snel wat aan.'

Sonja facetimet.

'Ik ga lopen naar de auto. Oké. Ik zit. Wat een ellende, hè As. Ga ik weer, om vier uur in de nacht.'

'Tja.'

'Jij ook weer wakker.'

'Ik was al wakker.'

Dertig minuten later arriveert Sonja op de plaats van bestemming.

'Zie je hem?' vraag ik.

'Ja, hij zit buiten in de vensterbank. Och, As, hij is precies Cor. Die blik. Ik krijg er kippenvel van.'

De autodeur gaat open. Rich stapt in.

'Heeeee Sonnie!' roept hij.

'Hé Rich,' kondig ik mezelf aan.

'Assieieie! Me lieve tantetje! Huh. Waar ben je? Ik zie je niet.'

'Hier, deze kant op. Waar het geluid vandaan komt.'

Hij beweegt zijn hoofd naar de camera. Twee bloeddoorlopen ogen vullen het beeld.

'Aaaaahhhh, daar ben je! Gezellig zeg, mijn twee favoriete vrouwen!' Hij woelt Sonja's haar door de war.

'Rich, doe normaal! Ik ben aan het rijden.'

'Effe zo...'

'Hou op, je lijkt nu je vader wel.'

'Jaaaa, ik ben Corretje Twee!'

'Ja, wees er maar trots op. Nou, hoe was het feest?'

'Zoooo gezellig. Hop, hop.'

Sonja probeert iets van een gesprek te voeren, maar Rich lalt de hele terugweg onsamenhangend door.

'We zijn er, hup eruit.'

'Doe nou niet zo ongezellig, we gaan toch nog even wat eten?'

'Rich, hou op en donder die auto uit. Ik heb hier geen zin in!'

'Ga lekker slapen, Rich,' zeg ik. 'Morgen weer een dag.'

Rich zoekt de portiergrendel, maar kan hem niet vinden.

'Hier, sukkel!' schreeuwt Sonja. Ze buigt over Rich heen en doet zijn portier open. 'Eruit, nu!'

Rich stapt uit.

Sonja wacht tot hij binnen is en rijdt weg. 'Wat een hel, hè As, waar we in leven.'

'Ja, ik weet gewoon niet meer wat we moeten doen.'

OKTOBER 2022

Miljuschka – Afstand

Uren voordat iedereen wakker wordt, ga ik stilletjes Miljuschka's huis binnen. Geruisloos veeg en dweil ik de vloer. Ik zet de oven aan en maak, als het tijd is, alvast ontbijt.

'Hai mam, wat doe je nou?' zegt ze als ze ziet dat ik al zo vroeg achter haar aanrecht eieren sta te bakken.

'Ja, ik dacht: ik doe de kids vast. Kun jij misschien nog even blijven liggen.'

Ik wil zo graag een rol van betekenis in haar leven spelen. Haar het gevoel geven dat ik er voor haar ben. Dat ze op me kan vertrouwen, dat ik haar niet aan haar lot overlaat.

'Ik moet zo de visagie in,' zegt ze. 'Dus ik ben al op.'

'Doe jij maar rustig aan. Maak ik de kids even wakker.'

Een halfuur later zit Miljuschka in de make-up. Ze kletst honderduit tegen haar visagist. Ik bekijk het van een afstand. Het is lang geleden dat ik zo'n vrolijk moment met haar heb gedeeld.

'Er begint een nieuwe kok vandaag, mam,' roept ze naar me.

Nieuw als in: hij mag mij niet zien.

'Ah, oké.'

Stilletjes vertrek ik naar de ruimte ernaast. Het is vervreemdend om niet te kunnen zijn wie ik ben, maar het is de enige manier om bij Miljuschka te zijn.

De kids zijn naar school en de nieuwe kok arriveert. Als hij naar de studio aan de overkant loopt, pak ik nog even mijn kans om Miljuschka gedag te zeggen.

'Ik ga, lieverd.'

'Dag mam,' zegt ze.

'Morgen druk?' vraag ik.

'Zelfde als vandaag, maar dan wil ik wat eerder stoppen.'

'Zullen we dan heel even aan het einde van de dag een koffietje doen?'

'Ja, gezellig. Doe maar dezelfde locatie als laatst. O, daar komt de kok weer,' fluistert ze.

'Ja, ik ga.' Zachtjes verlaat ik via de achterdeur het huis.

De volgende dag ben ik al een uur onderweg als ik een appje krijg.

M: Mam, het loopt weer eens gigantisch uit. Ik ben een uur later.

A: Oké, geen probleem, lieverd.

Ik wacht in de auto totdat ze een seintje geeft dat ze binnen is. Eenmaal binnen zet ik koffie voor ons en vraag Miljuschka hoe ze zich voelt.

'Prima,' antwoordt ze kort. Ze zit constant op haar telefoon. 'Sorry, mam, maar ik moet nog wel een beetje werken.'

'Geen probleem, lieverd.'

Na een uur hebben we nog geen woord gewisseld. Ze staat op. 'Ik moet nog even kort een Zoom-meeting in. Kun jij even in die andere kamer gaan zitten, zodat ze je niet zien?'

Maar ik heb geen zin om mezelf weer onzichtbaar te maken en zeg haar dat ik naar huis ga. In de auto app ik Iris.

A: Kan ik je straks even bellen?
I: Altijd.

Mijn enige contacten zijn betaalde contacten, grapte ik gisteren nog tegen Miljuschka. Het is echt zo, maar ik zou me geen raad weten wat ik zonder Iris als klankbord zou moeten.

'Gaat het nog steeds niet goed met jou en Mil?' vraagt Iris als ik haar even later zittend aan de keukentafel bel.

'Niet zo.'

'Vertel.'

'Het lijkt alsof ze steeds meer afstand van me neemt.'

'Is dat zo?'

'Zo voel ik het.'

'Hoe komt dat, denk je?'

'Door de situatie. Ik wil te veel van haar. Van onze relatie.'

'Je verwacht te veel van het moment. Voor haar is het een gewoon moment,' zegt Iris.

'Voor mij is elk moment met haar een kostbaar moment. Dan wil ik te veel, denk ik. Dan wil ik met haar praten over wat haar bezighoudt. Haar geruststellen. Kan ik vertellen wat mij bezighoudt. Wil ik laten zien dat de situatie me niet verslaat. Dat ik nog steeds die sterke vrouw ben op wie zij kan rekenen. Daardoor wordt het geforceerd, alsof ik op sollicitatiegesprek ben. Ik prop alles in dat ene moment en dan gaat zij op haar telefoon zitten. En dat snap ik dan niet.'

'Maar ze is altijd al met je bezig,' zegt Iris.

'Omdat ze zich zorgen maakt om mij, bedoel je? Dat zou

kunnen. De situatie heeft langzaam maar zeker onze relatie veranderd. Omdat het zo uitzichtloos is. Het eindigt niet.'

'Vindt zij dat ook?'

'Weet ik niet. Ik heb het daar met haar niet over, want dan gaat het weer over die rotsituatie. Maar het is een feit dat alles anders is. Niets kan normaal. Samen in de auto naar de frietboer een patatje halen, ik noem maar iets simpels, kan niet. Met elkaar naar de supermarkt, ik mee naar een boekpresentatie van haar, alle normale dingen zijn uit onze relatie geëlimineerd.'

'Je kan in de buitenwereld niet haar moeder zijn. Voor haar veiligheid moet jij je moederrol aan de kant zetten. Dat is pittig. Zeker voor jou.'

'Ik doe me in haar omgeving ook altijd als de schoonmaakster of personal assistant voor en daardoor zien andere mensen mij ook zo. Dan is er een kapster die brutaal tegen mij doet door mij te vertellen dat mijn kleindochter haar schoenen zelf wel kan aantrekken, of een productiemedewerkster die mij verbiedt mijn kleindochter een koekje bij de thee te geven, want daar zit te veel suiker in. Ik begrijp nu pas waar dat vandaan komt. Ik kan niet zijn wie ik ben.'

Ik hang op. Ik heb mijn hart kunnen luchten, maar ik zie geen licht aan het einde van deze tunnel. Ik weet even niet hoe ik verder moet.

De wasmachine piept; de was is klaar. Als ik de trap op loop, zie ik de gaten in de vloer waar mama's traplift heeft gezeten. Ik mis haar zo. Ik ben haar kwijt. Ik ben Miljuschka kwijt. En Rich al veel langer. Wims wraak is compleet.

OKTOBER 2022

Miljuschka – Beveiliging

Alle feiten en factoren zijn afgewogen. Miljuschka krijgt beveiliging als ze naar openbare gelegenheden gaat.

Ik kan niet uitleggen wat een opluchting dat voor me is. En hoe dankbaar ik daarvoor ben. Voor het eerst sinds we zijn gaan getuigen, kan ik ontspannen. Ik hoef haar niet meer dag en nacht stiekem te volgen om haar in de gaten te houden als ze ergens is. Dit is het beste wat me kon overkomen. Ik heb rust.

Ik lig heerlijk relaxed op de bank als Rich appt. Na onze laatste video-ontmoeting heb ik even genoeg van hem. De situatie waar Miljuschka in zit, kan hem morgen ook overkomen. Daarom moet hij scherp zijn, maar hij gaat drinken. Om er niet aan te hoeven denken, viert hij het liefst elke seconde van de dag krampachtig het leven. Miljuschka doet het weer anders; zij probeert de situatie te vergeten door nog harder te werken. En Francis doet het door zich te laten ondersneeuwen door alles wat anderen van haar verwachten. Ik begrijp het. Maar dat ik Rich begrijp, betekent niet dat zijn gedrag geen effect op mij heeft. Mijn vertrouwen in hem is toch weer een beetje afgenomen.

R: Kan ik je zien. Morgen bij mama. Het is maar kort. Maar mama moet er niet bij zijn.
A: Wanneer?
R: Ik ben vrij. Ik kan de hele dag.
A: Zie ik je daar morgenavond om half acht.
R: Oké. Ik ben er.

Ik bel Sonja om de ontmoetingstijd buiten Rich' medeweten om te verplaatsen. 'Rich is morgen vrij. Vraag hem of hij morgenochtend koffie komt drinken, dan zorg ik dat ik er ook ben. Hij wil me iets zeggen, maar jij mag er niet bij zijn.'

'Is goed. Dan ga ik wel even weg.'

Die avond ga ik vast naar Sonja en blijf daar slapen.

De volgende ochtend staat Rich voor de deur.

'Hé jongen. Koffie? Gebakken eitje?' vraag ik.

'Allebei lekker.'

'Oké.'

'Ik ga even naar de apotheek, medicijnen halen,' zegt Sonja.

Zodra ze weg is, valt Rich met de deur in huis. 'As, ik wil veranderen. Ik ga hier weg. Met al die gekkigheid over die dreiging. Ik ben het zat. En dan vlucht ik weer in de drank. Als ik hier blijf, drink ik mezelf nog eens dood. Ik ga naar Spanje.'

'Spanje?'

'Ja, Marbella.'

'Marbella? Dan kun je hier net zo goed op het Leidseplein rondhangen. Daar zit het vol met criminelen.'

'Maar daar ga ik toch niets mee doen? Ik ga afvallen, trainen. Transformeren.'

'Oké… Dapper.'

'Ik ga eind van het jaar weg.'

'Dat is al snel.'

'Ja, de vijfentwintigste geef ik een afscheidsfeestje.'

'Een afscheidsfeestje... Nou, ik steun je uiteraard, en als jij denkt dat je zo van de drank afkomt, moet je dat proberen.'

'Ja, ik wil weg uit deze omgeving, weg van deze hele familiegeschiedenis.'

'Dat zoek je ook op. Als je de stad niet in gaat, spreekt niemand je aan.'

'Ik denk gewoon dat het goed is, As.'

'Dan moet je dat doen. Wanneer ga je het mama vertellen?'

'Later, ik wil eerst weten wat jij ervan vindt. Mama gaat toch weer moeilijk doen.'

'En ga je dan nu alvast stoppen met drinken?'

'Nou, ik wil wel minderen, maar ik ga daar pas echt beginnen.'

'Dus je geeft jezelf weer een excuus om de komende weken te mogen drinken? Want je gaat toch straks stoppen? Dan neem je jezelf toch in de maling? Als je wil stoppen, kun je nu ook stoppen.'

'Dan stop ik nu toch, geen probleem.'

NOVEMBER 2022

Naar John

Sonja appt: *As, gaan we nog naar John deze maand? Want dan wil ik wel iets leuks halen om aan te trekken.*

Ja, zus, laten we dat maar doen.

Sonja en ik zijn uitgenodigd door John van den Heuvel voor de presentatie van zijn boek. Een intieme bijeenkomst, zegt hij. Het is voor het eerst in jaren dat ik naar een feestje met voor mij onbekenden ga. Maar omdat John de best beveiligde persoon van Nederland is, durf ik het aan.

Twee dagen later facetimet Francis mij. Ze is met Sonja naar een leuke kledingzaak gegaan en belt me zodat ik op afstand mee kan winkelen.

'Hé As, hoe vind je deze broek?'

'Leuk,' zeg ik.

'Ik pas hem even voor je.' Ze geeft haar telefoon aan Sonja.

'As, ik denk dat we hier voor jou wel iets leuks kunnen vinden om aan te trekken,' zegt Sonja.

'Het moet een beetje feestelijk zijn,' zeg ik. 'En geen zwart.'

'Ja, ik weet het.' Ze filmt ondertussen hoe Francis de broek aantrekt. 'Zo, hoe vind je hem? Hij is mooi glimmend. Parelmoerachtig.'

'Heel leuk. Ja, doe maar.'

'En wat vind je van deze trui?' vraagt Sonja. 'Staat mooi op die broek.'

'Ja, enig met dat gouden draadje erin verwerkt. Feestelijk. Ook goed.'

'En dit pak is mooi,' zegt Francis. 'Roomwit. Valt heel mooi. Kijk maar.' Ze doet het pak voor me aan.

'Ook heel mooi. Maar ik kan zo niet zeggen of het mij past.'

'Ik kan hem ruilen,' zegt Francis.

'Neem dat pak!' zegt Sonja. 'Dat is weer eens wat anders. Je hebt alleen maar ouwe meuk van jaren geleden.'

'Neem maar mee. Als het past, kan ik in ieder geval tussen twee outfits kiezen.'

Het is zover. We gaan onszelf uitlaten. Ik kies voor feestelijk in plaats van chic en doe de parelmoeren broek en de glittertrui aan. We vragen Bewaken en Beveiligen of zij ons kunnen brengen. We krijgen een staartje tot op de snelweg, en daar laten ze ons los. Als we de locatie naderen, zien Sonja en ik een drukte vanjewelste. Drones vliegen boven het gebouw. Overal politie. Beveiligers. Hier is niks intiems aan. En ook niks low profile. We twijfelen. Gaan we dit aan of niet? Maar we hebben ons zo verheugd op dit uitje dat we toch maar naar binnen gaan.

Binnen overvalt de drukte me. Ik ben grote gezelschappen niet meer gewend. Er zijn wel honderd man. Een paar ken ik van vroeger en het is fijn ze daar weer eens te zien. Een aantal van hen zitten in hetzelfde schuitje als Sonja en ik, met dat verschil dat zij wel persoonsbeveiliging krijgen, waardoor ze gewoon door kunnen met hun werk en wat makkelijker naar sociale gelegenheden kunnen. Net als John. Niet dat ik hem benijd, maar toch ook weer wel. Ik zou maar wat graag beveiligd iets met mijn kind of kleinkinderen kunnen ondernemen. Zonder omkijken, zonder alert te moeten zijn. Gewoon eens met iemand in een restaurant een hapje eten zonder dat ik altijd het tafeltje neem met uitzicht op de deur en bij elke hap langs mijn tafelgenoot kijk om te zien wat er binnenkomt. Of een keer naar de bioscoop met mijn kleinzoon. Alleen al het goede gevoel om hem dat niet altijd te hoeven weigeren als hij dat vraagt, zou ik heerlijk vinden. Of eens op de fiets met Miljuschka naar de Landwinkel, verse groenten kopen, in plaats van in mijn eentje in een pantserauto naar de supermarkt in Verweggistan, omdat ik niet dicht bij mijn woonplaats een boodschap kan doen. Ik zou zo graag eens iemand anders willen zijn dan die vrouw die zich onder een steen verstopt zodra er vreemde mensen binnenkomen. Een oma willen zijn die met de hele familie naar de kermis gaat in plaats van de verhalen achteraf aanhoort.

Ik ben enige tijd geleden gestopt met vechten voor het recht op een familieleven. We vinden bij de staat toch geen gehoor. En ik werd er letterlijk ziek van. Maar sinds het feestje borrelt de ongelijke behandeling toch weer op en voert dat gevoel steeds meer de boventoon. Ik ben heel blij met de beveiliging van Miljuschka, maar het is toch te gek dat ik niet ook wat beveiliging krijg? Bijvoorbeeld als we na het feestje van John weer naar huis gaan.

Maar er is hoop. Op enig moment komen Sonja en ik in gesprek met de minister van Justitie en Veiligheid, Dilan Yeşilgöz. Ze hoort ons aan over onze ervaringen als getuige. Ze is verbaasd. Zij had geen idee hoe er met ons werd omgegaan. Zij wil verandering. Het geeft ons hoop, want zij maakt zich hard voor de psychosociale zorg voor te beveiligen personen. Ze wil meer aandacht voor de druk die de dreiging en beveiligingsmaatregelen op hen legt. Misschien gaat er nu dan eindelijk iets veranderen?

DECEMBER 2022

Mama – Tompoes

Onderweg naar de locatie die Miljuschka geregeld heeft, bel ik Ronald. 'Hai Ronald, omdat ik mijn verjaardag vier, app ik je wat mij opviel. Voor het archief.'

'Stuur maar door,' antwoordt hij.

A: [afbeelding auto]
A: Viel op vanwege het volgende:
- gezien achter het voertuig en bij de woning. Binnen een paar minuten.
- nam op het laatste moment de afslag en maakt vervolgens 360 op de rotonde
- komt kort daarna langs de woning
- vanmorgen ook zon Ford kaatje achter me. Ik ben juist blijven staan omdat ik het niet vertrouwde
- daarna die zwarte auto

Als ik twee uur later binnenkom zijn Miljuschka, Sonja en Francis er al.

'Het is mijn allereerste verjaardag zonder oma erbij,' zeg ik tegen ze.

'Ja, gek hè? Als kind deel je al je eerste keren samen met je moeder. En als ze er niet meer is, doe je alles een eerste keer zonder je moeder,' zegt Miljuschka, en ze pakt mijn hand. 'Wil je koffie?'

'Lekker.'

'Tompoes? Zonder oma, maar we moeten de traditie wel voortzetten, toch?' zegt Francis.

'Oma zou niet anders willen,' zegt Miljuschka.

'Nee. Kom maar op met die tompoes.'

'Jullie ook?'

'Tuurlijk,' zegt Sonja.

We pakken alle vier een tompoes uit de doos. Francis neemt het woord. 'Nou, omdat oma een hekel had aan alcohol, doen we het even helemaal in haar stijl.' Ze heft de tompoes in de lucht en zegt: 'Op oma!'

We volgen alle drie haar voorbeeld, heffen de tompoes in de lucht en zeggen tegelijk: 'Op oma.'

'O, mam, die rimpels! Je hebt de handen van oma!' roept Miljuschka verbaasd uit.

'Ja, ik weet het.' Ik strek mijn handen naar haar uit.

Ze pakt ze vast. 'Bizar, hè, hoe je huid langzaam in die van haar verandert.'

'Ik zie het elke ochtend als ik in de spiegel kijk. Mijn huid lijkt steeds meer op haar huid. Kijk, die fijne lintjes bij de overgang van mijn arm naar mijn handen als ik mijn polsen buig. De manier waarop mijn onderarm rimpelt.'

'Precies oma,' zegt Miljuschka.

'Maar ik heb hoop, want tegen het einde van haar leven werd oma's huid steeds mooier. Alle oneffenheden verdwenen als sneeuw voor de zon. Haar figuur werd weer strak. Als ik haar waste, zei ik vaak tegen haar: "Mam, kijk nou hoe mooi je bent, je hebt weer het lichaam van een meisje van achttien." Dan zei ze: "Je bent niet goed." Maar het was echt zo. Haar benen, jullie weten hoe haar benen eruitzagen: zoals die van ons. Echt, er was geen spoortje van cellulitis meer te bekennen. Son, jij hebt het ook gezien, toch?'

'Ja, het is waar.'

'"Je gaat weer terug in de tijd," zei ik steeds tegen haar, en dan lachte ze. Maar de laatste keer dat ik dat tegen haar zei, zei ze: "Nee, As, ik ga niet meer terug in de tijd. Mijn tijd zit er bijna op. Maar ik heb mijn kinderen, kleinkinderen en achterkleinkinderen zien opgroeien, en wie heeft dat geluk nou?"'

Francis heeft tranen in haar ogen. Ik pak haar hand. 'Ik huil niet van verdriet hoor, want ik weet dat het voor oma goed is zo,' zegt ze zacht, en ze neemt een hapje van haar tompoes. 'Op oma.'

'Op oma,' zeg ik.

Aan het einde van de maand vertrekt Rich naar Spanje.

'Laat je af en toe wat van je horen?' vraag ik.

'Tuurlijk,' zegt hij.

'En doe je daar wel een beetje voorzichtig? Want daar lopen allemaal van die gekkies rond.'

'Ja, ja, As. Komt goed. Ik ben niet dom. Ik kom terug als een ander mens. Let maar op. Als ik eenmaal iets besloten heb, doe ik het ook.'

'Nou, oké dan maar. Dag lieve jongen, kleine Garnalenman.'

De volgende dag stuurt Rich een foto van zichzelf op een terras, zijn arm om een oudere, vriendelijk uitziende Spaanse politieagent heen die gemoedelijk met hem poseert. Om zijn middel is zijn wapenuitrusting duidelijk zichtbaar: handboeien, vuurwapen en nog net de bovenkant van zijn wapenstok. Eronder schrijft hij: *Cor is er weer. Hebben de politie al in onze zak.*

Pas maar op dat dat ding niet afgaat. Dan heb je een gat in je voet, stuur ik terug.

Hij stuurt een smiley. Rich heeft humor. Dezelfde humor als Cor.

JANUARI 2023

Wim wil uit de EBI – Brieven

Ik bel Sonja. 'Wim heeft beroep ingesteld tegen zijn verblijf in de EBI. Hij wil eruit.'

'Hij wil eruit? Geen douche meer op cel?'

'Hij wil eruit.'

'Waarom wil hij eruit? Mmm, dat is geen goed teken. Ik mag toch hopen dat ze hem er niet uit laten.'

'Nee, want de beroepscommissie begrijpt dat het OM en de minister vrezen voor wraakacties op de zussen.'

'O, gelukkig.'

'Ja, maar dat hij eruit wil, is niet alles. Hij schrijft ook brieven.'

'Zie je! En jij vindt hem altijd maar zielig. As, hij vindt altijd zijn weggetje. Hij is niet zo moederziel alleen als jij denkt. Aan wie schrijft hij?'

'Aan een "vriend en aan zijn ex-partner, tevens de moeder van zijn kind".'

'Echt?! Gewoon over de post? De EBI leest toch al zijn post voor ze het versturen? Waarom zou hij dat doen?'

'Ja, dan wil hij waarschijnlijk wel heel graag contact en lukt het hem even niet op een andere manier.'

'Dit is niet goed. Wat staat er in die brieven?'

'Geen idee, Son. Er staat alleen dat volgens Wim de inhoud onschuldig is. Maar ja, de inhoud moet wel onschuldig lijken, anders verstuurt de EBI die brieven niet. En Wim kan natuurlijk als geen ander via versluierd taalgebruik de inhoud onschuldig over laten komen. Zo deed hij dat met ons ook altijd. En met die paar anderen waarvan hij weet dat die "zijn taal" begrijpen. Het OM zegt overigens ook dat de inhoud onschuldig kan lijken maar dat niet hoeft te zijn.'

'Zoals wij hem kennen, is het vast niet onschuldig, maar hij is niet te pakken op dat soort dingen. Wat zegt de RSJ over die brieven?'

'Die zegt dat het misschien begrijpelijk is dat Wim zijn ex schrijft, maar dat zij aan Wim maandelijks een hoog bedrag overmaakt. En dat het daarom niet onbegrijpelijk is dat de minister juist dit contact eerst nog zeer zorgvuldig wil monitoren.'

'Zij stort nog steeds geld voor hem?'

'Omdat Wim de vader van haar zoon is. Dat heeft ze volgens Wim verklaard.'

'Kunnen we erachter komen wat hij schrijft, As?'

'Nee, dat is weer de privacy van de gedetineerde.'

'Waarom maken ze het die mensen toch zo makkelijk? En schrijven ze nu met elkaar?'

'Er staat dat zij niet op zijn brief heeft gereageerd.'

'Mmm. En verder?'

'Dat de RSJ de zorgen van het OM en de minister begrijpt. Omdat de communicatie op een gevoelig moment tot stand komt.'

'Door de uitspraak in hoger beroep?'

'Ja, de kans dat "hij niets meer te verliezen heeft" is door de opnieuw opgelegde levenslange gevangenisstraf toegenomen.

Dus hij moet wel in de EBI blijven. Op 17 augustus 2022 is hij weer met zes maanden verlengd.'

'Het is nu januari, dan loopt dat volgende maand alweer af!' roept Sonja.

'Ja. Dat is al snel.'

'Ik krijg weer helemaal de kriebels als ik hierover nadenk. Kunnen we niet even een rondje IKEA doen? Ik moet even mijn gedachten verzetten.'

'Ja, graag. Ik zie je zo.'

Als ik met Sonja over de afdeling beddengoed loop, voel ik me niet lekker worden. 'Son, ik voel me niet goed, ik moet hier weg.'

'Wat heb je dan?'

'Ik weet het niet. Maar ik moet hier weg.'

'Kom, dan gaan we.'

Op weg naar de uitgang begin ik hevig te klappertanden, ik heb het ijskoud en heb moeite met ademen.

'As, wat is er?'

'Hier heb je de sleutel, rij jij maar. Dat lukt me niet.'

'As, doe rustig. Je bent aan het hyperventileren. Adem rustig door, dan is er niks aan de hand.'

'Oké, dan rij ik wel.' Nog geen kilometer verder zeg ik: 'Ik moet van de weg af. Ik ben zo beroerd. Ik voel mijn handen en voeten niet meer. Straks rij ik ons nog dood. Ik moet naar de vluchtstrook.'

'Die heb je al gemist. Ga er hier maar af bij de afslag.'

Ze trekt aan het stuur en onderaan de afslag zet ik de auto langs de kant. Mijn hele lichaam schokt.

'Ik moet naar huis, ga je mee? Ik kan zo niet alleen blijven, dit is niet goed.'

'Nee, we gaan meteen naar de spoedeisende hulp. Stap uit, dan neem ik het stuur over.'

Op de SEH aangekomen word ik in een rolstoel gezet. Ik heb steeds meer moeite met ademen. Ik word doorverwezen naar een wachtkamer, waar een arts me zo snel mogelijk zal ophalen. Mijn vingers zijn ijskoud. Ik doe mijn handen omhoog en kijk naar mijn vingers. Het voelt alsof het leven er langzaam uit verdwijnt, dat ik niet bij machte ben het leven vast te houden. Ik raak in paniek en smeek een langslopende arts of hij me kan helpen. Hij hoort me niet. Ik roep om hulp, want ik voel dat ik geen grip meer heb op het leven. Ik sta achter de rolstoel en zie mezelf zitten, smekend, en ik denk: het is toch wat, ben ik zo voorzichtig, ga ik dood zittend in een rolstoel. Zo plotseling, omdat mijn lichaam het laat afweten. En waarom weet ik niet. Dan gaat er een deur open en haalt de arts me binnen. Hij gaat me helpen, zegt hij. Ik wil water. Alsjeblieft, mag ik water? Geef me water. Maar hij weigert, sluit me aan op infusen, wikkelt me in een warmtedeken en geeft me zuurstof. En dan ben ik weg.

Als ik bijkom, zie ik Sonja naast mijn bed staan. Een bezorgde blik. 'Ze zijn je bloed aan het onderzoeken. Het komt goed, zusje.'

'Ik wil water.'

Sonja pakt een plastic bekertje en vult het met water. De verpleegkundige komt binnen. Sonja reikt me net het bekertje water aan.

'Wat doet u? Zij mag absoluut geen water.'

'Alstublieft, een klein beetje.'

'Nee mevrouw, dat kan levensbedreigend zijn. U moet even niet drinken. En niet eten.'

Na diverse onderzoeken volgt de diagnose: ik heb sepsis door een bacterie in mijn bloed.

In twee weken tijd lig ik drie keer op de Spoedeisende Hulp. En ook daarna willen de ontstekingswaarden in mijn bloed maar niet zakken.

'Hoe voel je je?' vraagt mijn huisarts.

'Slecht. Zo ziek.'

'We prikken even bloed voor je ontstekingswaarden. Helaas, weer verhoogd. Kom morgen terug, dan meten we weer.'

Kom morgen terug. Graag, maar hoe? Ik ben te ziek om zelf te rijden en Sonja is morgen voor een langere periode weg. Een taxi nemen is geen optie. Ik heb niemand. Zij is de enige die met me mee wil en durft te rijden.

'Ik blijf wel bij je,' zegt Sonja.

'Nee, je verdient die vakantie. Ga maar. Ik red me wel.'

'Maar als je dan ineens weer zo ziek wordt? Dan heb je niemand om je naar het ziekenhuis te brengen.'

'Dan moet ik maar een ambulance bellen.'

'Dan is je adres niet meer geheim.'

'Son, ik kan toch niet de rest van mijn leven van jou afhankelijk zijn? Ga, ik verzin wel wat.'

FEBRUARI 2023

Maatregelen

Sonja, Francis en Rich zijn in het buitenland. De beveiliging van Miljuschka is beperkt tot werkgerelateerde activiteiten, zoals haar werk bij *RTL Boulevard.* Voor privéaangelegenheden krijgt ze geen beveiliging. Naar een dokter met haar zieke moeder valt onder privéaangelegenheden. Miljuschka kan me dus ook niet helpen. En ik wil ook niet dat ze dat riskeert zonder beveiliging. Ik zit volledig zonder hulptroepen. Ik heb niemand die de omgeving voor me in de gaten kan houden, nu ik dat zelf niet kan. Ik ben te ziek om op te letten of ik gevolgd, gespot of omgelegd word. Die stress kan ik er nu niet bij hebben. Ik ben op. Dit gaat al jaren zo. En we krijgen steeds maar te horen: het is je eigen schuld, dan had je maar naar het buitenland moeten gaan. En dat accepteren we, want we zijn te moe om terug te vechten. Gevangen in de starheid van een systeem waar iedereen zich achter iedereen verschuilt en geen enkel echt, levend mens van vlees en bloed verantwoordelijkheid neemt. En ik ben het gewoon gaan vinden.

Maar dat moet maar eens afgelopen zijn. Ik wil net als iedereen zonder stress naar een dokter kunnen. Ik vraag Ronald om een afspraak met de officier Getuigenbescherming. Die zal volgende week plaatsvinden, is het antwoord. Maar ik hoor verder niks, dus ik app hem opnieuw. *Ronald, komt er nou volgende week een afspraak of niet?*

Weet ik niet, is zijn reactie.

Maar ik wil weten waar ik aan toe ben. Dit kan niet weer even wachten, worden uitgesteld, opgeschoven en uiteindelijk worden geparkeerd, zoals het zo vaak gaat. Ik ben ziek en ik moet naar de dokter. Ik stuur naar iedereen die bij ons getuigentraject betrokken is berichten in de hoop een gehoor voor mijn probleem te vinden.

Er is nul initiatief van de staat om mij te beschermen en/of mijn bestaan enigszins menswaardig te maken. Terwijl er een zorgplicht bestaat, word ik al acht jaar in een stockholmsyndroom geduwd, omdat 'het toch mijn eigen schuld is dat ik geen beveiliging krijg, omdat ik niet naar het buitenland wilde vertrekken'.

De volgende dag krijg ik de toezegging dat ik over twee weken een afspraak krijg met de officier Getuigenbescherming. Maar ik kan geen twee weken wachten. Ik ben nog steeds ziek, kan zelf niet rijden en moet naar de dokter voor mijn ontstekingswaarden. En de dokter kan niet bij mij komen, omdat ik op een geheim adres zit.

Ik app Ronald weer.

A: Ik heb 1 maart een afspraak met Getuigenbescherming. Hopen maar dat er tot die tijd niets gebeurt.

R: Er komt maatwerk.

A: Maar Ronald, wat heb ik daar vandaag aan? Waarom krijg ik geen beveiliging? Waar blijft de tussenoplossing? Ik kan niet eens naar een dokter! Of het moet met superveel stress en risico. Ik ga niet meer onbeschermd de straat op, zoals toen jullie al wisten dat Wim opdracht aan twee medegedetineerden had gegeven om mij buiten te laten liquideren en jullie mij gewoon naar kantoor lieten gaan! Ik leef nog, maar niet dankzij jullie. Ik leef nog ondanks de passiviteit van het systeem waar jullie in zitten.

Ik krijg bericht: als ik naar de dokter moet, kan ik beveiliging krijgen. Het is een doorbraak. Ik durf er bijna niet op te hopen, maar misschien gaat er echt iets veranderen. Komt er echt maatwerk. Maar ik reken nergens op, alleen op mijn eigen kring. Gelukkig zijn mijn familieleden snel weer allemaal terug. En langzaam maar zeker knap ik weer op. Maar deze ervaring heeft wel iets bij me losgemaakt. Op deze voet wil ik niet door. Er moet structureel iets veranderen, zodat ik nog een beetje een normaal leven kan opbouwen.

Francis is in de tijd dat ze weg was veertig geworden en Miljuschka wil deze mijlpaal niet ongemerkt voorbij laten gaan. Ze organiseert een etentje voor Francis, Sonja en mij. 'Nadat jij zo ziek bent geweest, wil ik het leven vieren,' zegt ze. 'We gaan met de vrouwen; jij, Fran, Son en ik. Het is te lang geleden dat we dat gedaan hebben.'

De laatste keer dat we met z'n vieren ergens buiten de deur samen waren, is inmiddels zes jaar geleden, toen Francis trouwde. Het was een besloten ceremonie. Omdat Cor niet meer leefde, gaf ik haar weg, en mama was haar getuige. Voor die bijzondere gelegenheid had de staat een uitzondering gemaakt en ons beveiligd. Een hele klus, met zoveel potentiële doelwitten tegelijkertijd in één ruimte bij elkaar. Het trouwfeest was op een andere locatie dan de ceremonie, in een pittoreske molen met warme sfeer. Ik was van tevoren mee gaan kijken en was er net als Francis meteen verliefd op geworden. In overleg met de beveiliging was besloten het lot niet te tarten en daar niet ook met z'n allen op een kluitje bij elkaar te gaan zitten. Sonja en ik waren daarom niet bij het diner. Het was Peter die voor ons de honneurs waarnam en een prachtige speech voor Francis had voorbereid.

Voor het verjaardagsfeestje huurt Miljuschka een *private dining room* af in een goed restaurant, compleet met een overdaad aan beveiliging. Maar op het laatste moment stapt de overheid in en neemt de beveiliging over. Het is niet duidelijk of ze geen risico willen nemen met vier bedreigde vrouwen op een en dezelfde openbare plek, of dat dit opnieuw een teken is dat er verandering op komst is. Hoe dan ook, ik laat het met veel plezier over me heen komen. Laat de staat maar eens iets voor ons doen.

We tutten ons op, doen ons haar en kleden ons leuk aan. Heerlijk ouderwets vrouwen onder elkaar.

In de privéruimte van het restaurant haal ik een grote ingelijste foto van mama uit de linnen tas die ik heb meegebracht en zet haar voor ons op tafel. Zij mag niet ontbreken. Nu pas zijn we compleet. Het is er knus. Warm. Het voelt zo anders om eens op een andere manier en in een andere omgeving samen te zijn. Ik kan alles even loslaten. Ik hoef niet steeds om me heen te kijken, want dat wordt voor me gedaan. Ik kan ontspannen, en dat ben ik ontwend. Ik ben er stil van. Ik merk dat ik niet veel te vertellen heb. Geen gewone dingen, in elk geval. Ik voel me ineens heel onzeker worden. Ben ik nog wel leuk genoeg?

'Volgens mij ben ik nogal saai gezelschap geworden. Ik heb helemaal niets te vertellen,' zeg ik, en ik lach zenuwachtig.

'Maakt niet uit, mam. We hoeven niet te praten.'

MAART 2023

Maatwerk

Vandaag is het gesprek met de officier en de psycholoog van het team Getuigenbescherming. Ze willen weten hoe het voor mij als bedreigde getuige is om langdurig onder deze emotionele en mentale druk te functioneren. Dan kunnen ze daar rekening mee houden als ze de wet gaan aanpassen. Ik vertel ze dat ik daar kort over kan zijn: het is onmenselijk om langdurig onder deze emotionele en mentale druk te functioneren. En die druk wordt vooral veroorzaakt door een gebrek aan steun vanuit de overheid.

Hoe ik de toekomst over vijf jaar zie, vraagt de psycholoog. Ze herhaalt de vraag gedurende het gesprek wel drie keer, tot haar duidelijk wordt dat ik daar geen antwoord op kan geven. Ze doet nog een poging en concludeert dan zelf: je leeft per dag.

We praten over de tandarts, dat ik mezelf een paardengebit wil laten aanmeten. De psycholoog vraagt of ik echt zoiets ingrijpends aan mijn uiterlijk wil laten doen. Ik denk dat ze mijn situatie niet helemaal begrijpt. Wat doet het ertoe hoe ik eruitzie? Of ik grote tanden of gouden tanden heb? Zie ik eruit als mezelf, dan word ik herkend als Astrid, en dat is beter van niet. Dus het maakt niet uit of ik mijn uiterlijk verander, ik ben niet mijn uiterlijk, omdat ik Astrid niet kan zijn. Maar ik wil wel graag weer íémand zijn. Een identiteit hebben. Ik ben moeder, oma, tante en vriendin. Maar ik kan geen moeder, oma, tante of vriendin zijn, want dat vereist een contact dat bij die rollen past, en dat contact kan ik niet bieden. Daar heb ik hulp bij nodig.

Voor het eerst gaat het gesprek over gevoel, mijn omstandigheden, mijn isolement en de onmogelijkheid een rol in het leven van anderen te spelen. Er wordt aandachtig geluisterd door de beide dames.

'Helpt dit misschien om deze problematiek in kaart te brengen?' vraag ik weinig hoopvol.

'Wat heb je nodig om je welzijn niet in gevaar te brengen?' vraagt de psycholoog.

'Een stukje zorgeloos familieleven. En zonder stress naar een dokter kunnen,' antwoord ik.

Met een sprankje hoop ga ik naar huis en wacht af.

Een week later spreek ik Iris en ze valt meteen met de deur in huis. 'Ik heb dat rapport gelezen dat is uitgekomen naar aanleiding van de dood van de broer van die kroongetuige, Derk Wiersum en Peter. Het staat op internet. Wij hebben het er samen zo vaak over gehad, dat ik dacht: dat moet ik lezen.'

'En wat vind je ervan?'

'Het is moeilijk voorstelbaar, als jij me erover vertelt. Maar nu ik dit gelezen heb... Ik was er gisteren echt door geraakt. Maar jullie zijn niet gehoord, toch?'

'Nee, maar ik heb een keer goed nieuws te vertellen. Zit je goed? Hou je vast. Ik ben in afwachting van de beslissing of ik een familiedag krijg. Dan kan ik onder toeziend oog van beveiliging iets leuks gaan doen met mijn familie buiten de deur.'

'Zo! Dat is een hele verandering. Maar dat mag ook wel na al die tijd. Of niet?'

'Ja, maar het is nog niet zeker.'

'Ik duim voor je, Astrid. Dit zou zo fijn voor je zijn. En voor je gezin.'

In de derde week van maart komt de toestemming. Eens in de zoveel tijd kan ik met een gerust hart met mijn familie op stap. En mijn doktersbezoeken worden beveiligd. Het leven ziet er ineens heel anders uit. Ik kan plannen maken en dat heb ik al heel lang niet meer gedaan. Waar zal ik heen gaan met Storm en Stientje? Ik tintel over mijn hele lijf van opwinding. Het voelt alsof er een grote, zware, ijzeren deur is opengegaan en er een bak zonlicht naar binnen schijnt. Dat gevoel van vrijheid, dat is niet te beschrijven.

Die eerste keer dat ik met Francis, Sonja, Stientje, Storm, Nora en Suus overdag op stap ga en we in de avond eten bij een hamburgertent, vergeet ik nooit meer. Het is 30 maart 2023. Daar zitten we dan. Ik kijk van de een naar de ander, en realiseer me dat ik een sprong in de tijd heb gemaakt. De kleinkinderen zijn inmiddels alweer tien, elf en veertien jaar. De laatste keren dat ik met ze in een setting als deze zat, konden ze de menukaart nog niet of amper lezen. Moest ik nog voor ze bestellen, en werd het meestal het kindermenu. Nu bestuderen ze zelf de kaart, maken overwogen keuzes tussen vlees, vis of vega en bestellen een bijpassend drankje.

Ik heb de indruk dat behalve het gesprek met de officier Getuigenbescherming ook de bemoeienis van minister Yeşilgöz heeft bijgedragen aan het vlottrekken van de impasse met justitie, en ik stuur haar via via een berichtje.

Namens mijn kleinkinderen en mij: dank voor een uitzonderlijk heerlijke dag! Wij hebben genoten. Van elkaar en van de ongedwongen en ontspannen manier waarop het mogelijk was. Het was een enorme beleving. Weg zwart gat en hallo hoop! U heeft een aantal mensen heel gelukkig gemaakt.

APRIL 2023

Mama – Screensaver

Sonja en ik hebben een nieuwe omgeving gevonden om te wandelen. Het is hier prachtig. Zon, water en heide.

'Ik heb mama van mijn screensaver gehaald,' zegt Sonja ineens. 'Ik heb het gevoel dat ze rust nodig heeft.'

'Oké. Waarom denk je dat?'

'Ik weet niet. Ik heb dat gevoel gewoon.'

'Oké.'

'Vind je dat gek?' vraagt ze.

'Nee hoor, jij voelt dat soort dingen altijd heel goed aan. Zo ben jij nou eenmaal. Als ik jou vraag naar die goede groenteboer in Maastricht te rijden, rij je er zo heen, maar als ik je vraag me uit te leggen hoe ik moet rijden, kan je dat niet. Jouw intuïtie is gewoon goed ontwikkeld. Ik heb de laatste drie weken een foto van mezelf als screensaver. Lachend. Ben ik meteen vrolijk als ik naar mezelf kijk. Zien lachen doet lachen. Kijk daar, aan de overkant van het water ligt een park.'

'Daar gaan we heen. Hoe komen we daar?'

'Ik denk aan het einde links en dan die brug over.'

'Maar we kunnen daar niet door.'

Op het veld waar we doorheen wandelen, loopt een oudere vrouw met een hond.

'Mevrouw, kunnen we hier naar links en dan de brug over?'

'Nee,' zegt ze. 'Hier eindigt het pad.'

'Oké. Weet u hoe ik dan aan de overkant kom?'

'Dan moeten jullie helemaal terug en daar de brug over.'

'Dank u wel, gaan we dat doen. Het is wel heel mooi hier, mevrouw,' zeg ik.

'Prachtig, hè? Weet je dat ik de allereerste bewoner was op dit eiland?'

'O, echt?' zegt Sonja.

'Ja. Kijk, daar woon ik. Dat huis heb ik zelf ontworpen met mijn man.'

'Wat een mooi huis,' zeg ik.

'Jullie mogen wel even binnenkijken.'

'Graag,' zeg ik.

Sonja kijkt me vragend aan, maar deze oudere dame geeft me zo'n fijn gevoel dat ik de ontmoeting wil verlengen. Ik knik naar Sonja.

We lopen door een poort en komen uit in een binnentuin.

'Wat is het hier mooi,' zeg ik.

'Ja, deze tuin heeft mijn man aangelegd,' zegt de vrouw, en ze krijgt tranen in haar ogen. 'Hij is een jaar geleden overleden. Maar dat is niet belangrijk.'

'Dat is het wel,' zeg ik, geraakt door haar verdriet, en spontaan omhels ik haar.

De vrouw laat het toe.

'Onze moeder is vorig jaar overleden.'

De vrouw kijkt me vriendelijk aan. Ze heeft een heel warme, zachte blik. Ze doet me aan mijn moeder denken.

Op dat moment krijg ik een berichtje.

'Kijk maar even,' zegt de vrouw.

Ik pak mijn telefoon uit mijn tas. Ik heb geen berichtje ontvangen, maar ik zie dat mijn screensaver veranderd is van de lachende foto van mezelf naar een lachende foto van mama. Haar mooiste foto. Verbaasd laat ik Sonja mijn telefoon zien.

'We hebben het over haar en...'

'... mama is er weer,' maakt ze mijn zin af. 'Ze laat ons niet alleen.'

'Onze moeder is er weer,' zeg ik tegen de vrouw. 'Voordat ze overleed, vroeg ik haar of ze af en toe nog eens bij ons langs wilde komen. Ze zei dat ze dat elke dag zou doen. En sindsdien gebeurt er steeds van alles. Sorry hoor, misschien denkt u dat we gek zijn, maar we geloven dat onze moeder nog steeds bij ons is. Al zal een ander zeggen: je zal wel ongemerkt op een knopje hebben gedrukt.'

De vrouw kijkt me weer vriendelijk aan. 'Lieverd, jouw hand wordt geleid.'

Ik ben overrompeld. Met die ene zin vertelt ze me dat ik niet moet twijfelen aan mijn moeders aanwezigheid.

Dan pakt ze mijn hand. 'Kom, kind.' En ze leidt me naar binnen.

Ik kijk verbaasd om naar Sonja. Zij haalt haar schouders op en loopt achter ons aan.

Als we na een gezellige middag weer buiten staan, zegt Sonja: 'Wat een lieve vrouw. Ik had het gevoel alsof ik weer bij mama thuis was.'

'Bizar, hè?'

'Mama laat ons niet in de steek, hoor, As, dat weet ik zeker. Ze waakt over ons. Alles komt goed.'

'Zet jij mama nou maar weer op je screensaver, want je ziet: ze is het er niet mee eens dat je haar eraf hebt gehaald.'

'Ik doe het gelijk. Sorry, mam.'

MEI 2023

Rich – Terug uit Spanje

Rich komt vandaag terug uit Spanje en Sonja haalt hem op. Ik ga er ook heen, want Schiphol blijft toch een van de veiligste plekken om even contact te maken.

Ik wacht op ze in een hotelbar. Rich ziet er goed uit en is blij verrast me te zien. Hij heeft zijn gewoonten volledig omgegooid, heeft een strikte dagelijkse routine en is weer een slanke en sterke verschijning. In Spanje is hij het meisje van zijn dromen tegengekomen. En hij is 'zo goed als' van de alcohol af. Hij is op de goede weg.

'Ik ben blij dat het zo goed met je gaat, Rich. Nu volhouden. De invloeden hier weerstaan.'

'Dat komt goed, As. Ik heb Maria nu.'

'Je moet het ook zonder haar kunnen.'

'Kan ik. Maar dat hoeft niet. Ik weet dat wij voor altijd samen blijven. Toen ik haar zag, wist ik het: met jou ga ik de rest van mijn leven doorbrengen. We zitten op dezelfde lijn, houden van sporten, en zij drinkt niet. En dan drink ik automatisch ook niet. Zij is echt mijn reddende engel. En ze lijkt op mijn moeder, ook heel lief en verzorgend. Precies waar ik altijd naar op zoek ben geweest.'

Sonja glundert. Voor haar is dit ook een hele opluchting. Als zij even naar de wc gaat, zegt Rich: 'Ik ga die afspraak met Wim sowieso aan.'

'Als het van mama mag. Ik denk niet dat zij het wil.'

'Mama kan dat niet langer voor mij bepalen.'

'We zien wel.'

'Niet "we zien wel". Ik ken die truc, het op de lange baan schuiven. Dat lukte je misschien toen ik nog onder invloed was, maar dat gaat nu niet meer. Ik ben nu scherp. Ik ga naar Wim. Punt uit.'

'Laten we het proberen. Maar het is niet nu bellen en morgen een afspraak. Daar staat een procedure voor. En dat kost tijd.'

'Dat begrijp ik.'

'Ik moet nu gaan. Ik zie je snel weer,' zeg ik.

'Lief dat je gekomen bent, As.'

Twee weken later zie ik hem weer.

'Ik was gisteren in Napoli eten. Weet je nog, dat Italiaanse restaurant? Waar we met papa altijd kwamen,' zegt hij.

'Ja, dat weet ik. Waarom ging je daarnaartoe?'

'Mijn vriend Joeri zegt dat de eigenaar al een jaar lang elke keer aan hem vraagt of ik een keer langskom. Hij riep gelijk toen ik binnenkwam: "El Presidente, El Presidente!" Hij zegt dat het bizar is hoeveel ik op papa lijk. Zelfs mijn handen zijn precies die van mijn vader.'

'Dat is ook zo. Zelfs de manier waarop je je telefoon vasthoudt is hetzelfde.'

'Die eigenaar was nog jong toen hij mijn vader voor het eerst tegenkwam. Hij kwam uit Roemenië en hij zegt dat papa heel speciaal voor hem is geweest. Hij had niet de juiste papieren en daar heeft mijn vader hem toen mee geholpen. En nu heeft hij twee restaurants. Dus hij vindt dat hij alles aan mijn vader te danken heeft. Het is echt bijzonder. Dan kom je daar twintig jaar later binnen en dan ervaar je de impact die mijn vader op iemand heeft gehad. Alles werd geregeld, ik hoefde niks te betalen. Vier voorgerechten, toen weer twee paar pasta's, garnalen. Alles het duurste van het duurste en wijn, eerst witte wijn, toen rode wijn en daarna heel dure whisky.'

'Dat is best veel drank.'

'Ja, ik voelde hem wel, ja. Dat kwam ook door de omgeving.'

'Voelde je je gedwongen om te drinken?'

'Ja, ik kon niet weigeren, maar ben op tijd gestopt. Hij zei ook tegen mij: jij moet niet drinken.'

'Maar hij gaf het je wel.'

'Ja, maar dit was een bijzonder moment.'

'Je kan van elk moment een bijzonder moment maken, als excuus om te drinken.'

'De boog kan niet altijd gespannen staan, As.'

'Als jij nog steeds een roes nodig hebt om de realiteit te ontvluchten, dan kun je beter niet naar Wim. Dan vreet hij je met huid en haar op, want hij heeft geen enkele moeite met de werkelijkheid, hoe vreselijk die ook is. Jij kennelijk wel, anders drink je niet. Ik raad je af om te gaan. Je bent nog lang niet zover.'

Ons gesprek triggert Rich in positieve zin. Hij is vastbesloten. Hij wil naar Wim. En hij wil daar klaar voor zijn. Rich gaat door op de ingeslagen goede weg. Hij werkt hard, bouwt zijn klantenkring weer op, drinkt niet en sport veel. Hij gaat van 118 naar 97 kilo. Hij ziet er steeds strakker uit. Op het moment dat hij zijn streefgewicht heeft bereikt, plaatst hij 'voor en na'-foto's op Instagram. Hij krijgt heel veel positieve reacties. Dat moet gevierd worden. Maar dan toch weer met een lekker wijntje.

We wandelen en praten.

'Leg mij nou eens uit: je wil stoppen met drinken, maar dan vier je dat je een tijdje gestopt bent met alcohol. Dat is toch niet stoppen met drinken?' vraag ik hem.

'As, ik zal nooit helemaal kunnen stoppen met drinken. Dat gaat niet. Dat begrijp jij niet, omdat je dat gevoel niet kent. Jij hebt nooit die vlucht in de alcohol gehad. Ik kan nee zeggen als ik een doel heb, maar als ik dat doel heb bereikt, moet ik wel weer een ander doel zoeken. Zonder doel ga ik weer gezellig drinken.'

'Maar dat hoeft toch niet? Je kan toch ook echt stoppen?'

'Nee. Jij hebt het ook. Als Wim er straks niet meer is, zoek jij ook weer een nieuwe stress. Want dat zit in je lijf, dat ben je je hele leven al gewend. Mama ook. Bij jullie is het gevaar. Bij mij is het drank. Maar het is allemaal een verslaving aan dopamine. Wim heeft het ook. Die moet ook die adrenaline hoog houden, die spanning voelen. Als hij die spanning maar voelt, is het goed. Dan maakt het voor hem niet uit of hij vastzit of niet. Is hij buiten, dan gaat hij weer op zoek naar dezelfde rush. Hij was een vrij man. Geld zat, en hij had nooit meer hoeven werken. Maar hij ging ook weer door in zijn oude patroon. Jij zoekt straks ook weer wat anders, omdat je die spanning nodig hebt. Ik ook. Ik doe het door mezelf doelen te stellen, mezelf uit te dagen, en zo kom ik aan mijn dopamine. Ik vervang de ene verslaving voor een betere. Totdat dat weer normaal is geworden en dan vervang ik die verslaving voor weer een betere. Van doel naar doel. Daar voel ik me lekker bij.'

'Prima. Zolang je maar niet drinkt.'

'Ja, dat zeg je. Maar het is belangrijk dat je me begrijpt.'

'Dat vind ik moeilijk. Maar daar ga ik aan werken, Rich.'

Misschien ligt het aan mij. Heb ik onbewust zo'n aversie tegen alcohol dat ik daar alleen heel zwart-wit in kan zijn? Ik denk het niet, want ik vind een lekker wijntje bij het eten heerlijk. En het zit hem voor mij ook niet in de alcohol zelf, maar in het onvermogen om daar nee tegen te zeggen. In een roes te willen duiken. Kiezen voor het verliezen van de controle. Niet in staat zijn het leven te nemen zoals het is, maar jezelf verdoven. Maar kennelijk begrijp ik hem daardoor niet goed.

Ik vraag Iris om een afspraak en de volgende dag spreek ik haar. 'Iris, waarom houdt Rich voor mijn gevoel een slag om de arm als hij niet wil garanderen dat hij nooit meer drinkt?'

'Omdat hij dat zo voelt. Hij geeft zichzelf de gelegenheid om weer de fout in te kunnen gaan. Dat geeft hem een vorm van controle. Hij moet zelf nog wennen aan de Rich die niet drinkt en dus bouwt hij voor zichzelf een ontsnappingsmogelijkheid in. En voor nu is het goed dat hij dat doet. Het is een stap in het proces waar hij doorheen gaat. Geef hem wat tijd.'

'Oké.'

'Jij ziet het als een zwakte?' vraagt Iris.

'Ja en nee. Ik heb dertig jaar geen chocolade gegeten omdat ik daar migraine van kreeg. Dan ben ik heel rigoureus. Maar sinds enkele jaren kan ik dat weer eten en ook al weet ik dat ik er dik van word, toch eet ik het. Voor die migraine laat ik het, maar voor die extra kilo denk ik: ach.'

'Dat is precies waar het om gaat. Welke omstandigheden geven de doorslag om iets te doen of te laten? Misschien is het tijd voor hem om wat uitwendige impulsen te krijgen. Belangen waarvoor hij het drinken wil laten.'

'Hij is in Spanje de liefde van zijn leven tegengekomen. Ik denk dat zij zijn redding is.'

'Dus misschien stopt hij op een bepaald moment met drinken?'

'Ja, in elk geval met problematisch drinken. Ik heb haar ontmoet. Maria heet ze. Ze is heel bijzonder en ze hebben dezelfde humor. Voor haar wil hij alles doen.'

'Mooi. En hoe is het met jou?'

'Heel goed. Ik heb mijn familiedag, dus ik kan af en toe lekker zorgeloos met ze op stap. Als wij geen professionele relatie hadden gehad, had ik je een keer meegevraagd. Dan had je kunnen ervaren hoe mijn leven eruitziet.'

'Astrid, ik weet het liefst zo min mogelijk van jou. Vind je dat goed?'

'Haha. Ja, natuurlijk. Maar soms denk ik dat je me niet helemaal begrijpt. Omdat ik in zo'n heel andere wereld leef dan jij.'

'Ja, die kritiek heb je vaker geuit. Maar ik doe mijn best om te volgen wat je zegt. En verder is ieder mens in de kern hetzelfde. Dus ik denk dat ik er wel uitkom met jou. Denk jij niet? Wanneer spreek ik je weer? Over twee weken?'

'Is goed.'

JUNI 2023

Miljuschka – Onder de mensen

Iris vraagt tijdens onze Zoom-sessie naar Miljuschka. 'Gaat het goed tussen jullie?'

'Op zich wel. Maar ik kan haar nog steeds moeilijk loslaten. Het voelt alsof ik me aan haar opdring. En dat doe ik eerlijk gezegd ook.'

'Waarom?'

'Ik wil niet dat ons contact verwatert en door de situatie waar we in zitten, kan dat heel makkelijk gebeuren. Wij kunnen niet op een normale manier samen zijn. Dat is logistiek een uitdaging. En inhoudelijk ook, want als je niet op een normale manier bij elkaars leven betrokken kan zijn, maak je geen gewone dingen meer met elkaar mee. Dan praat je ook niet meer over de gewone dingen in het leven en dan raak je elkaar op termijn een beetje kwijt. Dus had ik een tijd geleden al bedacht, dat als ik onderdeel van haar werk zou uitmaken, ik automatisch onderdeel ben van haar leven.'

Wekelijks schrijf ik een column voor haar nieuwsbrieflezers, getiteld *FaceTime*. Het gaat over gesprekjes die we samen hebben. Niks bijzonders, gewoon wat gezellige prietpraat. Maar zo is ze wel gedwongen contact met mij te houden. En onze afspraak is dat het in die gesprekjes niet over Wim en de ellende mag gaan, want onze relatie is zoveel meer dan dat. Dus zijn het altijd leuke gesprekken. En ik schrijf voor haar magazine.

'En dat werkt goed, toch? Jullie hebben een mooie manier gevonden om jullie relatie in stand te houden.'

'Ja en nee. Het levert bij mij ook spanningen op. Als ik schrijf heb ik vaak vragen, en dan moet ik wachten tot zij tijd heeft. Logisch, maar het is moeilijk voor mij, als moeder, als hoofd van het gezin zeg maar, om in die afwachtende rol te zitten. En voor de artikelen die ik schrijf moet ik echt wel even goed met haar in gesprek zijn geweest. En daar komt weleens wat tussen. Zij heeft het gewoon heel druk. Maar ik raak daar gefrustreerd van. En dat levert bij mij spanning op. Zij heeft daar geen last van.'

'Is de werkrelatie in de plaats gekomen van de moeder-dochterrelatie die je vroeger had?'

'Ja, misschien. Samenwerken en moeder-dochter zijn kennen allebei hun eigen dynamiek en daar heb ik me op verkeken. Dan gaat het ineens alleen maar over werk als je contact hebt. Dat is niet wat ik wil. Ik wil juist ook haar moeder zijn.'

'Dan moet je stoppen met werken voor haar. Het zou zomaar kunnen dat als je die werkrelatie stopt, er weer ruimte is om moeder te zijn.'

'Dat zou kunnen. Maar via de werkrelatie heb ik voor mijn gevoel nog een beetje controle over haar. Dan moet ze met me praten, ook al is ze razend druk. En dan kan ik aan haar stem horen of het echt wel goed met haar gaat. Dat de situatie haar niet sloopt, of tussen haar en haar partner in gaat staan. Ze overeind blijft als ze er door anderen op aangevallen wordt. Via onze werkrelatie kan ik bijsturen als zij iets wil doen wat ik te gevaarlijk voor haar vind. Zij wil daar helemaal niet aan denken. En dat snap ik, maar dan drijf ik toch door. Eerlijk gezegd is het vanuit mij allemaal angstgedreven. Ik ben bang dat haar iets overkomt. Ik wil controle over haar hebben. Dat voelt zij heel goed. Dat wringt tussen ons. En zo is onze relatie nooit geweest. Ik kon haar altijd heel vrij laten.'

'Je moet je wereld vergroten. Stop met werken voor haar. Dan krijgt zij van jou vanzelf meer ruimte. En jij moet meer onder de mensen. Dan gaat zij ook weer een andere kant van jou zien.'

'Ja. Het komt elke keer op hetzelfde neer. Ik moet mijn wereld vergroten. Maar ja, hoe?'

Ik bel Sonja en vertel haar over mijn gesprek met Iris. 'Ik moet stoppen met werken voor Mil en me weer onder de mensen begeven.'

'Dat is makkelijk gezegd, je onder de mensen begeven. Volgens mij snapt jouw Iris het nog steeds niet. En stoppen met werken voor Mil? Wat moet je dan gaan doen? Bij Mil werk je vanuit je eigen huis. Dat kan toch nergens anders?'

'Ik zie wel hoe ik het doe. Mijn relatie met Mil is belangrijker.'

Twee dagen later spreek ik Miljuschka. Ik vertel haar dat ik wil stoppen met werken voor haar.

'Maar ik zie het niet zoals jij het ziet,' zegt ze. 'Je bent mijn moeder en je werkt voor me. Dat zijn twee verschillende rollen. En tijdens werk zit ik in de werkstand, niet in de moeder-dochterstand, want ik heb een bedrijf te runnen. Waar jij volgens mij moeite mee hebt, is dat ik wel jouw kind ben, maar niet meer jouw kleine meisje. Ik ben een volwassen vrouw, mam. Ik heb een gezin en een heel bedrijf, maar jij blijft naar me kijken alsof ik nog maar tien ben. En dat komt ook door de situatie. Jouw beschermingsdrang voert constant de boventoon. En aan de ene kant vind ik dat heerlijk, want ik ben ook graag af en toe jouw kleine meisje, maar je moet mij ook volwassen laten zijn. En daarin een stap terug doen. Want we zijn gelijk. Ik kan prima voor mezelf zorgen.'

'Pfff. Leer je dat allemaal van je therapeut?'

'Ja, van die therapeut die jij me hebt aangeraden. Maar verschuil je nou niet achter grapjes. We zijn allebei volwassen, maar door de hele toestand heeft onze relatie niet naar volwassenheid kunnen groeien. Heb jij een groot deel van mijn ontwikkeling gemist. Jij hebt geen idee van wat zich in mijn buitenwereld afspeelt. Hoe ik me in de buitenwereld beweeg. Hoe en wie ik ben geworden. Jij bent stil blijven staan bij die jonge vrouw van dertig die na een scheiding met twee kleine kinderen bij jou woonde op je appartementje in de Scheldestraat. Maar we zijn inmiddels bijna tien jaar verder. Daar, in dat gat in de tijd, ligt volgens mij ons probleem. Dus stop voorlopig even met werken voor mij, als je denkt dat het beter is, maar ik vind het wel heel jammer, vooral van onze wekelijkse *FaceTime*. De lezers vinden ons gebakkelei juist heel leuk; ik krijg daar zoveel positieve reacties op. Maar ik steun je.'

'Ik wil gewoon even pauze, Mil. Ik moet minder gefocust zijn op jou. Ik moet weer een eigen wereld creëren, want hoe ik het nu doe, is niet fijn. Voor jou niet en voor mij niet.'

'Het is goed, mam. Doe wat je voelt dat je moet doen. Ik ben er voor je.'

JUNI 2023

Rich – Geen druppel

Ik spreek met Rich af in de lobby van een hotel waar ik voor de deur kan parkeren en goed zicht heb op wat er buiten en om me heen gebeurt. Ik ben eerst naar het oosten van het land gereden om daar ergens boodschappen te doen en ik zorg dat ik minstens een uur van tevoren in de lobby ben, met uitzicht op de ingang. Hij komt binnenlopen en lacht als hij me ziet zitten. Het is erg altijd iedereen te moeten wantrouwen.

'Hoe gaat-ie?' vraagt hij.

'Goed, jongen. Koffie?'

'Ja, lekker.'

'Vandaag een belangrijke dag.'

'Wat dan?'

'Het is voor het eerst dat ik met jou in een openbare gelegenheid afspreek.'

'Vind je het nog steeds een risico?'

'Ik hoop van niet, Rich.'

Hij lacht. 'Maar ik ben nu toch gestopt met drinken?'

'Ja, maar morgen begin je misschien weer. Je hebt te lang gedronken en bent te kort nuchter om dat vertrouwen in je te hebben. Ik hoop dat dat ooit verandert, maar een terugval ligt altijd op de loer.'

'De tijd zal het leren.'

'Ja, over een jaar of vijf of zo.'

'Ik ga ervoor,' roept hij. 'Hop, hop!'

Ik krimp ineen. 'Hop, hop' is zijn stopwoordje als hij gedronken heeft.

Hij kijkt me met een scheef oog aan. 'Geintje.'

'Hoe was je feestje?' vraag ik.

'Geen druppel gedronken,' antwoordt hij. 'Gelukkig maar.'

'Hoezo?' vraag ik.

'Ik kwam aan op het feestje. Iedereen ging zuipen, natuurlijk, maar ik zat aan het water en toen kwam er opeens een gozer naar me toe. "Ik heb van bronnen vernomen dat jij altijd Heineken drinkt. Maar je stelt me teleur, je drinkt water." Ik reageerde niet, maar hij kwam me steeds opnieuw opzoeken met van die opmerkingen. "Ja, je lijkt echt veel op die vader van je." En: "Jij bent toch de zoon van Cor van Hout? Wat doe je dan voor werk? Dat intrigeert me echt." Hij bleef echt de hele tijd bezig, heel vervelend, maar ik had niet gedronken, dus ik kon normaal doen en hem gewoon negeren. En omdat ik niet reageerde, ging hij met Maria proberen te dansen en lastig doen. En dan kwam hij weer naar me toe en zei lachend: "Jij bent toch de zoon van Cor van Hout? Doe je niks als ik aan je wijf zit?" En: "Je gaat me toch niet liquideren, hè?" Ik lachte het gewoon weg, maar ik zei tegen Maria dat ik het vervelend vond en weg wilde gaan. Toen viel hij nog twee andere mensen lastig en werd hij weggestuurd van het feestje. Maar ja, het was gewoon een vervelende situatie, sloeg nergens op.'

'Gelukkig had je niet gedronken,' zeg ik.

'Nee, want als ik wat had gedronken, had ik hem op zijn bek geslagen. Hij provoceerde maar en provoceerde maar. Maar als ik hem had geslagen, had ík een probleem gehad. En dan had justitie geen rekening gehouden met zijn getreiter.'

'Weer een pluspunt van niet drinken.'

'Ja, elke dag wel iets. Ik krijg ruimte voor andere gedachten ook. Weet je nog, As, dat Wim tegen mama zei dat ze mocht tossen om wie van haar kinderen hij eerst zou doodschieten?'

'Ja, dat weet ik nog.'

'Dat ging over mij,' zegt Rich, en hij kijkt even stil voor zich uit. 'Dat heb ik me nooit zo gerealiseerd, maar de laatste tijd komen dat soort uitspraken wel bij me binnen.'

'Niet zo gek toch, dat jij jezelf altijd hebt verdoofd.'

'De impact komt nu pas. Ik heb gisteren die aflevering van *College Tour* met Wim gezien. We moeten wel in gang zetten dat ik bij hem op bezoek kan. Ik heb het gevoel dat ik het moet doen. Misschien is het een afsluiting.'

'Oké,' zeg ik kortaf, in de hoop dat hij er niet verder op doorgaat.

'We kunnen het wel steeds uitstellen, maar we kunnen het ook vast in gang zetten. Dan weten we in ieder geval of hij het accepteert of niet.'

'Eerst goed over nadenken, Rich.'

'Ja, maar ik wil het wel in gang zetten.'

'Begrijp ik. Ik ga nu,' kap ik het gesprek af.

'Ik loop met je mee naar je auto.'

'Is goed.'

'Zo liep papa ook naar zijn auto,' zegt hij.

'Hou op, Rich, je geeft me kippenvel.'

'Ik denk daar vaak aan. Ook als ik bij mij in de straat loop. Als ik mijn auto parkeer en als er een auto aankomt. Dat is niet lekker. Dan sta ik op scherp. Papa wist op het laatste moment wie zijn verrader was, daar ben ik van overtuigd. Hij wist het. Met die gedachte is hij gestorven. Ik vind het moeilijk om aan dat moment te denken. Dan is het net of ik die kogels in mijn eigen lichaam voel inslaan. Als ik daarover nadenk, hoe ze zijn lichaam hebben toegetakeld... Dan kijk ik dat filmpje van papa, Fran en mij in het zwembad en dan is zijn huid nog gaaf. Die hebben ze helemaal kapotgeschoten. Ik droom vaak dat ik al die gaten met mijn handen probeer dicht te houden. Maar het zijn er te veel. Ik voel dan zijn rauwe vlees als ik dat doe. En dat vind ik helemaal niet eng; ik ben dan blij dat ik hem nog kan aanraken. Terwijl ik bang ben voor bloedprikken.'

'Heftig, Rich. En zo verdrietig ook.'

'Denk je dat hij die motor heeft horen aankomen? Dat vraag ik me vaak af. Heeft hij ze op zich af zien komen? Dat kan toch niet anders? Hij was altijd scherp. Voorzichtig.'

'Ja, hij zal die motor hebben gezien. Misschien zag hij wie erop zaten.'

'Dan wist hij ook wie de schutters waren.'

'Misschien wel, Rich.'

'En dat Wim erachter zat. Ik vervloek ze, die dit hebben gedaan. Ze hebben me mijn vader afgenomen.' Rich ziet dat mijn auto vol staat met boodschappen. 'Moet ik even meerijden en ze voor je naar boven tillen? Anders moet je zeker twee keer lopen. Je woont toch nog steeds waar ik een keer geweest ben?'

Het is niet waar, maar ik zeg ja, om hem in die waan te laten. Het voelt tegennatuurlijk om hem na zo'n emotioneel moment nog steeds te wantrouwen, maar ik kan de emotie mijn verstand niet laten vertroebelen. Hij mag niet weten waar ik echt woon. Zover zijn we nog lang niet. Hij is vandaag misschien nuchter, maar laat hem eerst maar eens bewijzen dat hij dat kan blijven.

'Nee, hoeft niet. Is goed voor me, een beetje beweging,' zeg ik.

Als ik met de gebruikelijke omweg terugrijd naar mijn onderkomen, krijg ik een bericht: *Willem Holleeder heeft eind april/begin mei een operatie gehad in het LUMC. Hij is daar gedotterd.*

Dit is erg. Dit is voor hem een uitgelezen kans geweest om boodschappen naar buiten te brengen. Ik weet nog goed hoe die bezoeken bij ons gingen. Geen seconde werd door hem onbenut gelaten om orde op zaken te brengen. Zeg dit tegen die. Zeg dat tegen die ander. Zorg dat die en die dat en dat doen. Natuurlijk, als hij in de EBI is kan hij ook boodschappen naar buiten brengen, maar zo ongehinderd als in het ziekenhuis, waar geen andere ogen en oren meekijken en -luisteren, en er geen glas tussen hem en het bezoek is, is voor hem echt een buitenkansje. Dit is niet goed.

Ik bericht Bewaken en Beveiligen: *Waarom hebben jullie ons niet verteld dat Wim in het ziekenhuis heeft gelegen?*

Het blijft stil.

Om te laten merken dat het geen zin heeft dat ze zich in stilzwijgen hullen, app ik: *Hij is gedotterd in het LUMC. Gaat er een belletje rinkelen?*

Het blijft stil.

Ik bel Ronald, maar ze mogen niks zeggen: privacy van de gedetineerde.

'Maar hoe verhoudt zijn recht op privacy zich dan tot mijn recht op leven?' vraag ik. En weer blijft het stil.

Ik ga op zoek en achterhaal meer info. Omdat ik geen reactie van Bewaken en Beveiligen krijg, app ik ze weer: *De EBI-regels zijn ook van toepassing buiten de inrichting, maar hij heeft daar bezoek gehad van zijn advocaten: zonder glas ertussen. Tegen de regels dus.*

Privacy, krijg ik weer terug.

Privacy ammehoela. Ze weten het gewoon niet, want de

Dienst Justitiële Inrichtingen – de instantie die verantwoordelijk is voor zijn vervoer en verblijf daar – hoeft niet te rapporteren aan de Dienst Koninklijke en Diplomatieke Beveiliging en ook niet aan Bewaken en Beveiligen, dus ze hebben geen idee. Er is net als bij Peter weer geen geschakelde informatieketen. En van die gaten maakt Wim dankbaar gebruik. Niemand zal er ooit nog achter komen wat er in dat ziekenhuis allemaal door hem is gezegd, of welke boodschappen en instructies hij heeft doorgegeven. Dus kan hij weer het braafste jongetje van de klas spelen, want niet op heterdaad betrapt is niet gebeurd. Kan hij weer hoog van de toren blazen dat hij vals wordt beschuldigd, terwijl hij zich krom lacht omdat hij het systeem weer te slim af is geweest.

Ik bel Sonja. 'Even bij die andere molen?'

'Is goed. Ik kom eraan.'

Als ze bij me in de auto stapt, zegt ze: 'Lekker dan, dat met het ziekenhuis.'

'Zeg dat wel.'

'Ja, en weet je wat zo gek was, As? Ik ben toch twee maanden geleden bij die vrouw geweest die van die kaarten voor me heeft gelegd? Zij zei toen al dat hij heel erg ziek was. En dat klopte dus. Want hij heeft het weer aan zijn hart gehad. Ik vind dat zo ongelofelijk. Ik ga daar volgende week weer heen.'

JUNI 2023

Wim wil nog steeds uit de EBI

'Son, hij is weer in beroep tegen zijn verblijf in de EBI. De beroepscommissie heeft vandaag uitspraak gedaan.'

'En? Hij moet toch wel blijven, hoop ik?'

'Ja, want hij kan volgens het OM nog steeds over voldoende potentiële geldbronnen beschikken om een liquidatie te financieren. En zijn naam heeft nog voldoende gewicht om mensen daarvoor in beweging te krijgen. Van de beroepscommissie mag de minister op dit moment op die informatie vertrouwen.'

'En wat zegt Wim daarvan?'

'Hetzelfde als altijd. Het is allemaal grote onzin, volgens hem.'

'Tuurlijk.'

'Hij heeft op de zitting gezegd dat het humaner was geweest als ze hem de doodstraf hadden gegeven.'

'Op de zitting, ja,' zegt Sonja kil. 'Dat is allemaal weer drama van hem. Hij heeft zich net in het ziekenhuis weer helemaal laten oplappen en dan zou hij nu dood willen? Hij kan toch zelfmoord plegen als hij dood wil? Dit soort dingen zegt hij alleen om weer ergens zijn zin in te krijgen. Maar ondertussen heeft hij allang uitgedacht hoe hij ons te pakken kan nemen. Voor die tijd wil hij echt niet dood.'

'Als het klopt wat ze zeggen over die geldbronnen, dan is hij gewoon weer terug op zijn oude machtsniveau.'

'Ja. En nu?'

'Rustig blijven ademen, zoals Ronald altijd zegt.'

'Ja, dat kan Ronald makkelijk zeggen.'

'Ik ga me er vandaag even niet druk om maken, Son. Ik heb wat te vieren. Weet je wel welke maand het is?'

'Ja natuurlijk, juni. Ik ben toch jarig in juni.'

'Net als Stientje. Dus vanaf deze maand is het nog maar één jaar voordat Stientje twaalf is.'

JUNI 2023

Elf, nog één jaar te gaan

Het is familiedag en ik ga met Stientje winkelen voor haar verjaardag. Dat is tegenwoordig geen makkelijke opgave. En dat geldt voor allebei trouwens, Stientje én Storm. Dat was vroeger wel anders.

Als peuter was Storm dol op Winnie de Poeh. Na deze tijdelijke obsessie voor de honing snoepende beer schakelde hij over op de Smurfen. En elke dag bracht ik een Smurfen-poppetje voor hem mee dat ik vijf kilometer verderop in een speciaalzaak voor strips en stripfiguren kocht. Vaak gingen we samen. Eerst kijken naar de Smurfjes in de etalage en dan naar binnen. Voorzichtig aanwijzen welke hij wilde hebben, zonder de dertig andere Smurfjes die schreeuwden om verkocht te worden om te stoten.

'Die en die, oma. En die.'

'Twee is genoeg, Storm. Nou, drie dan. Vier is ook goed. Vijf dan.'

Van LEGO bouwden we hele Smurfendorpen en torens waar hij Gargamel vanaf duwde en onder luid gejuich van Stientje ter aarde liet storten. Zij volgde alles wat haar broer deed.

Samen gingen ze van LEGO naar *Toy Story* en van *Toy Story* naar superhelden. Storm ging daarna over op computerspellen en Stientje had nog een laatste stuiptrekking van haar speelgoedtijdperk gevonden in dinosaurussen. Heel grote dinosaurussen welteverstaan, zo'n halve meter per stuk. Alsof de afmeting haar moest overtuigen dat ze er nog niet te oud voor was.

Deze maand hebben we twee beveiligde kansen om iets leuks te vinden. We zijn in een XL-speelgoedwinkel en lopen langs de reuzendino's. Ze pakt een raptosaurus uit het rek, houdt hem in haar handen en legt hem weer terug. 'Neeej, oma. Neeej, toch?'

'Wat jij wil, Stientje. Het is jouw verjaardag.'

'Ben ik daar niet een beetje te groot voor dan?'

'Je zit er net tussenin. Je bent al heel groot, maar af en toe is klein zijn ook wel fijn. Of niet? Voor die dagen kun je zo'n dino nemen.'

'Maar ik heb er al een paar.'

'Dan moet je iets anders nemen.'

'Maar al het andere is kinderachtig.'

'Dat vind ik ook. Dus?'

'Ik weet het niet.'

'Je kunt ook een mooi sieraad nemen. Daar ben je nu oud genoeg voor. Een mooi ringetje, misschien? Dat houdt ook zijn waarde. Speelgoed doe je op een zeker moment weer weg, maar een sieraad hou je voor altijd. Denk daar maar over na. We moeten nu gaan.'

Twee weken later zegt ze vroeg in de ochtend: 'Oma, ik heb erover nagedacht. Ik wil graag een zegelring, net als papa. Met een familiewapen erop. Dat vind ik echt mooi.'

'Goed idee.'

We gaan naar de juwelier en ze zoekt een zegelring uit. Geheel in dinosaurusstijl een heel grote.

'Ach lieverd, die is veel te groot voor jouw kleine vingertjes,' zegt de winkelmedewerker. 'Daar blijf je overal mee aan haken en dan kun je je lelijk bezeren. Hier, dit is er een in jouw maat.'

'Maar daar kan geen familiewapen in,' zegt ze teleurgesteld.

'Nee, maar we kunnen wel jouw voorletter op het schildje graveren. Vind je dat niet mooi?'

'Dat is mooi, Stientje. Of misschien die van mama en jou samen? Zo door elkaar heen?'

'Jaaa! En jouw voorletter, oma.'

'Dat wordt een beetje druk. Maar misschien op de achterkant de voorletters van Omie en mij. Dan heb je ons allemaal altijd bij je. Kan dat, mevrouw?'

'Dat kan, maar dan moet het wel met de hand gegraveerd worden en dat duurt even.'

'We hebben nog wat tijd.'

'Dan heb ik de superkracht van vier generaties,' zegt Stientje.

'Zo is dat. En dan doen we volgend jaar als je twaalf wordt een grote zegelring met een familiewapen.'

Eenmaal thuis scrol ik door de opnamen die ik voor elke verjaardag van Storm en Stientje tot aan hun eenentwintigste heb gemaakt. Ik wilde er op die speciale dagen voor ze zijn, ook als ik er niet meer was. Ik kan er zes verwijderen. Die verjaardagen heb ik al gehaald.

JULI 2023

Rich – Heineken

Ik heb met Rich afgesproken in de lobby van een hotel. 'Wil je wat eten?' vraag ik hem.

'Ja, graag, ik heb net getraind.'

'Wat wil je?'

'Doe maar een caesarsalade met kip.'

'Twee caesarsalade, een met en een zonder kip.'

'Nee, ik neem jouw kip wel,' zegt hij.

'Twee met kip dan.'

Op de tafel naast ons zet de ober twee glazen Heineken-bier neer.

'Kijk, daar heb je die naam weer. Overal waar je bent, zie je die naam. En overal waar ik die naam zie, denk ik aan mijn vader. Het is overal elke dag. Onbewust is hij ook bij me als ik drink.'

'Eigenlijk zeg je dat je op het moment dat je Heineken drinkt, je een connectie met je vader hebt.'

'Ja, zo voelt het voor mij.'

'En dat gevoel vind je prettig. Kun je dan niet beter Amstel drinken?'

'Dat is ook van het Heineken-concern.'

'O.'

'Zullen we straks een stukje gaan lopen of durf je dat nog niet aan met me?' vraagt Rich.

'Ik neem de gok.'

Hij lacht.

Als ik naast hem loop, geeft hij me hetzelfde gevoel dat Cor me gaf als ik naast hem liep. Net als zijn vader is hij groot, breed, gespierd en zelfverzekerd. Door de situatie met Wim heb ik Rich acht jaar lang niet meegemaakt. Van een afstand, ja, maar dat was meer schade beperken. Nu leer ik hem kennen. Het is verdrietig dat het zo lang heeft geduurd, maar mooi dat het nu kan.

Hij praat voor zich uit. 'Ik weet nog, toen was papa al dood, toen vloog ik met mama terug naar Nederland met Martinair. En iedereen zat te wachten bij de gate en toen werd er omgeroepen: kunnen de heer Van Hout en mevrouw Holleeder naar de balie komen? Toen moesten we helemaal van achteruit de ruimte naar voren lopen, langs al die mensen. Die allemaal keken, elkaar aanstootten, ons uitlachten. Vreselijk. Bij de balie vroegen ze of we een vlucht later wilden nemen, gewoon om te sarren. Dat soort momenten vergeet ik niet. Als je "een zoon van" bent, maakt het niet uit wat je doet. Je wordt altijd afgerekend op je vader. Neem nou de zoon van Escobar. Die is advocaat, maar zelfs ik denk: nee, die zal toch niet alleen advocaat zijn?'

'Dat denk ik zelfs. En ik ben advocaat!'

'Zoals wij over Escobar denken, zo denken mensen ook over ons. Kijk, heb je die naam weer.' Rich wijst naar een vertrapt blikje Heineken op de grond. 'Overal word ik aan papa herinnerd. Waar ik ook ben, wat ik ook doe.'

Ik geniet van Rich' manier van praten. Onverwacht wijs. Kritisch. Hij spaart zichzelf geen enkel moment.

‘Ik wil weten wie mijn vader eigenlijk was. Ik ken hem alleen maar van de heftige verhalen en grappige anekdotes,’ zegt hij.

‘Je vader was nog een jochie toen hij onder de hoede van twee oudere jongens werd genomen.’

‘Ja, ik weet het. Volgens mij was hij elf toen ze hem voor het eerst lieten inbreken, en zij waren vijftien. Dat is op die leeftijd een groot verschil. Hij moest zich bewijzen. Lieten hem een haas in stukken scheuren en aan de honden voeren. Echt ziek. Ze hebben gewoon een klein kind misbruikt. En maar zuipen.’

‘Zijn stiefvader dronk ook. Met zo’n omgeving was je vader kansloos. En daardoor was jij kansloos.’

‘Hij heeft het gezien van zijn vader. En ik weer van hem. Maar je bent op een bepaald moment alleen nog maar aan het vechten tegen de volgende kater. Het schiet niet op.’

‘Ik ben blij dat je je dat realiseert.’

‘Ja, snappen doe ik het wel. Nu de praktijk nog.’

AUGUSTUS 2023

Miljuschka – Geen *Gilmore Girls*

Zullen we zo even bellen? app ik Miljuschka.

Is goed. Nu in een shoot.

Ik bel Sonja.

Ik ben bezig, appt ze terug.

Ik bel Francis en ze drukt het gesprek meteen weg. *Sorry. Zit bij de kapper*, appt ze.

Onwillekeurig gaat mijn vinger naar het nummer van mama. Toen ze nog leefde, kon ik haar altijd bellen. Maar zij mij niet. Ik was altijd aan het werk. Net als Miljuschka. Ik kan me herinneren dat als ik opnam, ze weleens verwijtend kon zeggen: 'Je wil je moeder niet spreken, hè!' En dan dacht ik: hoe kun je dat nou denken? Ik ben gewoon druk. Dat zei ik dan ook en dan reageerde zij met: 'Jaja.' Alsof het niet waar was. Alsof zij niet minstens evenveel voor mij betekende als ik wist dat ik voor haar betekende. Maar ik kon gewoon niet altijd bellen. Ik zat in zittingen op rechtbanken, in besprekingen met cliënten, bezocht ze op politiebureaus en in gevangenissen. Allemaal momenten waarop ik niet kon opnemen. Net als Miljuschka. Zij is waanzinnig druk. Drukker dan ik vroeger. En behalve haar werk heeft ze ook nog haar man en kinderen.

Drie uur. De kans dat ze zo nog even belt is klein. Ze heeft een teamvergadering, dat duurt wel even. Maar misschien vanavond. Dan vertrekt ze naar Athene en moet ze een halfuur reizen naar Schiphol. Ik stuur een berichtje.

A: Misschien even bellen als je in de auto zit vanavond?
M: Is goed
A: Rond acht uur?
M: Yes!

Om halftwaalf ga ik naar bed. Ik leg mijn telefoon naast mijn hoofdkussen. Misschien belt ze nog.

Een berichtje. Ze appt!

Nee, het is Flip. Hij stuurt een filmpje door van Miljuschka in een ligstoel op een dakterras met een prachtig uitzicht over Athene. Ze zwaait, naast haar ligt haar productieassistent. Ze kletsen samen. Een golf van verdriet komt over me heen. Kon ik maar op deze manier met haar samen zijn. Zo onbevangen met haar kletsen. Al was het maar vijf minuten.

’s Ochtends nog steeds geen bericht. Voor me staat een bak yoghurt met fruit, maar ik krijg geen hap door mijn keel. Ik verbeeld me hoe Miljuschka en haar productieassistent aan de ontbijttafel zitten. Het doet me pijn dat ik niet meer op die manier onderdeel van haar leven kan zijn. Ik zet de tv aan en een aflevering van *Gilmore Girls* op, maar ik zet het meteen weer af. Nu even geen *Gilmore Girls*. Het contrast tussen de warme, liefelijke moeder-dochterrelatie en mijn eigen relatie met Miljuschka nu maakt me alleen maar droeviger.

SEPTEMBER 2023

Rode auto

'Heb je nog nagedacht over het aanknopen van nieuwe relaties?' vraagt Iris.

'Zeker wel, maar ik zou niet weten hoe.'

'Kun je niets verzinnen? Anders blijft je wereld zo klein.'

'Ik zou echt niet weten hoe.'

'Nu ik erover nadenk, zou ik het eigenlijk ook niet weten.'

'Nou, denk gerust verder en laat me weten als je een oplossing hebt bedacht,' zeg ik lachend.

Aan het einde van ons gesprek komt Iris erop terug. 'Je kunt toch gewoon internetdaten onder een andere naam?'

'Daten? Nu heb je het over een liefdesrelatie?'

'Ja, Astrid, dat zou toch leuk zijn?'

'Ik heb je toch al vaker uitgelegd dat ik niet zie hoe dat zou moeten.'

'Maar dat kan toch onder een andere naam? En in een andere stad dan waar je nu zit.'

'Wie zegt dat ik in een stad zit?'

'Dorp dan. Of... Weet ik veel. Ergens ver bij jou vandaan.'

'Oké. Ga verder, Iris.'

'Ja, en dan date je een poosje en als je hem vertrouwt, dan vertel je wie je echt bent.'

'Hahaha!'

'Waarom moet je nou lachen?'

'Omdat het niet de eerste keer is dat je hierover begint. Het laat zien dat je er nog steeds niets van begrijpt, maar ik vind het wel heel aardig van je dat je zo aan me denkt.'

'Nou, ik vind ook echt dat het tijd wordt voor wat liefde in je leven.'

'Ik heb Abbey. We spreken elkaar binnenkort weer.'

'Oké. Tot de volgende keer.'

Was het maar zo makkelijk. Natuurlijk ga ik niet blind op een afspraak met iemand die ik alleen via internet ken. Die zich kan voordoen als wie en wat hij wil zijn. En stel dat ik dat wel doe, dan date ik een poosje en dan denk ik: nou, mijn date is er wel klaar voor om te weten wie ik ben. Die schrikt zich dan het apezuur. Ten eerste neem ik iemand dan al een tijdje in de maling, geen lekker begin van een relatie, en ten tweede vindt iemand het misschien doodeng om dan ineens met mij in een publieke ruimte te zitten. Dat is al snel het einde van de relatie. Bovendien heb ik de verantwoordelijkheid dat mijn date niks overkomt, en dan zou ik er met beveiliging heen moeten gaan, ook geen lekkere binnenkomer. Nee, ik laat het even aan me voorbijgaan. We zien wel wat de toekomst brengt. Als ik net zo oud word als mijn moeder, heb ik nog dertig jaar de tijd.

Sonja belt. 'Hoe was het gesprek met Iris?'

'Goed. Ze vindt dat het tijd wordt voor een beetje liefde in mijn leven.'

'Dat vind ik ook. Voor jou, maar ook voor mezelf. Kijk nou naar mama, als zij ons niet had gehad, was ze op haar ouwe dag ook maar alleen.'

'Mama was nooit alleen. Daar hebben we wel voor gezorgd.'

'Geen dag, ik heb nog alle berichtjes met haar. Tien, twintig berichtjes per dag. 's Ochtends het eerste wat ik deed: mama bellen. Overdag en 's avonds voor het slapengaan. De hele dag door foto's, filmpjes sturen. Elke dag naar haar toe. Zo wil ik niet eindigen, afhankelijk van mijn kinderen. We moeten eropuit. We kunnen niet nog tien jaar zo doorgaan, As, dan ben ik drieënzeventig. Ik moet echt opschieten. Rich zegt ook: mam, je wordt oud, je moet er echt nu opuit, anders kom je nooit meer iemand tegen. Maar waar moet ik heen?'

'Ik weet het ook niet. Maar ik weet wel dat het moet. Als we zo doorgaan, gaan we alleen dood.'

'Als ik daaraan denk, krijg ik het helemaal benauwd. Maar stel dat ik een man vind, dan denk ik alleen maar: Assie zit alleen thuis. En dan voel ik me zo schuldig, want jij hebt alles voor mij gedaan.'

'Hahaha. Ben je gek? Ik zou blij zijn als ik van je af was. Nee, serieus, denk alsjeblieft niet zo. Ik wil niets liever dan dat jij iemand vindt.'

'Nou, op zoek dan maar! Zullen we rondje Schiphol doen?'

'Als je er daar eentje vindt, kun je gelijk op het vliegtuig stappen en nooit meer terugkomen.'

'O, dat lijkt me heerlijk! Pik je mij op? Ik heb geen auto. Staat bij de garage.'

'Heb je helemaal geen vervoer? Dat is goed waardeloos.'

'Nee, morgen weer.'

'Oké, ik pik je op aan de achterkant.'

'Oké.'

Op Schiphol aangekomen gaan we eerst aan de cappuccino. Sonja zit tegenover me.

'Er was weer iets,' zeg ik. 'Ronald appte.'

'O, en?'

'Ja, over iemand die contact zoekt. Geen idee verder. Maar laten we er nu niet aan denken. We zijn hier voor de gezelligheid. Kom, we gaan lopen.'

'Het is hier wel een beetje armoedig aan het worden, vind je niet?'

'Ja, ik mis wat winkels die er eerst wel zaten. Maar het gaat om het bewegen. We zitten nu op twaalfhonderd stappen.'

'We doen er drieduizend en dan gaan we terug.'

Terug in de wijk bij Sonja valt haar iets op. 'Die auto die daar rijdt, die hoort hier niet.'

We gaan erachteraan.

'Gek, hij rijdt weer terug. Hou een beetje afstand.'

'Oké.'

'Daar gaat-ie weer. Zelfde rondje. Waarom gaat hij de wijk niet uit? Ga erachteraan.'

Ik rij achter de auto aan. Plots staat hij midden op de weg stil. Ik sta er zo'n driehonderd meter achter.

'Rij erlangs, dan kan ik zien wie erin zit,' zegt Sonja.

'Nee. Dit voelt niet goed. Ik ga daar echt niet voorbij.'

'Rij nou door.'

'Nee. Waarom blijft hij daar stilstaan, zo midden op de weg? Hij provoceert. Ik rij niet door, hoor, ik ga naar achteren.'

Ik zet de auto in zijn achteruit, rij nog een extra rondje om het huis en parkeer de auto bij Sonja voor de deur.

'Bangerik,' zegt ze. 'Nou weten we niet wat voor type er in die auto zat.'

Op het moment dat we uitstappen klinkt er een enorme explosie. We rennen halsoverkop naar binnen.

'Bangerik, zei je, zus? Ik voelde dat het niet goed was.'

Ik app meteen Ronald om te vragen of hij weet voor wie die

explosie bedoeld was. Vijftien minuten later komt het antwoord: *Niet voor jullie.*

Het is net als wanneer je een rode auto gaat kopen. Dan zie je ineens overal rode auto's. Ze waren er eerder ook al, maar ze vallen je pas op nu je er aandacht voor hebt. En zo is het met gevaar ook. We zijn alert op afwijkend gedrag en dan zie je ook afwijkend gedrag. Ook als het niet voor ons bedoeld is. Maar dat is niet anders. We moeten nu eenmaal alert blijven als we die ene milliseconde willen ontwijken.

Kort daarna krijg ik weer een bericht: *Er is iemand op zoek naar je. Iemand met een verleden waar jij niet op zit te wachten. Ik zeg niet dat het wat is. Maar het is een raar verhaal.*

Niet veel later krijgt ook Sonja een bericht. Over iemand die met haar wil afspreken. Iemand van vroeger, maar ook weer met een verleden waar wij niet op zitten te wachten. Iemand die hele foute types kende.

Ik ben samen met Sonja als Ronald belt.

'Het lijkt druk om jullie heen. De blaadjes bewegen, maar het is onduidelijk waar de wind vandaan komt. Verder kan ik je alleen adviseren rustig te blijven ademen.'

'Helder. We gaan ons best doen.'

'Wat vind jij, As?' zegt Sonja als Ronald heeft opgehangen.

'Het is zeker druk om ons heen momenteel. Maar dat zegt niet dat het op andere momenten minder druk is of drukker, alleen weten we het dan niet.'

'En de blaadjes?'

'Wij weten wel waar de wind vandaan komt. Dat is niet zo moeilijk. Maar het kristalliseert zich vanzelf uit. En dan zien we wel verder. Weer even wat scherper zijn.'

SEPTEMBER 2023

Miljuschka – Onzichtbaar

'Hoe gaat het nu met jou en Mil?' vraagt Iris.

'Met Mil gaat het goed. Ze is heel stabiel. Laat zich niet uit het veld slaan. Doet wat ze moet doen. Neemt alles zoals het komt. Ik sprak haar gisteren en als ik dan zo met haar in gesprek ben, dan hoor ik iemand die haar leven prima op orde heeft. Ja. En ik heb niet veel anders dan haar leven. Ja, en Son.'

'Voelt het alsof je geen waarde meer voor haar hebt?'

'Heb ik ook niet. Ik leef te lang onder de radar. Daardoor is iedereen verdergegaan en sta ik stil. Ik kan nergens aan meedoen, dus kan ik nergens over meepraten. En als je nergens meer over kan meepraten, word je op een gegeven moment niet meer in het gesprek betrokken. Dan ben je op een gegeven moment letterlijk en figuurlijk onzichtbaar voor anderen, loopt iedereen langs je heen. Over je heen. Doe je niet meer mee. Ben je niemand meer.'

'Jullie omstandigheden zijn veranderd, dus het is zoeken naar een nieuwe vorm,' zegt Iris.

'Dat gaat niet. Ik heb met haar alleen een binnenwereld en geen buitenwereld.'

'Heb je dit weleens met haar besproken?'

'Nee, natuurlijk niet. Ik wil niet dat ze inziet wat een zielig leven ik eigenlijk heb. Moet ze zeker ook nog medelijden hebben met haar moeder.'

'Ze kan er dan misschien voor je zijn.'

'Ik moet er voor haar zijn. Niet omgekeerd,' antwoord ik.

'Mag ze er niet voor jou zijn?'

'Nee, vind ik niet. Zij is kind, ik ben haar moeder. Ze zegt ook dat ze haar ouderlijk huis mist.'

'Maar eigenlijk zegt ze: ik mis mijn moeder.'

'Denk je? Maar dan de moeder die ik hiervoor was. Met vrienden, werk en collega's. Een vrouw met een eigen leven. Geen schim die stiekem verschijnt en weer weggaat. In een onopvallend joggingpak. Zo was ik vroeger niet. Ze heeft niet veel meer om trots op te zijn.'

'Dat ben ik niet met je eens, maar je moet wel weer een leven krijgen. We hebben het er al vaker over gehad. Ik denk echt dat je zelf ook andere relaties moet aangaan. Dan ziet Mil ook dat jij weer opbloeit, dat je weer dichter bij jezelf komt en dat is de moeder die ze mist, dat weet ik zeker.'

'Ik wil dat ook graag. Daarom had ik laatst contact met een oude vriendin en daar zou ik mee naar het strand gaan. Ik had er echt zin in. Vlak daarvoor stuurt ze me een bericht met de boodschap: "Kijk, deze foto stuurde Ilse me, daar sta jij ook nog op." Dat was ik niet, maar dan denk ik wel: waarom stuurt Ilse jou die foto? Dan heb jij het toch over mij gehad. Dan zijn er alweer minstens twee mensen die weten waar en wanneer ik naar het strand ga – en ga maar gerust uit van meer – zonder dat ik weet wie dat zijn. En dan zeg ik maar weer af, want ik kan moeilijk tegen mensen zeggen: je mag niet over mij praten. Want dan krijg je een rare sfeer. Het is logisch dat contacten geen rekening houden met de dingen waar ik allemaal rekening mee hou.'

'Ze kunnen het zich niet invoelen,' zegt Iris.

'Ze hebben er geen beeld bij. En daar zit je altijd mee te emmeren. Maar goed, ik vind wel een weg om weer een volwaardige moeder voor Mil te zijn.'

Na mijn gesprek met Iris rij ik naar Miljuschka. Ik wil haar even zien.

'Hoe was je gesprek met Iris?' vraagt ze.

'Ja, wel goed.'

'Waar hebben jullie het over gehad?'

'Dat ik nog steeds zo gefixeerd ben op jou. Dat ik dat een beetje los moet laten. Dat jij het allemaal prima zelf kan. Dat ik het gevoel heb dat ik geen waarde meer heb voor jou.'

'Dát mag je nooit meer zeggen. Geen waarde voor mij. Hoe kun je dat nou zeggen, je bent alles voor me.'

'Ik kan zo weinig voor je betekenen.'

'Mam, wat lul je nou. Je betekent heel veel voor me. Jij bent de enige waar ik onbeperkt tegenaan kan zeiken. Over Flip, over mijn werk, over de kids en alles!'

'Nou, zo vaak zeik je niet.'

'Maar als ik zeik, doe ik dat tegen jou, want bij jou voel ik me altijd veilig. Altijd op mijn gemak.'

'Ja? Nou, dat vind ik fijn om te horen. Ik dacht echt...'

'Je moet niet zoveel denken.'

'Nee, je hebt gelijk. En ik moet ook meer mijn eigen leven gaan leiden, zegt Iris.'

'Moet je ook, mam. Ik gun je zo een eigen wereld.'

'Maar ik heb het gevoel dat als ik niet met jou bezig ben, ik jou in de steek laat. Terwijl ik op je hoor te passen.'

'Dat voel jij zo, omdat je denkt dat je Matilda bent.'

'Matilda?'

'Ja, dat boek dat je me vroeger voorlas. Dat meisje met telepathische krachten uit het kinderboek van Roald Dahl. Jij denkt dat als je maar de hele tijd je gedachten op me richt, dat je mijn leven kunt sturen. Maar sorry dat ik het zeg, dat is een beetje kinderlijk gedacht, mam. Ik merk het echt niet dat jij in je hoofd de hele dag met mij bezig bent. Jij denkt dat ik niet op wil nemen als je belt, maar ik ben razend druk en dan denk ik alleen maar: ik bel je later wel. Maar voor jou gaan de uren heel langzaam en voor mij juist heel snel. Ik heb het idee dat ik je dan gelijk terug heb gebeld.'

'Nou, dat doe je niet, hoor.'

'Precies, dat bedoel ik.'

'Ik begrijp wat je zegt. Ik moet ook weer wat meer binding aangaan met anderen. Met Fran is het altijd heel vertrouwd. En ik vind die ontdekkingsreis met Rich eigenlijk wel heel leuk.'

'Ja, doe! Maak het gezellig.'

'Ben jij zeker van me af, hè?'

'Waarom zeg je dat nou?'

'Dat is toch een geintje.'

'Dat zijn geen geintjes. Met die stomme opmerkingen praat je me een schuldgevoel aan.'

'Zo bedoel ik het toch niet.'

'Jawel, je zegt het toch niet zomaar? Je klinkt net als oma als je dat soort dingen zegt.'

'Au, die komt aan! Sorry, Mil, het is mijn eigen onzekerheid, ik zit gewoon niet lekker in mijn vel.'

'Dat mag, maar botvier dat niet op mij. Als je zo doet, voel ik me onder druk gezet. Ik voel me al ellendig als ik niet kan opnemen als je belt. Dat is niet normaal, mam.'

'Het laatste wat ik wil, is dat je je schuldig voelt door mij. Of dat je je verplicht voelt het mij naar de zin te maken.'

'Nee, mam, ik doe alles uit liefde. Maar het is voor mij ook zwaar dat ik de enige in jouw leven ben op wie je je richt.'

'Waarom zeg je dat dan niet?'

'Ik wil je niet kwetsen en ik wil er ook voor je zijn.'

'Je kan me alles zeggen, dat weet je.'

'De laatste tijd niet, hoor. Je zit zo op de kast. Wanneer hebben wij voor het laatst ruziegemaakt?'

'Kan ik me niet herinneren.'

'Dat bedoel ik. Ik maak geen ruzie meer met je, want dan denk ik: o, niet doen, want misschien is ze er morgen niet meer.'

'Ik heb hetzelfde.'

'Dat is ongezond, mam. Dan wordt het bijna onecht. We verdragen veel te veel van elkaar, iets wat we normaal gesproken niet zouden doen, maar door de situatie doen we het toch. Dat is logisch. Maar het moet wel veranderen.'

'Ik moet veranderen. Maar het komt goed. Kom hier, geef je ouwe moeder een knuffel.' Ik pak Miljuschka vast.

'Ik ben blij dat je zo streng tegen me bent. Maar het is nu wel weer genoeg voor vandaag.'

Op de terugweg in de auto voel ik me opgelucht. Het is goed dat ik naar Miljuschka heb uitgesproken hoe ik me voel. Het is voor mij niet makkelijk me in de ouder-kindrelatie zo kwetsbaar op te stellen. Ook al zijn we allebei volwassen, ik wil voor haar altijd de sterke moeder zijn. Maar ik ben blij dat ik het gezegd heb, en nog blijer met haar reactie. Ik zeg te vaak te veel niet. Denk te vaak voor haar zonder dat ik naar haar heb geluisterd. En ik luister niet omdat ik bang ben dat ze iets gaat zeggen wat ik niet kan aanhoren. Zo ging ik vroeger niet met haar om. En zo ga ik het in de toekomst ook niet meer doen. We hadden allebei altijd het hart op de tong. En we hebben afgesproken dat we weer ouderwets met elkaar gaan bekvechten zodra een van ons iets doet wat de ander niet bevalt.

OKTOBER 2023

Wim – Netwerk buiten

Ik heb een belafspraak met Iris. ‘Hai Iris, ik zeg het je meteen maar, ik ben vreemdgegaan.’

‘Vreemdgegaan?’

‘Ja, ik loop er al even mee rond en ik vond dat ik het je toch moest vertellen.’

‘Vertel.’

‘Nou, je weet dat ik vaak kritisch op je ben, omdat ik vind dat jij me niet begrijpt.’

‘Dat weet ik. Maar ik hoef ook niet alles te begrijpen.’

‘Dat zeg je inderdaad, maar het is voor mij wel lekker als iemand mijn wereld een beetje kent, dus praat ik zo nu en dan ook met een psychologe die veel met getuigen werkt.’

‘Nou, wat fijn voor je. Wat goed dat je dat geregeld hebt.’

‘Ja, het voelt heel goed. Zij heeft ervaring met getuigen en met de overheid, dus ze begrijpt gelijk waar ik het over heb als ik haar iets vertel. Het isolement, de dreiging, de impact van de situatie op mijn relatie met Mil, mijn boosheid op de overheid, mijn gevoel voor Wim.’

‘Als jij er baat bij hebt, dan is het goed.’

‘Je vat het hoop ik niet op als een afwijzing van jou?’

'Nee, natuurlijk niet. Jouw situatie is zo specifiek, ik ken geen ander in jouw omstandigheden. Als jij er baat bij hebt, is het goed.'

'En ik heb er weer een gesprekspartner bij. Dus ik heb wel je advies opgevolgd: ik heb mijn wereld vergroot.'

'Zo bedoelde ik het niet helemaal, maar het klinkt als een positieve toevoeging aan je leven. Ik ben blij voor je. Zullen we doorgaan? Ik las dat er op het gebied van de gevangenissen momenteel veel verandert.'

'Wat bedoel je?'

'Ik zag voorbijkomen dat de politiek onderkent dat gevangenen doorgaan met criminele activiteiten terwijl ze in de gevangenis zitten.'

'Ja, dat speelt al een tijdje. Ze zitten binnen maar hebben geld, macht en een netwerk buiten, en daar maken ze gebruik van.'

'Ja, dat las ik. Jij zegt dit al heel lang over je broer. Denk je dat ze hem dan nu beter in de gaten houden?'

'Nou, er is niemand die naar mij luistert, hoor. Ik kan mijn stem niet eens laten horen. Maar de politiek moet inmiddels wel iets doen. Er is de afgelopen jaren veel gebeurd. Er zijn doden gevallen. Maar of er binnen de inrichting voor Wim echt veel verandert, dat betwijfel ik. Een gevangenis runnen is mensenwerk. En mensen worden verliefd, mensen worden bang of mensen worden hebberig. Bij een van die drie omstandigheden heeft een crimineel die iemand wil gebruiken al beet. De jongeman die Thomas van der Bijl heeft doodgeschoten, is een broertje van de kapster die in de gevangenis werkte. Zij werd daar verliefd op de moordmakelaar die vervolgens haar broertje als schutter inhuurde. Zij was verliefd. Maar zo zijn er ook mensen die bang zijn of wat willen verdienen. Of te vriendelijk zijn. Dat is niet nieuw. Dat is van alle tijden.

Ik weet nog van vroeger toen Cor en Wim vastzaten. Cor werd dertig jaar geleden in de inrichting waar hij zat al met Burgemeester aangesproken. Hij verzamelde zijn vriendjes uit andere gevangenissen om zich heen, creëerde er een eigen sportschool waar hij met "zijn jongens" kon trainen. Zette een snackbar in de kantine op voor het bezoek. En als modelgedetineerde organiseerde hij tot groot genoegen van de directie voetbaltoernooien, zonder dat ze wisten dat de voetballen gevuld met drank naar binnen waren gesmokkeld. Het toernooi was een groot succes en daarna konden er nog dagenlang zuipfeesten gehouden worden. Hij kon zijn positie van Burgemeester in de gevangenis niet opbouwen zonder een netwerk buiten. Door de mensen van buiten wordt van alles binnengesmokkeld. In babyflesjes en luiers. Via lichaamsopeningen van vrienden. Of een relatie met een bewaarster. De mogelijkheden waren legio en zijn dat nog steeds.

Wim kende ook de wegen om wat plezierige randvoorwaarden te kunnen regelen. Zijn toenmalige advocaat zei het al eens: als de heer Holleeder binnenkwam, dan deden de bewaarsters de elastiekjes uit het haar. Het was voor ons als familie ook de normaalste zaak van de wereld dat hij binnen én buiten over voetvolk beschikte, want wij renden immers ook voor hem. Als je mensen vastzet die hun werk hebben gemaakt van het overtreden van de regels, dan gaan ze daar binnen mee verder. Zo simpel is het.'

'Dat was vroeger zo en dat is nu zo?'

'Ja, gedetineerden moeten het gevoel hebben dat ze nog een beetje controle over hun eigen leven hebben. Zo houden ze de mensen rustig. En ik vind het prima als een gedetineerde een telefoon op cel heeft om zijn vriendin te bellen, maar als hij er een liquidatie mee bestelt, dan is het wat anders. Daarom is het wel fijn dat er een betere controle komt. Als die er komt.'

'Daar is nu in elk geval aandacht voor. Ik hoop dat het jou wat meer perspectief zal bieden.'

'Ik hoop het ook. Maar ik wilde nog wat anders met je bespreken.'

'O, wat dan?'

'Nou, jij weet hoe boos ik ben op de overheid, toch?'

'Ja.'

'Nu, die psychologe waar ik het net over had. Die ook met getuigen werkt. Ik vertelde haar mijn geschiedenis met de overheid. Wat ik van hun opstelling naar mij toe vind. En hoe ik daar al jaren onder gebukt ga. Daarop zei ze dat ik eens moet lezen over wat een *moral injury* is. Weet jij wat dat is, Iris?'

'Ja, dan is je gevoel voor rechtvaardigheid door iets of iemand beschadigd. En ik kan me daar in jouw geval, door de manier waarop jij bent behandeld door de overheid, waar je een rechtvaardige behandeling van mag verwachten, goed iets bij voorstellen.'

'Ik vond dat wel een eyeopener. Die beschadiging, dat is mijn boosheid, mijn gevoel van machteloosheid. Kijk, van Wim verwacht ik geen rechtvaardigheid, dus om wat hij me aandoet, kan ik niet eens boos worden. Maar dat de overheid mij zo zou behandelen, mij vogelvrij heeft verklaard, dat doet echt zeer.'

'Het is niet te bevatten.'

'Nee, mijn gevaar wordt net als bij een oud-collega ingeschat op de een-na-hoogste categorie. Hij zit vol in de beveiliging, wordt van en naar zijn werk gebracht, kan dus gewoon doorwerken en met zijn kinderen naar de voetbal en ik, die in dezelfde gevarencategorie zit, krijg helemaal niks! Weet je waarom niet, Iris?'

'Nee?'

'Omdat hij advocaat is en ik niet meer. Daarom krijg ik geen beveiliging en hij wel.'

'Maar jij bent juist geen advocaat meer, omdat dat niet meer kon vanwege je veiligheid.'

'Dat klopt, maar toen ik eraan begon bestond die regeling nog niet. En nu val ik daarbuiten.

Want alleen "de hoeders van de rechtsstaat", advocaten, journalisten, rechters, politiemensen en officieren van justitie, krijgen sinds de dood van Derk Wiersum beveiliging.'

'Maar jij hebt geholpen met een gevaarlijke moordenaar. En dan ben je geen "hoeder van de rechtsstaat"?'

'Nee. Ik "val niet onder dat lijstje", kreeg ik te horen. Ik heb pech. Nu hoeven ze me niet 24/7 te beveiligen, maar hoe moeilijk is het voor ze om me voor bepaalde gelegenheden beveiliging aan te bieden? Dat hoeft niet veel te zijn. Maar net genoeg om nog een beetje een werkend leven en een sociaal leven te hebben.'

'Dit is niet te begrijpen. En vooral voor iemand als jij die houvast ontleent aan het kunnen begrijpen van iets is dat funest.'

'Ja, en dat is het ook. Funest. Maar goed, ik ben blij dat ik nu in elk geval begrijp waar mijn pijn vandaan komt. Dat er veel meer mensen in veel meer situaties zijn die last hebben van een moral injury. Dat het niet vreemd is.'

'Maar daarmee is het niet opgelost.'

'Nee, daar moet ik nog aan werken.'

NOVEMBER 2023

Rich – Oude patronen

'Ik ben van het weekend weer teruggevallen in mijn oude patroon,' zegt Rich.

'Hoe komt dat nou?'

'Tja, het sluipt er langzaam in. Dan gaat het al een tijdje wat minder met mijn werk. En op een gegeven moment zak ik weer helemaal door. En dan kom ik gelijk weer in die cirkel. Krijg ik ruzie met Maria, omdat die drank mijn emoties versterkt. En dan voel ik me slecht. Train ik weer niet. Ben ik weer terug bij af, ga ik me nog slechter voelen en ga ik me weer verdoven totdat ik niks meer voel. Ik stoot weer iedereen af, tot alleen papa nog bij me is. Dan krijg ik meteen de volgende dag weer last van mijn lichaam en om dat niet te voelen, ga ik weer drinken, en dan zit ik weer in mijn oude patroon. En het is heel moeilijk om er weer uit te komen. Alleen ja, ik weet ook, ik moet het zelf doen. Ik kan het alleen zelf weer beëindigen.'

'Het is nu maandag, dus je bent er in ieder geval snel bij.'

'Ja, omdat ik weet waarom ik het doe, en ik wil het ook echt niet meer. Het maakt alles kapot.'

'Maar waarom gaat het dan mis? Dat moet je toch weten, wil je het anders gaan doen.'

‘Ik ben gewoon nog niet waar ik wil zijn. Ik voel zo’n druk, omdat ik voor Maria meer wil betekenen.’

‘Ze houdt van je hoe je bent. Anders was ze niet bij je.’

‘Ja, maar ik wil haar alles geven waar ze van droomt,’ zegt Rich.

‘Als ze van jou droomt, ben je er al.’

‘Je begrijpt toch wat ik bedoel, As?’

‘Ik hoor je. Ben je bijna thuis?’

‘Nee, ik ga nog even langs een vriend. Je hoort me vanavond nog wel even.’

Twee uur later krijg ik een appje.

R: As, ik word wel heel erg in de verleiding gegooid. In het andere gebouw naast me. In het portiek. 2 blokken cocaïne
A: Waaaattttt
R: Ja
A: Kan niet
R: Ik zweer het
A: Afblijven Geen vingerafdrukken!!
R: Nee ik liep erlangs. Ik zag het
A: Ja hoor, Rich
R: Ja, ligt er nog steeds
A: Van wie is dat gebouw
R: Geen idee
Toch teken van boven
A: Waar ben je dan
R: In me eigen huis nu
A: Serieus
R: Ja. Ik ben boven. Het is een ander gebouw niet die van mij. Maar ik loop er langs ik dacht als ik aanbel ergens kan ik ze zo meepakken.

A: Denk je echt dat dat blokken zijn?
R: Ja denk het. Of hasj. Of coke.
A: Afblijven
R: Liggen er 2. Ja ik blijf er af
A: Hoe kan dit?
R: Geen idee. Papa
A: Wat gek dit
R: Hij denkt zal je effe helpen. Als ik beetje gek was. Had ik het gepakt. Had ik het maar in me dacht ik soms.
A: Blij van niet. Dat is nieges en ellende
R: Dat wel. Maar kijk effe hey
A: Waarom liep je daar?
R: Langs huis. Misschien is het hash. Of geld
A: Of vuile was
R: Ja nog effe. Zo getaped. In 2 blokken. Ja er wonen ook boeven daar
A: Creepy dit. Hier is iets misgegaan. Maar wat?
R: Ja dat sowieso. Ligt ook uit elkaar
A: Zo raar.
R: Moet ik nog eens naar beneden lopen om te kijken of het er nog ligt kan filmpje maken
A: Nee. Je weet niet waar je in terechtkomt Er staan misschien camera's. Als het dan weg is denken ze misschien dat jij het hebt.
R: Had ik maar schijt. Ben zo een bangerik
A: Gelukkig maar.
R: Moet ook echt weer bij mij gebeuren. Dit. Alles zit tegen. Zou het geld goed kunnen gebruiken. Weer een test. 10/10 had het gepakt. Ligt echt serieus geld daar. In de zin van spul

Rich stuurt een filmpje.

A: Wat!! Zou kunnen.
R: Ja
A: Hier is iets misgegaan.
R: Ik ben nu beneden
A: Doodeng
R: Kijk even Dit is tegenover mij. Ligt gewoon een miljoen voor het oprapen hoe erg
A: Woont daar niet die gek
R: Nee deze niet. Ik ben buiten kan het niet geloven
A: Weg daar
Straks denken ze er wat van
R: Pff
A: Zie het als een test. Je bent zo goed bezig. Die mensen zijn vast moordenaars
R: Bizar. Echt kan wel janken gewoon. Dat ik zo een poot ben
A: Dat ben je niet
Je bent verstandig
R: Hou maar op
A: Dit kan geen geluk brengen. Alleen maar ellende
R: Ik had ook schijt kunnen hebben
A: Nee
R: Hoor wel alleen maar sirene ook
A: Waar. In dat huis?
R: Om de hoek
A: Weg wezen
R: Ben boven Ja. Er ligt daar een fucking miljoen maar het is een keuze voor het leven
A: Je krijgt nog 300 euro van mij voor het eten. Overgemaakt

De volgende ochtend appen we verder.

R: Heb niet geslapen...
A: Ligt het er nog?
R: Nee volgens mij weg. Kijk zo
A: Ok
R: Kijk As.

Hij stuurt me een filmpje.

R: De pakketten liggen er nog. Ik kan er nu ook in. Het ligt er nog. Apart hè
A: Huh. Nee. Dit is een val
R: Ja misschien durft niemand het te pakken. Deur staat gewoon op een kier voor me. Kan het zo pakken
A: Hou op. Doodeng
R: Echt Cor
A: Ja. Een test
R: Pak het maar
A: Blijf op de goede weg
R: Hoef ik niet meer te werken
A: Nee!! Niet doen!
R: Haha
A: Nee!!
R: Neeheee natuurlijk doe ik het niet. Durf het niet eens
A: Er komen andere dingen. Goede dingen.

Rich blijft eraf. We bellen de volgende dag om bij te praten. Rich zet zijn toestel op speaker en Maria praat mee.

'As, dat waren geen blokken cocaïne. Ik heb die dingen gezien. Het zijn deurstoppers. Ze zijn daar aan het verbouwen en dat maken die aannemers om de deuren open te houden.'

'Niet waar, Maria. Het waren blokken!' roept Rich.

'Echt niet.'

'Het maakt niet uit wat het was, Rich, het gaat erom dat jij ervan overtuigd was dat het blokken waren en dat je ze hebt laten liggen.'

'Ik ben zo'n schijterd. Ik heb een angst die je niet kan hebben als boef, As. Ik zit altijd tussen de boeven, maar ik ben het niet. Ik ben kortgeleden nog gevraagd om iets te stashen. Kon ik twintigduizend per maand mee verdienen. Maar als het misgaat, dan is dat ene moment allesbepalend voor de rest van mijn leven. En weet je, As? Het ging mis bij die jongen. Het is kort fijn, lang pijn.'

Als ik ophang, tel ik uitgebreid mijn zegeningen. Als Rich had gedaan wat die jongen hem vroeg, was zijn leven voorbij geweest. Dan had hij nooit meer op een normale manier in de samenleving kunnen meedraaien. Dan was hij voor het leven getekend en waren zijn kansen op een goede toekomst voorbij. Dan had hij in dat andere leven gezeten en was hij daar nooit meer uit gekomen. Hij heeft op het beslissende moment de juiste keuze gemaakt.

DECEMBER 2023

Mama – Nieuwjaar

Het is bijna kerst. We zitten met de hele familie bij elkaar voor een openhaardvuur en hebben zojuist heerlijk gegeten. Rich staat op en vraagt de aandacht. Hij heeft een cadeautje voor Sonja en mij en hij geeft ons ieder een envelop van de Staatsloterij. Ik maak hem open om het nummer te zien. Maar er zit geen staatslot in, wel de print van een echo. Ik hoor Sonja al van blijdschap schreeuwen. Ik kijk naar Maria. Ze knikt. Ik kijk naar Rich. Hij lacht. Dit is fantastisch nieuws. Ik omhels Maria en dan Rich.

'Ik word vader, As,' zegt hij trots. Zijn ogen stralen. Die mooie lichtblauwe ogen, die lijken op de ogen zijn vader, maar die totaal anders naar de wereld kijken.

Twee weken later zie ik Francis bij de molen. Ze komt naast me zitten in de auto. 'Hier, van Mil.' Ze geeft me een doos sneeuwbollen van Van Wely: heerlijke met slagroom gevulde oliebollen. Onze traditie met oudjaar.

'En niet te weinig, natuurlijk. Zijn die allemaal voor mij?'

'Nee, voor Rich een paar en twee voor mama.'

'Heb jij ook?'

'Ja, ze heeft er voor mij twintig besteld en tien appelbollen.

Gelukkig krijg ik visite, anders had je me weg kunnen rollen na oudjaar.'

'Gaat het goed met je, Fran?'

'Ja, ik mis oma op dit soort dagen. Normaal gingen we samen naar Van Wely, maar ik weet dat het goed is zo.'

'Suus lijkt sprekend op oma. Niet normaal. Die armen, dat lopen, die snoet.'

'Ook in gedrag, As. Precies oma. Mama zegt het ook. Weet je nog dat oma zei dat ze Suus al had gezien? Ze hebben elkaar nooit tijdens hun leven ontmoet, maar het is net of die twee een verbinding hebben. Suus wijst de hele tijd naar oma's foto op het dressoir. Het is zo apart.'

'Er is zoveel meer tussen hemel en aarde.'

'Ja. Wat ga jij doen?'

'Ik heb met je moeder afgesproken. Breng ik haar ook wat sneeuwbollen.'

'Ik bedoel met oudjaar.'

'Dat weet ik nog niet. Ik zie wel. Ik ben blij dat ik je even gezien heb, lieverd.'

Ik bel Rich. 'Kan ik je even zien?'

'Ja, is er iets?'

'Nee, ik wil je gewoon even zien. Wat ben je aan het doen?'

'Ik ben thuis.'

'Moet je niet werken?'

'Ik heb al gewerkt. En jij?'

'Ik ben onderweg. Ik moet even ergens langs. Ga je nog wat doen met oudjaar?' vraag ik.

'Niet echt, lekker rustig aan met Maria. Hoe laat kom je dan? O, wacht de bel gaat. Blijf hangen.'

'Ja, dat is goed.'

'Jeetje, As! Jij hier! Kan jij nou nooit eens normaal afspreken?'

'Macht der gewoonte. Ik was in de buurt, Rich. Ik denk: kom ik maar gelijk. Hier, ik heb sneeuwbollen voor je. Van Mil. Voor morgen.'

'As, ik word vader. Ik ben zo blij,' zegt hij met een lach op zijn gezicht.

'Zo leuk, Rich. Hoe voelt Maria zich?'

'Goed. Heel goed.'

'Ik denk dat je eraan toe bent. Wel spannend ook, de vaderrol. Het is moeilijk om het anders te doen dan de blauwdruk die je van je vader hebt meegekregen.'

'Ik wist al dat je dat zou zeggen. Maar het is helemaal niet spannend, ik voel me sterker dan ooit. Ik moet er zijn voor deze kleine. Dat is niet een kwestie van willen. En ik ga er ook zijn voor mijn kind. Zo een klein hummeltje is straks helemaal afhankelijk van mij. Die gaat nooit meemaken wat ik heb meegemaakt. Als ik bij Maria's ouders aan tafel zit en ik zie haar broers met hun vader lachen en dollen, dan mis ik dat. En als er weer eens iemand is die zo nodig een nare opmerking moet maken over mijn vader, dan heb ik geen vader die voor me op kan komen. Want geloof me, tegen mij doen ze bijdehand, maar tegen mijn vader hadden ze dat niet gedurfd. Maar ik moet dan voor mezelf opkomen én mijn vader verdedigen. Ik sta er alleen voor. Mijn kind komt er nooit alleen voor te staan.'

Ik knik. 'Ik geloof in je, Rich.'

'Het is niet zo moeilijk om in me te geloven, As. Ik lijk uiterlijk heel veel op mijn vader, maar ik ben precies mijn moeder. Mijn moeder is er altijd voor me geweest. Kijk eens hoe sterk ze is, met alles wat ze heeft meegemaakt en gedaan, staat ze nog overeind. Die kracht heb ik ook in me.'

'Dus ik noem je geen Kleine Cor meer, maar Kleine Son.'

'Ja, noem mij maar Kleine Son.'
'Mooi, Rich. Ik ga. Ik hou van je.'
'Hou van jou, As.'

Ik ben op weg naar Sonja, de volgende op mijn sneeuwbollenroute. Onderweg in de auto koester ik het fijne gevoel van het moment waar ik met Rich in zat, als Miljuschka belt.

'Zijn ze lekker, mam, de sneeuwbollen?'

'Ze zijn heerlijk, lieverd. Ik heb ze in de auto, Fran heeft ze gebracht. En ik heb er net twee aan Rich gegeven. Het zijn er zoveel, dat kan ik toch in mijn eentje niet op.'

'Het zijn er maar tien. Ook twee voor Son.'

'Ja, dat bedoel ik. Dan heb ik er nog zes weg te werken.'

'Haha, is goed voor je. Beetje vet op je botten. We houden van je, mam. Hier heb je Stientje.'

'Ik mis je, oma.'

'Ik mis je ook!' schreeuwt Storm erdoorheen.

'Dat kan niet,' zeg ik.

'Dat kan wel,' roept Stientje.

'Nee, dat kan niet, want ik zit...'

'... in ons hartje!' roept Storm. 'Toch missen we je, oma. Wanneer zie ik je weer?'

'Snel, lieverd, snel. Maak er maar een mooie dag van, ik hou van jullie.'

'Daaaag oma!' roepen ze in koor.

Op Schiphol zie ik Sonja al inparkeren. Ik hou van deze plek. Ik ben dol op de stoere marechaussees die er tot de tanden gewapend rondlopen en die zonder het te weten onze beveiliging zijn. Hier verwacht ik geen gekke acties. Hier komt een schutter nooit levend weg.

Sonja loopt me tegemoet. 'Zet deze maar vast in je auto. Sneeuwbollen van Mil. Zullen we gaan lopen?'

'Ja, lekker.'

'Ik ben zo blij, Son, dat het met iedereen weer beter gaat.'

'Ik ook. En het gaat alleen maar beter worden, daar zorgt mama voor, dat weet ik zeker. Ze laat ons niet achter in deze ellende. Ik voel dat haar energie hier nog steeds is. Zij gaat het oplossen voor ons. Ik weet niet hoe, maar ik voel het.'

'Laten we het hopen. Weet je wat Rich zei? Dat hij op jou lijkt. Dat hij jouw kracht heeft.'

'Echt? Van mij? O, wat lief...'

'Het is toch ook zo? Je bent oersterk. Kom op. Drieduizend stappen?'

'Minstens, ik neem straks al de eerste sneeuwbol.'

Het is bijna middernacht. Ik pak mama's foto uit de keuken en zet haar bij me op de salontafel, naast de schaal met sneeuwbollen van banketbakker Van Wely. Eén keer per jaar, vlak voor oud en nieuw, worden deze met slagroom gevulde oliebollen gemaakt. Je moet ze vooraf bestellen, wil je er zeker van zijn dat je er op oudejaarsavond van kunt genieten. Mama vond ze heerlijk.

Ik voel me goed. We zijn als familie weer met elkaar op de goede weg.

Het is twaalf uur.

Ik pak mijn voicerecorder, druk op PLAY en ga voor mama's foto zitten.

'Lekker, As, die tompoes. Waar heb je die gehaald?' hoor ik haar zeggen.

'Deze is van Arnold Cornelis,' hoor ik mezelf antwoorden.

'Die is goed. Ben je er nou weer speciaal uit gegaan om die voor me te halen?'

'Ja, met Son. Zij reed voorop.'

'Wie heeft nou zulke lieve kinderen?' zegt ze.

'Wie heeft nou zo'n lieve moeder?' hoor ik mij tegen haar zeggen.

Ik druk op STOP en leg mijn hand tegen de foto van haar gezicht. Het glas is koud, maar ik voel haar warmte door me heen stromen.

'Gelukkig nieuwjaar, mam.'

JANUARI 2024

Uitspraak in cassatie

Miljuschka stuurt een bericht.

M: Wil je please weer de FaceTime doen. We krijgen zoveel vraag.
A: Oké.
M: Fijn, mam.

We zijn er weer aan toe. Lekker luchtig, een beetje lachen, beetje dollen. En het geeft mij weer een doel, een deadline. Lekker.

Sonja belt. 'Morgen is het zover, As. Dan hebben we dat ook weer gehaald.'

Op 9 januari wordt door de Hoge Raad der Nederlanden – het hoogste rechterlijk college dat de taak heeft te controleren of het gerechtshof zijn werk wel goed heeft gedaan – uitspraak gedaan. Willem Holleeder wordt in cassatie definitief veroordeeld.

Maar wie denkt dat Wim na negen jaar en drie gerechtelijke instanties eindelijk eens opgeeft, komt bedrogen uit. Hij gaat naar het Europees Hof voor de Rechten van de Mens, en dat zal wel weer een aantal jaar duren.

'Hij doet zijn best maar,' zegt Sonja als we die dag samen een rondje Schiphol doen. 'Heeft hij wat te doen.'

'Ja, maar onderschat hem niet, Son. Je weet hoe hij is. Hij geeft nooit op.'

Nooit. Hij wil eruit. Logisch. En dat gaat hem lukken zodra mensen vergeten zijn wie Willem Holleeder ook alweer was. En dat gaat snel. Over vijf jaar is de generatie politiemensen die nog alles van Willem Holleeder weet gepensioneerd. En over tien jaar is er geen rechercheur meer te vinden die nog weet wie Willem Holleeder is. Dan houdt de jongere lichting politieagenten zich allang weer bezig met nieuwe crimesterren aan het firmament. Dan vinden de objectieve misdaadjournalisten hem allang niet meer interessant. En is het grote publiek alweer starstruck van andere criminelen. Maar dan is hij pas zesenzeventig! En tegen die tijd komt hij er zeker uit. Wedden? Want hij blijft al die jaren zijn fabricaties herhalen totdat iedereen ze gelooft. Totdat hij het laatste beetje waarheid uit het collectieve geheugen heeft gemanipuleerd en langzaam maar zeker heeft vervangen door zijn narratief. Hij gaat door tot niemand beter weet. Want hij heeft levenslang de tijd om de geschiedenis te herschrijven. En als hem dat eenmaal gelukt is, vraagt hij om een herziening van zijn strafzaak, en zal hij de einduitspraak in zijn zaak afdoen als de grootste rechterlijke dwaling aller tijden. En als hij dan net als mama zesentachtig wordt, dan heeft hij buiten de gevangenis nog tien jaar lang de tijd om dood en verderf te zaaien. Ik weet niet of ik dat nog mee zal maken, maar ik weet wel dat de samenleving nog lang niet van Willem Holleeder af is.

Na onze wandeling rijden Sonja en ik allebei richting onze woning en houden elkaar aan de lijn.

'Ik sta nu bij het stoplicht,' zegt Sonja.

'Oké.'

'Ik rij nu de straat in. Niks. Nog een laatste rondje... Oké, ik ga eruit.'

Ik hoor haar autodeur opengaan. De sleutel in haar voordeur. De deur die dichtgaat.

'Ik ben binnen.'

'Top. Blijf aan de lijn.'

Aangekomen in de buurt van mijn stek herhalen we hetzelfde ritueel.

'Ik ben binnen.'

Eenmaal thuis belt Rich. 'Ik heb Ronald zelf geappt over het bezoek. Ik moest een briefje maken en dat heb ik gedaan. Ik zie het als een afsluiting. Dan pas kan ik verder.'

Sonja en ik zijn niet zo blij met dat zoeken naar een afsluiting. Maar ik snap het wel.

'Je was eigenlijk nog een kind toen je hem voor het laatst zag. Toen was hij immens voor jou. Misschien zie je nu hoe hij werkelijk is. Ik had dat met mijn vader. Hij lag in het ziekenhuis toen ik hem voor het eerst in twaalf jaar opzocht. Ik wilde geen spijt krijgen dat ik hem nooit meer had gezien voordat hij doodging. Ik had zelfs nog hoop dat hij mij zijn excuses zou maken voor wat hij ons had aangedaan. Hij lag daar, in een pyjama – hij droeg vroeger thuis nooit een pyjama, alleen een grote witte oudemannenonderbroek gemaakt van ribbeltjesstof – en die ontmoeting was één grote teleurstelling en dat was goed. Want dat was hij altijd al: één grote teleurstelling. Maar ik was niet meer bang. Ik vond hem zielig. Ik dacht: wat heb jij nou aan je leven gehad, lig je daar en niemand van je gezin wil bij jou zijn. Net als niemand van ons gezin bij Wim wil zijn. Ben jij bang voor Wim?'

'Nee. Ik vind hem zielig. Het lijkt me heel eng als je de dood van je beste vriend op je geweten hebt. Ik denk dat papa hem geen seconde met rust laat. En dan al die andere slachtoffers. Dat is geen goede energie. Dat doet iets met je. Daarom wil ik hem zien, voordat het te laat is.'

De volgende dag stuurt Rich foto's.

R: Deze twee beetje rare types in de gym.
R: Hele rare energie.
R: Kan ook niks zijn.
R: Maar stuur wel door.
R: Dan weet je het.
R: Heb ze hier ook nog nooit gezien
R: Maar kan ook niks zijn.
A: Ben je daar nog?
R: Ja ze zijn al weg.
A: Wat deden ze?
R: Niks. Ze trainden gewoon. Maar je voelt soms rare aura toch.
A: Ooit eerder gezien?
R: Nee.
A: Hoe lang kom je daar al?
R: Een jaar. Maar kan ook niks zijn. Gewoon effe in de gaten houden.
A: Oké. Blijf binnen tot ik zeg dat je naar buiten kan. Ik stuur iemand die bij jouw auto gaat kijken en wacht tot jij bent ingestapt. Kijken of er iemand staat. Of je volgt.
R: Dat hoeft niet.
A: Jawel. Goed voor het archief.

FEBRUARI 2024

Verbonden met Wim

'Zet jij mij zo nog af bij de energietherapeut?' vraagt Sonja.

'Jazeker. Ben onderweg. Ik pik je op bij de andere molen.'

'Top, tot zo dan.'

Sonja stapt een halfuur later bij me in de auto.

'Hoe laat haal ik je weer op?'

'Het duurt tweeënhalf uur.'

'Oké, tot zo.'

Als ik Sonja ophaal, is ze dolenthousiast.

'Vertel, hoe was het?'

'Nou, die man zegt dat ik karmisch met Wim verbonden ben. En dat ik dat moet doorbreken. Hij leeft nu van mijn energie. Misschien ben ik daarom steeds zo moe.'

'Oké. En verder?'

'Als hij die koorden schoonmaakt, kan Wim niet meer op mijn energie leven.'

'En wat gebeurt er dan?'

'Ja, dan gaan dingen veranderen. Maar dat kan even duren.'

'Wat kan er veranderen dan?'

'Ja, Wim gaat voelen dat ik hem loslaat. Dat ik elke band met hem verbreek. Ik ben er toch altijd voor hem geweest. Ik heb hem zelfs uit de dood teruggehaald, weet je nog? Dat zegt hij zelf. Ik denk dat als die koorden nu los zijn, dat hij wel weet dat ik dat nooit meer zou doen.'

'Dat zal hij jou ook niet meer vragen, schat ik zo in. Zullen we een kroketje halen bij de pomp?'

'Lekker. Heb je nog wat van Rich gehoord?'

'Ja, vanmorgen heel vroeg. Het gaat goed met hem. Heel goed.'

'Laten we hopen dat het zo blijft, As.'

'Jawel. Ik zag hem laatst met Stientje, ze was haar Roblox-account kwijt en hij was zo lief. Engelengeduld. Zo heb ik hem nog nooit gezien. Hij heeft echt een heel mooi karakter. Ik weet zeker dat hij een heel goede vader wordt. En dat ook wíl zijn, en dat willen motiveert hem om de juiste stappen te blijven nemen.'

'Ik hoop het, As.'

'Ik weet het zeker, Son. Ik voel het ook.'

Rich belt. 'Ik wil wel met Ronald zitten deze week of volgende week. Ga het niet weer uitstellen, As. Dat ken ik.'

'Ik heb het gevraagd. Hij gaat volgende week op vakantie, maar probeert nog wat op dinsdag.'

'Ik ben echt serieus. Je moet het zo zien, hij zit achter de moord op mijn vader. Ik heb de kans om hem nog één keer in de ogen te kijken. Jij kan je niet voorstellen hoe dat is, vanuit mijn kant, vanuit het perspectief van een man. Ik word eenendertig en ik wil die keuze maken. Ik zit er al lang mee. Het is ook mijn leven en ik vind dat ik daar recht op heb. En mama kan zich dit ook niet voorstellen of beseffen hoe dat is. Dus ga niet samen met mama weer van alles verzinnen om het niet door te laten gaan, want dan ga ik mezelf wel aanmelden bij de EBI. Dus volgende week dinsdag graag met Ronald.'

'Helder. Komt goed, Rich. Maar we kunnen die stap niet zetten zonder dat Bewaken en Beveiligen dat weet. Je moet ook gescreend worden. En dat is lastig, want dan moet je je adres geven.'

'Kan me niet schelen.'

'Mij wel. We vragen Ronald om advies. Ik wil dat niet buiten hem om doen. Hij is toch verantwoordelijk voor ons.'

De volgende dag bel ik Ronald en daarna app ik Rich: *Het wordt dinsdagochtend, Rich, de afspraak met Ronald.*

Voorafgaand aan de afspraak win ik advies in bij Iris. Ik vrees dat Rich niet weet waar hij aan begint en leg aan haar voor dat ik bang ben dat het hem opnieuw een trauma zal bezorgen. Het laatste wat ik wil is dat Rich nog meer beschadigd raakt door Wim. Hij gaat net zo lekker. Hij is druk bezig een toekomst met zijn meisje op te bouwen en ik wil niet dat Wim hem weer terugduwt in zijn verleden.

'Wat verwacht Rich ervan?' vraagt Iris.

'Hij hoopt dat het voor hem een afsluiting is.'

'Wim doet hem kennelijk nog wel wat, want als hij hem niks meer doet, hoeft hij niet te gaan.'

'Hij zegt: ik ga voor mezelf en voor mijn vader.'

'Maar wat hoopt hij dan te weten te komen? Wat hoopt hij te voelen? Voor Rich moet heel duidelijk zijn wat hij daar wil bereiken, wat hij daar kwijt wil. Helemaal niets zeggen kan ook een doel zijn. Maar het moet iets zijn wat hij controleert, want anders kan hij in een vervelende positie terechtkomen. En dan brengt het bezoek hem alleen maar verwarring.'

'Mijn zorg is dat hij er beschadigder uit komt dan dat hij erin gaat.'

'Als hij gaat om Wim in de ogen te kijken en hem te vragen

waarom hij zijn vader heeft vermoord, dan krijgt hij nooit het antwoord dat hij diep vanbinnen wil horen. Daar moet hij op voorbereid zijn. Maar als hij het antwoord niet nodig heeft, omdat hij dat toch al weet, dan ligt zijn succes in het stellen van die vraag. Dan kan hij na het stellen van die vraag de geluidsknop van de speaker uitzetten en Wim laten praten en denken: ik kijk je aan, ik zie je liegen en draaien, eigenlijk ben je gewoon niks.'

'Ik denk dat het heel moeilijk voor hem wordt om niet boos op hem te worden. En dan is hij de controle over zichzelf en het gesprek kwijt.'

'Als hij de controle over het gesprek kwijt is, gaat Wim met hem aan de haal. Dan komt hij er inderdaad slechter uit dan hij erin gaat. En dat kan nooit het doel zijn.'

'Zeker niet. We zien morgen Ronald en dan gaan we eerst maar eens vragen of hij bezoek aan mag vragen. Als het mag, vraag ik of hij jou nog even belt voordat hij ernaartoe gaat.'

'Dat is goed,' zegt Iris.

Ik bel Rich en vertel hem hoe mensen die er verstand van hebben tegen zijn voorgenomen bezoek aankijken. Hij snapt de bezorgdheid en belooft dat als het tot een bezoek komt, hij zich er met Iris op zal voorbereiden.

De volgende ochtend treffen Ronald, Rich en ik elkaar.

Ronald neemt het woord. 'Vooruit, Rich, jij wil op de koffie bij je ome Willem.'

'Ja. Als het kan wel, ja.'

'Het is heel simpel, je moet gewoon een briefje daarheen schrijven dat hij je op de bezoekerslijst zet.'

'Ja, maar het moet ook mogen.'

'Ik zie geen gronden om het niet toe te staan. Ik denk dat de grootste hobbel is of hij jou wil zien.'

'Dat wil hij,' zeg ik.

'Dat zeg jij, maar dat kan ik niet inschatten. Maar waar ik wel benieuwd naar ben, is wat je ervan verwacht.'

'Mijn verwachtingen zijn heel laag,' zegt Rich. 'Ik vind dat ik het recht heb hem nog één keer in de ogen aan te kijken. Ook al zeg ik niks en zit ik gewoon in die kamer, dan is dat al een heel duidelijke boodschap voor mezelf en voor mijn vader. Dat ik dat durf te doen. Als hij mijn verzoek aanneemt is hij mans genoeg, als hij het niet aanneemt is hij niet mans genoeg om die confrontatie aan te gaan. Nu kan het nog. Straks is hij er misschien niet meer.'

'Hoe denk je dat het zal gaan dan?' vraagt Ronald.

'Ik ben best veel bezig met hoe het gesprek zal verlopen. Ik heb in mijn hoofd verschillende scenario's. De vragen die ik wil stellen. Of hij ze beantwoordt of dat hij wegloopt. Hoe hij reageert, hoe ik reageer. Astrid en mijn moeder kunnen zich niet voorstellen waarom ik dit wil, zij zien alleen maar risico. Ze zijn bang dat ik hierdoor nog meer haat van hem over me afroep. Dat hij het zal opvatten als een aanval en dat zijn focus zich meer op mij richt. Maar ik ben een volwassen kerel en hij heeft door het doden van mijn vader in mijn leven een hele belangrijke rol gespeeld. Ook na zijn overlijden zal het de rest van mijn leven in mijn systeem zitten. En nu is hij er nog. Ik zoek een afsluiting.'

'Die begrijp ik ook wel,' zegt Ronald.

'En ik wel hem laten weten dat het een keer op moet houden,' voegt Rich eraan toe.

'Wat bedoel je met ophouden? Je denkt dat je ons kan beschermen?' vraag ik.

'Ja. Hij moet ophouden met mijn moeder, mijn zus, mijn nicht, mijn tante en mij. Hij heeft zijn dingen gedaan, daar is hij voor gestraft, en nu moet hij ons een keer met rust laten. Wat hij mijn vader heeft aangedaan is al erg genoeg. Ik denk dat als hij mij ziet, dat hij dat ook zo gaat voelen.'

'Dat is heel lief bedacht, maar dan ga je ervan uit dat je met iemand met gevoel te maken hebt. Denk je dat als iemand zijn beste vriend kan laten vermoorden of, zoals hij, meerdere beste vrienden kan laten omleggen, dat hij dan gevoel heeft? Dat is het hele probleem. Hij heeft geen gevoel. Anders was hij daar niet toe in staat geweest. En dan ga jij naar hem toe, in al je kwetsbaarheid door het verdriet over je vader, je pijn over de situatie waar je moeder en ik in zitten, en dan verwacht je dat hij zegt: "Sorry, jongen, ik had het niet moeten doen, ik heb spijt en ik zal jullie in het vervolg met rust laten"? Vergeet het maar. Hij leeft op wraak. Bij het plannen van wraak komt er een stofje in de hersenen vrij dat hetzelfde gevoel geeft als het gebruik van drugs. En net als met drugs, als het uitgewerkt is, moet er weer een nieuwe dosis komen. Hij is verslaafd aan wraak, hij heeft zijn hele leven niet anders gedaan. Daar wil hij altijd meer van. Het is zijn enige reactie op een krenking. Het spijt me dat ik je fantasie uiteen laat spatten, maar hij gaat ons zeker niet met rust laten.'

'Maar als hij mij ziet, gaat hij terug naar vroeger. En dan denkt hij aan de goede tijden met mijn vader. Dan komt die spijt misschien wel. Ik moet het gewoon doen, As. En dan zie ik het wel.'

'Rich, geloof me, je wint er niks mee. Maar het zal wel een mannending zijn waar ik niks van snap.'

'Ik weet niet of ik er wat mee win. Het kan heel weinig zijn, maar het kan ook heel veel zijn. Als ik het niet probeer, zal ik het nooit weten.'

'Kijk, wat jij zegt, ik wil hem gewoon nog een keer aankijken, dat begrijp ik wel,' zegt Ronald. 'Maar ik begrijp je tante ook. Je moet wel zuinig op jezelf zijn. Niet dat je daar weggaat met een heel naar gevoel.'

'Ronald, Wim pakt gelijk het initiatief. Dat is het eerste wat hij doet, want dat doet hij altijd. Als hij verhoord wordt door de recherche, dan wil hij bepalen waar iedereen gaat zitten, zodat hij gelijk de regie al naar zich toe trekt. Hij gaat meteen iedereen tegen elkaar uitspelen. Zet de verhoudingen neer. En ook al weet je met je volle verstand hoe erg hij is, met zijn onweerstaanbare charme pakt hij je toch in en kruipt hij onder je huid.'

'Hij heeft mijn vader vermoord.'

'Rich, bijna alle seriemoordenaars hebben die gave. Neem een Ted Bundy, die heeft meerdere vrouwen op gruwelijke wijze vermoord, maar tijdens zijn rechtszaak zaten de mooiste vrouwen op de eerste rij hem aan te moedigen, omdat ze hem zo aantrekkelijk vonden. Dergelijke mannen hebben het talent je te beïnvloeden zonder dat je doorhebt wat er met je gebeurt.'

'Ik ben niet gek, As.'

'Maar stel, hij accepteert het, dan is het misschien wel goed om van tevoren duidelijk te weten wat je van hem wil,' zegt Ronald.

'Ja, en dan onverstoorbaar je vragen stellen, want op het moment dat je meegaat in zijn spel, dan gaat het niet meer om jou maar om hem,' zeg ik. 'Ik wil niet dat je nog meer schade oploopt, Rich.'

'Dat snap ik. Maar ik wil dit gewoon doen en dan zie ik het wel,' zegt Rich. 'Ronald, kunnen we het doorzetten?'

'Als jij mij een schriftelijk verzoek stuurt, dan zorg ik dat het op de juiste plek komt, Rich.'

MAART 2024

Rich – Bezoekaanvraag

Rich stuurt mij een foto van het briefje dat hij aan Ronald heeft gestuurd:

> 4 maart 2024
>
> Ik, Rich Cornelis van Hout, dien een aanvraag in om Willem Holleeder te bezoeken.
> Ik hoor graag terug met een reactie.
>
> MvG
> Rich Cornelis van Hout

Ik stuur Sonja de foto door. Ze belt meteen. 'Kun je Ronald vragen of hij het niet doorstuurt? Rich weet echt niet waar hij aan begint. Wim gaat dit zeker als een aanval opvatten. Rich is zo brutaal om op zijn terrein te komen. Dat pikt hij niet. En met wat er nu allemaal speelt...'

Dat denk ik ook. Wim zei altijd dat je kinderen niet groot moest laten worden. Hij was bang dat ze dan hun vermoorde vaders zouden wreken. Dus gaat hij nu zeker lopen piekeren en peinzen waarom Rich bij hem op bezoek wil. En hij zal niet uitgaan van een onschuldig bezoekje. Hij kan het ook moeilijk anders opvatten dan als een confrontatie. Hij heeft Rich' vader laten ombrengen, en een zoon zal nooit voor de gezelligheid met de moordenaar van zijn vader willen kletsen. Maar Ronald heeft de aanvraag al ingediend. Het is nu afwachten.

Een dag later appt Rich of ik al wat van Ronald over het bezoek heb gehoord. Dat heb ik niet. Daarna appt hij elke dag met dezelfde vraag.

Ik probeer hem nog steeds van het idee af te brengen. 'Son vindt het eng,' zeg ik tegen hem.

'Mama vindt alles eng,' antwoordt hij.

Een week nadat hij de aanvraag naar Ronald heeft gestuurd, is er nieuws. Ronald zegt dat Wim het verzoek heeft ontvangen. Het is aan Wim of en wanneer hij reageert. Daar heeft Ronald geen invloed op.

Rich belt. 'Hij heeft het dus niet afgewezen?'

'Nog niet. Maar hij heeft ook niet gezegd dat je kan komen,' zeg ik.

Twee dagen later appt Rich opnieuw over het bezoek: *En heeft Ronald al wat gehoord?*

Ik vraag het hem, antwoord ik.

Maar Ronald heeft nog niks gehoord.

'Laten we hopen dat het overwaait. Dat hij niets meer laat horen,' zegt Sonja.

Twee dagen later appt Rich weer. *Ik heb Ronald zelf nog gevraagd. Hij heeft nog niks gehoord.*

Beter doe je het zelf, ja, app ik terug.

Ik laat het vanaf nu aan Rich zelf over, ik kan hem toch niet van het idee afbrengen. Dat is duidelijk.

Dan belt Ronald voor een afspraak. Het gaat niet om Rich,

maar over toevalligheden en blaadjes die wat harder bewegen.

'Oké. Lekker vaag weer.'

Maar in de uitwerking is het niet zo vaag, want de uitkomst van het gesprek is dat ik persoonsbeveiliging krijg.

Sonja en ik kijken elkaar aan. 'Dan is er vast heel wat aan de hand,' zegt ze.

Dat geloof ik ook, maar ik maak me er geen zorgen om. Ik word beveiligd en dat laat ik me lekker aanleunen. Wat een rust. Voor het eerst hoef ik me er niet druk om te maken wat er aan de hand is. Ik geniet met volle teugen van deze bescherming; de veiligheid voelt als een warm bad en ik laat alles los waar ik normaal op gespitst ben. En het is gezellig. Weer eens met iemand anders dan met Sonja in een auto zitten. Voor mij een feest. Ja, ik kan hier best aan wennen.

Rich appt. Ronald heeft hem laten weten dat Wim heeft gereageerd op zijn verzoek om op bezoek te mogen komen. Het komt erop neer dat Wim wil weten waarom Rich wil komen. Hij wil meer context voordat hij een besluit neemt.

Rich vraagt aan Ronald om een boodschap aan Wim door te geven. *Hé Ronald, je kan tegen hem zeggen dat ik nog onbeantwoorde vragen heb voor mijzelf die ik graag aan hem persoonlijk wil stellen.*

'Afwachten maar,' zeg ik tegen Rich als hij mij over de reactie van Wim vertelt.

Ik bel Iris. We hebben een Zoom-sessie.

'Hoe gaat het met je?' vraagt ze.

'Goed. Ik ben weer aan het schrijven.'

'Je voelt weer een noodzaak?' vraagt Iris.

'Precies.'

'En hoe gaat het met Mil?'

'Die beveiliging is fantastisch. Soms verlangt ze ernaar weer eens alleen in de auto te zitten en lekker ordinair te kunnen kauwen, een boer te laten of keihard vals te zingen. Maar ze is tegelijkertijd heel dankbaar dat er zo goed voor haar gezorgd wordt.'

'Kan je haar een beetje loslaten nu?'

'Ja, ze wordt beveiligd en daardoor is er tussen ons ook veel veranderd. Ik krijg er de rust door om weer wat meer mijn eigen dingen te doen en dan ben ik ook weer een leuker mens. Het is zoals jij zei: je moet af en toe de omgeving veranderen waarin je elkaar ontmoet, dan ga je je vanzelf anders gedragen en als je je anders gedraagt, verandert de relatie ook. En dat gebeurt nu.'

'En dan probeer je haar dus ook niet meer zo te controleren.'

'Omdat ze beveiliging heeft. Maar als die om wat voor reden dan ook stopt, zit ik gewoon weer boven op haar lip.'

'Ik hoopte dat je zou snappen dat zij daar zelf haar grenzen in bepaalt.'

'Snappen wel. Maar doen niet. En probeer me niet om te praten, want ik weet zeker dat jij hetzelfde zou doen voor je kind.'

'Dat denk ik ook. Jij hebt de pech dat door jullie familiegeschiedenis de kans dat er iets met jouw kind gebeurt groter is dan met mijn kind. Maar er zijn ook ouders die een erfelijke ziekte in de familie hebben en die weer een nog grotere kans lopen dat hún kind iets overkomt.'

'Je bedoelt dat Wim een erfelijke ziekte is?'

'Dat bedoelde ik eigenlijk niet te zeggen, maar...'

'... dat is hij natuurlijk wel. Hij vreet zich dwars door alle generaties heen.'

'Ja, zo kun jij dat zien. Ik bedoelde te zeggen dat je gewoon pech hebt. En daar kun je niks aan veranderen. Maar iedere ouder is bang dat er iets met zijn kind gebeurt. Alleen bij jou is de waarschijnlijkheid dat er iets gebeurt door een plan van Wim groter dan de waarschijnlijkheid bij mij. Aan de andere kant, mijn kind rijdt op een motor en doet aan paragliden. Dat maakt de waarschijnlijkheid van mijn kant weer groter.'

'Ik snap je punt.'

'Er zijn altijd factoren die van invloed zijn en die je nu eenmaal niet kunt controleren,' zegt Iris.

'Ik weet het. Maar ik blijf het proberen.'

'Dat dacht ik al.'

'Maar er is wel iets veranderd in mij, hoor, Iris. Ik ben gaan inzien dat ik Mil als een volwassen vrouw moet behandelen, niet meer als een klein meisje. Dat ik haar keuzes, ook toen ze toeliet dat ik ging getuigen, serieus moet nemen. Mijn beschermingsdrang vindt dat soms nog moeilijk en het heeft heel lang geduurd, maar ik accepteer inmiddels dat ze prima voor zichzelf kan denken en beslissen.'

'Ik hoop dat dat je ook wat rust geeft, Astrid.'

'Dat is weer wat veel gevraagd, Iris.'

De volgende dag bel ik Miljuschka. 'Hi, mam. Ik ben even druk, mam, neem Stientje maar even.'

'Hai oma.'

'Hé lieverd, wat ben je aan het doen?'

'Minecraften met mijn vrienden. Zo vet! Ze hebben tot twee keer toe mijn huis opgeblazen.'

'O jee!'

'Ja, maar ik zeg nu dat ik ergens anders woon. Kunnen ze mijn echte huis niet meer opblazen.'

'Slim.'

'Heb ik van jou geleerd, oma. Zeggen dat ik ergens anders woon.'

'O, oké. Zo leer je nog eens wat van je oude oma.'

'Ja.'

'Nou, ga maar weer lekker verder spelen. En laat me maar weten als je nog wat tips nodig hebt.'

'Nee, hoeft niet. Ik kom er wel uit, oma.'

'Oké. Lieverd, geef mama maar even.'

'Mam, ik moet even door. Hou van je.'

'Hou van jou.'

APRIL 2024

Miljuschka – Vakantie

'Van mij mag hij dood,' zegt Sonja. 'Ik ben hem helemaal zat. Wat vind jij?'

'Het zou voor hem beter zijn.'

'Voor ons niet dan?'

'Jazeker, maar voor hem ook.'

'Dus worden we er allemaal beter van,' concludeert ze.

'Maar ik vind niet dat je zo kan denken.'

'Vind ik wel, As. En ik denk het alleen maar, hij doet het ook.'

'Ik laat het even los, Son. Ik vertrek zo naar Mil.'

'Oké. Je hebt gelijk. Je gaat lekker weg, even wat tijd samen met je kind doorbrengen, weg uit die stress.'

'Ik zie ernaar uit.'

Miljuschka en Flip hebben een vakantiehuis in Spanje gehuurd zodat we helemaal privé zitten, op een plek waar geen Nederlanders zijn. Het huis is tegen een kerk aan gebouwd en Miljuschka en ik gaan er naar binnen. Zij zit voor het altaar en ik wil een kaarsje aansteken voor Rich. Maar in deze kerk zijn er geen kaarsjes die je aansteekt met een vuurtje, alleen elektrische kaarsjes die je kunt aanzetten met een schakelaartje. Ik haal een schakelaartje om en het kaarsje voor Rich springt aan. Dan laat ik er een branden voor Francis en haar gezin. Een voor Sonja. En toch ook maar eentje voor Wim. Ik haal het schakelaartje om. Het lampje brandt niet. Ik doe het nog eens. Niets. Ik haal het schakelaartje heen en weer en er verschijnt een flits, maar het dooft meteen weer. Ik probeer het nog een laatste keer. Maar het kaarsje voor Wim gaat niet aan. Ik brand er nog een voor mama en eentje voor Cor, sla een kruis en ga bij Miljuschka zitten.

'Ik heb een kaarsje voor jullie allemaal gebrand en voor Cor en voor oma ook.'

'En voor wie was dat kaarsje dat niet aanging?'

'Wat bedoel je?'

'Ik zag dat je probeerde een kaarsje aan te krijgen, maar dat het niet lukte. Voor wie was die?'

'Voor Wim.'

'Dat dacht ik al.'

'Weet je, Mil, dat ik als klein meisje elke avond bad tot God? Elke avond vroeg ik Hem of mijn vader dood kon gaan en of ik met Pietertje uit mijn klas kon trouwen.'

'Hoe kwam je daar dan bij? Je bent niet christelijk opgevoed.'

'Dat kwam door een paar buurtkinderen. Zij deden met hun moeder aan het oproepen van geesten. Die moeder vertelde dat het vaak "kwade geesten uit lagere lagen" waren die dan kwamen. Dat ze aan je bleven kleven en dan niet meer weg wilden gaan. En dat de enige bescherming tegen dat kwaad het kruis was. Haar zoon kwam bij ons thuis op de Egelantiersgracht. Daar sliep ik met Gerard en Sonja op één kamer. En hij vertelde dat hij zag dat er een geest op de rand van mijn bed zat. Dat vond ik zo eng. Toen heb ik een groot kruis in de muur naast mijn hoofd gekerfd, heb ik een kettinkje met een kruis gekocht dat ik altijd om had en ben ik gaan bidden zodat die kwade geesten weggingen. En zo kwam ik uit op mijn vader, denk ik. En Pietertje was mijn verkering op de lagere school. Wij hadden een connectie, omdat zijn vader ook alcoholist was. Ik zie zijn prachtige blonde krullen nog zo voor me. Ik was smoorverliefd op hem.'

'Pietertje vroeg laatst via Instagram nog of je contact met hem wilde opnemen.'

'Het is zo'n lieverd. En ik wil wel contact, maar het kan gewoon niet. Ik kan geen enkele verwachting waarmaken. Vandaag is het zo, maar morgen is alles weer anders, dus het gaat niet. Maar ik blijf dol op hem. En op zijn vrouw. Echt toppers, zo'n mooi stel. En hij is een goede vader. Dat heeft hij toch anders gedaan dan zijn eigen vader. Wim heeft nooit aan onze alcoholistische vader kunnen ontsnappen. Hij is nog elke dag het gedrag van onze vader aan het herhalen.'

'Je bidt niet of Wim doodgaat. Je brandt een kaarsje voor hem,' zegt Miljuschka.

'Ik ben inmiddels wat ouder en wijzer dan toen ik als klein meisje begon met bidden. Iemands dood is niet iets waar je voor bidt. Ik bid juist dat het hem goed gaat. Dat hij vrijkomt van die traumacirkel waar hij in zit. Zijn gedrag is heel kinderlijk. Hij heeft niet geleerd te kunnen vertrouwen. Hij is een beschadigd kind, en een beschadigd kind heeft als volwassene vaak beschadigde relaties. Kijk naar mij. En als hij dan gekwetst wordt, dan wordt hij weer gesterkt in zijn gelijk: niemand is te vertrouwen. En dan moet die persoon weg, want hij moet die woede van die tweejarige stillen, en dat kan hij maar op één manier.'

'En daar leven wij mee.'

'Met zijn traumagedrag. Dat heeft hem gemaakt zoals hij is. Als je de lijst naloopt, is hij een loepzuivere psychopaat. Hij tikt alle boxen aan. Maar ik zie toch ergens nog dat lichtflitsje in hem dat ik net zag. Bij dat kaarsje. En ik vind het erg om dat tegen je te zeggen, want ik weet hoeveel last jij van alles hebt, maar ik hoop echt nog steeds dat hij op enig moment vrede in zichzelf kan vinden. Soms als ik heel boos ben wens ik hem wel even dood. Maar meestal vind ik hem een gevangene, niet van de EBI, maar van zijn eigen onvermogen zijn trauma's te helen. En in dat opzicht ben ik zoveel vrijer dan hij. Ik zit binnen, maar nooit gevangen in mezelf. Dus brand ik een kaarsje voor hem. Althans, dat heb ik geprobeerd.'

'Dat zag ik, mam.'

'Zullen we gaan?' vraag ik.

'Ja.'

De verandering van omgeving doet ons goed. We praten over het strand, de zee, sardientjes op de grill. Maar er is ook tijd en ruimte om het over wat moeilijkere onderwerpen te hebben. Alles gaat weer vanzelf tussen ons.

De volgende dag wordt Miljuschka uitgenodigd door een wijnmaker voor een rondleiding over zijn wijngaard. Ik stribbel nog even tegen, maar laat me overhalen mee te gaan. De volgende ochtend zijn we al vroeg op pad en in de middag zitten we aan een tafel vol met de lekkerste Spaanse hapjes. De wijnmaker vraagt Miljuschka naar haar bezigheden. Met passie vertelt ze over haar werk en wat ze allemaal doet. Ze praat honderduit en de ene vraag leidt naar de andere. Tot de onvermijdelijke vraag komt wie ík nu eigenlijk ben. 'Dit is mijn moeder,' hoor ik Miljuschka zeggen. Ze zegt het gewoon! Even schrik ik, maar daarna sta ik mezelf toe ervan te genieten. Ik ben haar moeder. En nu ze dat heeft gezegd, is er toch geen weg meer terug en noem ik haar voor het eerst in jaren publiekelijk mijn dochter. En dat voelt goed.

Aan het einde van de avond, op weg naar het vakantiehuis,

zegt Flip: 'Ik zag je genieten van het moment dat Mil zei dat je haar moeder bent.'

'Ja, dat was echt een magisch moment voor mij. Het haar horen zeggen. En dat ik het zelf voor het eerst in een heel lange tijd heb gezegd. En over haar kon vertellen. Openlijk trots kon zijn.'

'Ik heb me nooit gerealiseerd hoe erg het voor je is dat je dat nooit in het openbaar kan doen,' zegt Flip.

'Dat is voor mij een van de moeilijkste aspecten van deze manier van leven.'

'Daar heb je het nooit met ons over. Ik vind het wel erg dat ik je daar niet in heb kunnen steunen.'

'Jullie hebben al genoeg sores van jezelf door dit alles. Daar hoef je mijn sores niet nog eens bij.'

'Maar mam, hoorde je wat ze zei? Ze dachten dat je mijn zus was,' roept Miljuschka.

'Ja, lieverd, ik kan me ook heel goed vermommen, dat weet je toch.'

Terug in het vakantiehuis spelen we nog een kaartspelletje en gaan dan naar bed. Het was een heerlijke dag, maar in de nacht komen de demonen. Dan neem ik weer alle scenario's door die door het benoemen van onze relatie in gang kunnen zijn gezet. De wijnmaker bleek meer Nederlandse contacten te hebben dan ik verwachtte. Hij was erg in me geïnteresseerd. Gaat hij over me praten? Hingen er camera's zodat hij beeld van me heeft? De villa die Miljuschka huurt, staat op zijn terrein. Hij weet waar we verblijven. Zit de deur wel goed op slot? Ik loop naar beneden, controleer het slot en zet een stoel onder de deurklink. Op de stoel zet ik een paar lege wijnflessen, die kapot zullen vallen op de stenen vloer als de deur opengaat. Ik heb een onrustige nacht.

De volgende ochtend komt Miljuschka naast me staan in de badkamer. 'Goed geslapen, mam?'

'Ja, heerlijk, lieverd.'

'Fijn. Je kan hier even helemaal tot rust komen.'

'Zeker,' zeg ik, en ik loop snel naar beneden om de lege flessen en de stoel weg te halen. Daarna loop ik door naar buiten en bel Sonja.

'Hé, hoe gaat het?'

'Goed.'

'Waarom klink je zo mat, is er iets?'

'Nee, niks. Maar... hield het maar een keer op, Son.'

'As, het kan niet anders. Ik zie het nu ook weer om me heen. Een heel slechte man, hup hartstilstand. Slecht zijn vreet je van binnenuit helemaal op. We moeten gewoon volhouden. Het stopt echt een keer.'

'Ik gun hem dat hij voor die tijd vergeving vraagt.'

'Aan zijn slachtoffers? Dan is hij nog wel een paar jaartjes bezig.'

'Ik geloof dat als hij sterft zonder verantwoordelijkheid te nemen voor wat hij heeft gedaan, dat hij mama dan niet ziet aan de andere kant.'

'Hij gelooft niet in een andere kant.'

'Volgens mij wel. Ik heb hem weleens een kruisje zien slaan. Bij het graf van onze vader. En nog een keer op een begrafenis, van een van onze opa's of oma's, ik weet niet meer precies.'

'Lijkt me sterk dat hij gelooft in een andere kant.'

'Dan gaat hij mama ook niet zien.'

'Wat ben je spiritueel vandaag.'

'Ja, het huis zit vast aan een kerk. Daar zit ik veel en dat doet wat met me.'

'Ik hoop dat het je rust brengt. En ga genieten.'

'Doe ik.'

Nadat ik heb opgehangen, loop ik naar de vensterbank en pak een van de kandelaars die voor het raam staan. Ik zoek naar lucifers, maar kan ze niet vinden. Er ligt wel een aansteker in de keukenla en die pak ik mee. Ik ga de kerk binnen. Ik zet de kandelaar bij de elektrische kaarsjes, houd de aansteker bij de lont en draai aan het vuursteenwieltje. De aansteker gaat niet aan. Ik probeer het nog een aantal keer, maar de aansteker geeft geen vlam. De kaars blijft uit.

MEI 2024

Planet of the Apes

Storm belt. ‘Oma, wil jij met mij naar de film? Dat kan nu toch?’

‘Wat lief dat je dat vraagt. Ja, dat kan nu. En dat lijkt me heel leuk. Waar wil je heen?’

‘Ik wil naar de laatste *Planet of the Apes*-film. Maar alleen met jou. Stientje mag niet mee.’

‘Dat ga ik even met mama overleggen en met Stientje bespreken.’

Ik vind dat het moet kunnen, een keer samen met zijn tweeën, maar ik wil het wel even voorleggen. Ze vinden het prima.

‘We gaan. Als er maar niet te veel geweld in zit, want daar kan ik niet tegen. En je weet, oma huilt om het minste of geringste. Dus het moet ook niet te zielig zijn, want ook dat trek ik niet.’

‘Geen zorg, oma. Er zit wel geweld in, maar niet zo erg. En ik waarschuw je van tevoren als het zielig wordt.’

‘Oké. Doen we *Planet of the Apes*.’

‘Maar dan moeten we wel de films hiervoor ook samen zien, anders mis je de aansluiting. Kan dat?’

‘Ja, heb jij ze al gezien?’

‘Ja, maar dat is niet erg. Ik kijk ze gewoon nog een keer.’

‘Oké, doen we. Ik ga het regelen.’

Urenlang hangen we voor de buis, eten popcorn en zitten helemaal in de wereld van de apen.

'O, je kan beter nu even niet kijken,' zegt Storm. 'Dit wordt een zielig stukje. Doe je ogen maar dicht, oma. Ja, het is voorbij, je kunt weer kijken.'

'En? Is die leider dood?' vraag ik.

'Nee, hij niet.'

'Wie dan? Zijn vrouw?'

'Nee, ze leven allemaal nog. Kijk maar verder. Ik laat je van tevoren weten wanneer er eentje doodgaat,' stelt Storm me gerust.

Na drie films kennen we alle personages en bespreken we de verschillende verhaallijnen. Net als vroeger – van klein naar groter – Pumbaa, Winnie de Poeh, LEGO, *Toy Story* en Marvel. Nu is hij groot en is het *Planet of the Apes* en een goede aftershave. Want voordat we aan ons avondje uit beginnen, gaat hij zich eerst nog even scheren. Scheren… Nog niet zo lang geleden poetste ik nog zijn tanden.

'Hoe ruik ik, oma?'

'Je ruikt heerlijk.'

'Zie ik er goed uit?'

'Om door een ringetje te halen.'

'Dank je, oma,' zegt hij serieus, en hij kijkt nog een keer in de spiegel.

Beveiliging geeft een seintje. Ze staan klaar voor vertrek. Stientje blijft thuis bij de oppas tot Miljuschka over een halfuurtje thuis is. De auto staat inmiddels voor en Storm en ik stappen in. Hij kijkt hij me aan. 'Gezellig hè, oma?'

'Heel. Wanneer zijn we voor het laatst samen naar de bioscoop geweest? Weet jij dat nog?'

'Ik kan het me niet herinneren, oma,' zegt Storm.

Ik wel. Het is vijf jaar geleden. Hij was toen tien. Een klein kind nog. Een totaal andere levensfase dan waar hij nu in zit. Hij wordt dit jaar vijftien. Vijf jaar op vijftien jaar is een derde deel van zijn leven.

'We zijn toen naar *Toy Story 4* geweest.'

'O ja, ik weet het weer. Maar toen zijn we er niet samen naartoe gegaan, zoals nu.'

'Nee, dat klopt.'

Toen kwam ik later, toen de lichten in de zaal uit waren, en zocht ik hem op in het donker.

'Dit is leuker.'

'Vind ik ook, jongen.'

Hij pakt mijn hand. 'Oma,' zegt hij op serieuze toon, 'ik moet je wat vertellen. Ik ga mijn *Toy Story*-verzameling wegdoen. Ik ben daar nu te groot voor. Maar ik dacht: misschien wil jij ze hebben?'

'Ja, graag. Ik heb zulke mooie herinneringen aan het verzamelen met jou. Het zoeken, het bestellen. Jij vond altijd wel weer een uniek exemplaar. Dan moest je die per se hebben en slap als ik was, kon ik het je natuurlijk niet weigeren, en dan kocht ik het voor je. Ook al moest ik het uit Amerika laten komen.'

'Niet slap. Lief.'

'Slap. Jij kreeg altijd alles voor elkaar bij je oma. Je moeder werd er soms gek van. Nog steeds, eigenlijk. Heb je de oude Woody nog, met de originele stem van Tom Hanks?'

'Ja, oma. Ik heb alles nog.'

'Dan neem ik het straks wel mee. Oké?'

'Ja.'

We lopen de bioscoop binnen. Maar ook daar heeft de tijd niet stilgestaan. Alles is geautomatiseerd en gedigitaliseerd. Een kaartjesverkoper is er niet. Personeel om popcorn bij te kopen is er ook niet. Het is zelfbediening en dan digitaal afrekenen. Ik weet niet wat ik meemaak. De charme van een humeurige kaartjesverkoper en het dringen bij de popcornstand is verdwenen. Maar dat mag de pret niet drukken. De popcorn smaakt nog net zo lekker en het plezier in Storms ogen geeft de avond een prachtige gloed.

De film gaat beginnen. Hij pakt mijn hand en kijkt me aan. 'Gezellig hè, oma?' zegt hij weer.

'Heel.'

Na tien minuten ontvang ik een berichtje. Het is de oppas van Stientje. De deur van de keuken was opengewaaid. Ze stuurt een foto van zichzelf met een bezem in de aanslag.

Ik sta meteen op scherp. 'Sorry, Storm, ik moet even Stientje bellen.' Ik loop even weg, bel Stientje en vraag wat er aan de hand is.

'Niks, oma. De oppas had de keukendeur niet goed dichtgedaan en toen waaide hij open. En daar schrok ze van.'

'Waarom stuurt ze zo'n gekke foto? Is ze bang?' vraag ik.

'Geen idee. Ik heb de deur gewoon weer dichtgedaan.'

'Waarom doet ze dan zo paniekerig?'

'Ik weet het niet. Volgens mij vindt ze dat grappig.'

Maar ik vind het helemaal niet grappig. 'Moet ik naar je toe komen?'

'Nee hoor, oma. Hoeft niet.'

Ik loop weer terug naar mijn stoel. Het voelt toch niet lekker. Ik kijk naar Storm naast me. Het liefst ga ik naar Stientje, maar ik wil hem ook niet teleurstellen. Zijn we er eindelijk eens met zijn tweeën op uit… Ik app Miljuschka of ze er bijna is en vraag de beveiliging of ik niet beter naar huis kan gaan. Ik wil niet dat de oppas of Stientje bang zijn.

'Niks aan de hand, we hebben alles onder controle. En Mil is er al. Blijf maar rustig zitten,' zegt mijn beveiliger.

Er valt een last van me af. Storm kijkt me aan, zich niet bewust van de stress waar ik zojuist even doorheen ging, en fluistert: 'Gezellig hè, oma.'

'Heel,' fluister ik terug.

Als de film is afgelopen en we in de auto zitten, vraagt Storm of we volgende week weer kunnen gaan.

'Volgende week niet, maar over drie weken kan het weer.'

Het voelt goed hem iets te kunnen beloven.

JUNI 2024

Wim – Drie geldbronnen

'Son? Wim is weer in beroep gegaan tegen de verlenging van zijn plaatsing in de EBI. Ik heb de uitspraak hier. Hij moet blijven.'

'O, gelukkig. Wat staat erin?'

'Het gaat weer over die geldbronnen. Net als de vorige keer, maar dit keer wat uitgebreider. Er staat onder andere dat de plaatsing is verlengd, omdat uit een rapport volgt dat Willem Holleeder drie potentiële geldbronnen heeft. Ten eerste zou hij geld geparkeerd hebben staan bij een zakenman. Een tweede geldbron zou bestaan uit een miljoenenbedrag dat zou zijn ondergebracht in een pakket onroerend goed in Amsterdam. En als derde potentiële geldbron noemen ze Wims ex-partner. Het OM is bang dat hij over dat geld kan beschikken en het kan gebruiken om strafbare feiten mee te plegen.'

'Drie geldbronnen?' vraagt Sonja. 'En kan iedereen dit lezen?'

'Ja, het zijn openbare uitspraken,' zeg ik.

'Dit vindt hij heel vervelend, dat ze dat over die geldbronnen opschrijven. Daar is hij echt niet blij mee. En wat zegt hij er zelf over?'

'Dat het allemaal onzin is wat ze zeggen. Daarom was hij ook weer in beroep.'

'Maar?' vraagt Sonja.

'Maar de commissie die over het beroep beslist is het eens met de minister, dus hij moet blijven.'

'Gelukkig. Maar hij blijft het aanvechten. Net zo lang tot hij zijn zin krijgt. Zo doet hij het altijd,' zegt Sonja.

'Ja. En dat kan hij makkelijk doen, want de staat betaalt zijn advocaten. Hij heeft er momenteel drie.'

'Dat is toch raar? Hij heeft miljoenen, maar hij hoeft zijn advocaten niet zelf te betalen? Waarom moet de kassière in de supermarkt of de loodgieter of wie dan ook voor al die kosten opdraaien als hij zoveel geld heeft?'

'Tja, wie het weet mag het zeggen. Maar los daarvan: er staat nog iets in de uitspraak, en dat is veel erger, Son. Wim zegt namelijk in reactie op het OM dat hij "niet manipuleert, maar dat hij eerder als een bemiddelaar is te kwalificeren"!'

'Dat meen je niet! Maar bemiddelen ís juist zijn manipulatie!'

'Sterker nog, het is zijn modus operandi. Lees zijn strafblad er maar op na. Het verschil is dat hij nu niet tussen criminelen en vastgoedbaronnen "bemiddelt", maar tussen de gedetineerden onderling. En misschien ook wel tussen de gedetineerden en het personeel van de EBI. Is hij behulpzaam bij het bewaren van de rust in de inrichting.'

'Dat zou helemaal erg zijn, As. Als hij dat alweer voor elkaar heeft. Het zou me niets verbazen.'

'Maar hij bemiddelt niet voor niets. Dan is hij met zijn eigen agenda bezig. En dat doet hij onder de neus van de directie van de EBI.'

'Hoe kunnen ze dat laten gebeuren, As? Bemiddelen! Omdat ze rust in de gevangenis willen? O, ik heb het weer. Die druk op mijn borst. Ik moet even gaan zitten.'

‘Gaat het? Bel de dokter. Ik kom naar je toe, gaan we naar het ziekenhuis. Hou vol.’

Wat later zit ik met Sonja in het ziekenhuis voor een hartfilmpje.

‘As, we zijn kansloos als hij over miljoenen kan beschikken,’ zucht ze.

‘Ja, als hij inderdaad de geldbronnen heeft die in de RSJ-uitspraak worden genoemd, dan heb je het over heel veel geld. Ik denk wel zoveel geld dat je er een heel leger van kan kopen. En tanks en drones. Maar goed, laten we positief blijven. Je hartfilmpje valt mee. En wat is er nog meer positief?’

‘Geen idee. Ik kan niks bedenken,’ zegt Sonja.

‘Weet je welke maand het is?’ vraag ik.

‘Ja, natuurlijk. Juni. Ik ben toch jarig in juni.’

‘Dus het is zover. Deze maand is Stientje twaalf. Ik heb het gehaald, Son!’

‘Ik ook!’ roept ze blij. ‘Goed hè, van ons!’

‘Vind ik wel.’

‘En nu door!’ zegt Sonja.

‘Ja, op naar het volgende doel.’

‘En dat is?’ vraagt ze.

‘Honderd worden.’

‘Moet mijn hart het wel normaal blijven doen,’ zegt Sonja.

JUNI 2024

Stientje – Twaalf jaar, doel bereikt

Stientje is volgende week jarig en we vieren het vandaag met de hele familie. We zitten met elkaar rond de tafel en zingen 'Lang zal ze leven'. De kaarsjes branden op de taart.

'Kom op, Stientje, blazen!' zeg ik.

Ze ademt diep in en blaast ze in één keer uit, doet haar ogen dicht en roept: 'Klaar!'

'Nou, vertel oma dan maar wat je hebt gewenst.'

'Oma, ik ben geen drie meer. Mag ik je telefoon even?'

Stientje scrolt door de foto's op mijn telefoon.

'Heeft Omie altijd kort haar gehad?' vraagt ze aan Sonja.

'Goh, daar vraag je me wat,' zegt Sonja. 'Dat weet ik eigenlijk niet.'

'Jij, oma? Weet jij dat?'

'Van foto's weet ik dat Omie in haar tienerjaren wel lang haar had, maar ik heb haar nooit gevraagd vanaf wanneer ze het kort droeg. Of waarom. Stom, hè? Ik heb haar aan het einde nog zoveel kunnen vragen, maar daar ben ik niet opgekomen.'

'Het is maar goed dat je dan foto's van haar gezien hebt, anders had je het niet geweten,' zegt Stientje ernstig.

Hoor ik nou een verwijt in haar stem? De kids mogen mij al

negen jaar niet fotograferen, om te voorkomen dat er foto's gaan rondzwerven en mijn uiterlijk bekend wordt. Het nadeel daarvan is dat ze zich later de momenten met mij hoogstwaarschijnlijk niet meer kunnen herinneren.

'Welnee, dat bedoelde ze niet,' zegt Sonja als ik even later terugkom op wat Stientje zei.

'Nou, dat denk ik wel,' fluister ik.

'Nee, joh.'

'Wel. Wacht, ik neem de proef op de som. Stientje? Weet jij nog dat jij met oma vroeger naar die ijsboer ging waar een paardje stond en dat jij daar op mocht rijden?'

'Eh, nee,' zegt ze, en ze gaat verder met waar ze mee bezig was.

'Zie je nou? Daar is geen foto van, dus weg herinnering. Voor niks al die moeite gedaan.'

'Die kinderen leven tegenwoordig in een digitale wereld. Als er geen foto van is, bestaat het niet,' zegt Francis.

'Dank je wel, lief nichtje. Je zegt precies wat ik bedoel.'

'Het gaat om de band die ze met je voelen, mam,' zegt Miljuschka. 'Maak je niet druk. Van mij zijn ze ook van alles vergeten. En je gaat toch ook niet de hele dag foto's kijken om het bewijs te leveren van wat je samen hebt meegemaakt? Het is geen strafzaak.'

'Foto's zijn toch wel belangrijk,' zeg ik.

'Maar het moment dat je het samen beleeft is belangrijker dan een foto. Dat draag je voor altijd met je mee. Daar heb je geen foto voor nodig.'

'Dat is lief van je.'

'Ja, dat zeg je mooi, Mil,' zegt Sonja.

Ik ga staan en tik tegen mijn glas water. 'Mag ik even jullie aandacht?'

De aanwezigen worden stil. 'Lieve Stientje, een jaar geleden wilde jij al een zegelring met jouw eigen wapen erin gegraveerd. Het was stad en land afzoeken, maar uiteindelijk heb ik de juiste ring gevonden in het antiekwinkeltje waar jij mij dit jaar stilhield voor de etalage om de mooie antieke sieraden te bewonderen. Daar in dat winkeltje heb ik voor jou deze ring gekocht. Alsjeblieft, lieverd.'

'Oma, dat is toch veel te duur.'

'Maar dit is een mijlpaal. Je twaalfde verjaardag.'

Ze maakt het sieradendoosje open en is verrukt: een roségouden ring met een groot schild, passend bij haar kleine vingers.

'En jouw lieve stiefvader Flip heeft het ontwerp voor het wapen gemaakt.'

Flip geeft haar het ingelijste ontwerp van het familiewapen.

'Stientje, alles wat jij belangrijk vindt, is erop afgebeeld. Het vogeltje staat voor de achternaam van papa, de kersjes symboliseren de achternaam van mama, de vissen jouw passie, het vrouwenteken de generaties sterke vrouwen waartoe jij behoort.'

Ik ben geroerd. Wat een fijn moment is dit. Hier heb ik zo lang naar uitgekeken.

Als ik later weer thuis ben, ga ik voor mama's foto zitten. 'Het was gezellig vandaag, hè mam? Het gaat weer heel lekker tussen ons. Rich ken je niet meer terug, die is zo vooruitgegaan. Mil en ik zijn weer als vanouds, Son is Son en Fran doet het ook super. Je kan trots op ons zijn, moedertje.'

De dag waarop Stientje echt jarig is, stuurt Miljuschka me een bericht.

M: Hi lieve mama, wil gewoon even zeggen dat ik mega van je hou. We hebben het gered. Stientje is vandaag twaalf!

A: Ja. We hebben het gered! Fijn hè. Dit is een heel bijzondere dag.

M: Ja, mam, heel bijzonder.

Ook al is Stientje nog niet over haar epilepsie heen gegroeid, ze kan er inmiddels goed mee omgaan. Ze weet hoe ze in balans moet blijven, en dat is belangrijk in het voorkomen van een aanval. Natuurlijk wil ik haar nog steeds geen stress bezorgen, maar dat is niet meer mijn hoofddoel. Het wordt tijd dat ik weer eens voorzichtig de wei in ga.

De telefoon gaat.

'Oma!'

'Hoor ik de jarige Jet daar?'

'Oma?'

'Hé lieverd. Je bent nu echt twaalf. Je bent al zo groot.'

'Yes! En oma?'

'Ja, lieverd?

'Ik wil ook naar Wim. Net als Rich.'

'Het is niet zeker of Wim wil dat hij komt.'

'Maar ik kan het toch vragen?'

'Daar hebben we het nog wel een keer over,' zeg ik.

Maar dat ga ik zeker niet doen.

Rich belt. Ik zit in de auto en zet hem op speaker.

'Hai Rich, mama zit naast me, je staat op speaker.'

'Hai lieverd,' zegt Sonja.

'Hai mam. Hé As, weet jij of Wim al gereageerd heeft op mijn bezoekaanvraag?'

'Goh, begin jij ook al? Alsof je het ruikt. Nee, Rich, ik heb nog niets gehoord. Maar je kunt het Ronald weer vragen.'

'Ga ik doen.'

'Bel me terug dan.'

Vijf minuten later belt Rich terug. 'Hé As, hij zegt dat hij nog niet gereageerd heeft.'

'O,' zeg ik.

'Maar misschien komt dat nog?'

Twee weken later belt Rich weer. Hij klinkt geëmotioneerd. 'As? Heeft Ronald het je al verteld?' vraagt hij.

'Nee. Wat dan?'

'Over het bezoek?'

'Nee.'

'Wim heeft het afgewezen. Hij wil mij niet zien.'

'O, jee. Heeft hij een reden gegeven?'

'Ronald zei alleen dat Wim mij niet wilde zien. Ik zie het zo: Wim durft de confrontatie toch niet aan.'

'Hoe voel je je eronder?'

'Tja, het is wel een teleurstelling. Maar ik heb voor mijn vader gedaan wat ik kan. Meer kan ik niet doen.'

'Nee. En nu?'

'Ik ga zo even naar zijn graf. Ik wil het even met hem delen.'

'Ja, dat snap ik. Doe papa de groeten van mij.'

'Doe ik. Tot gauw, As.'

Ik rij met de gebruikelijke omweg en tussenstops naar mijn huis. Ik ben blij dat Rich duidelijkheid heeft. Door de weigering van Wim weet hij nu genoeg. Hij is ver boven zijn oom uitgestegen. Wim zit nog altijd vast in de vicieuze cirkel van zijn trauma's, terwijl Rich het gevecht met zijn demonen is aangegaan en op winst staat. Ik vertrouw erop dat hij ze over enkele ronden knock-out slaat.

JUNI 2024

Wat als…

'Wat als hij dood is? Wat zou je dan als eerste doen?' vraagt Miljuschka.

'Met jou over straat lopen.'

'En verder?'

'Poeh. Dat is te veel om op te noemen. Gewoon alles wat andere mensen doen.'

'Ga je dan terug naar je oude leven?'

'Nee. Dat niet.'

'Waarom niet?'

'Dat leven bestaat niet meer. Laatst vertelde iemand mij een verhaal over een man die op zijn zevenentwintigste van het ene op het andere moment blind was geworden. Zijn wereld stortte in. Tien jaar later kan hij geopereerd worden, zodat hij weer kan zien. Hij koos ervoor dat niet te doen. Hij was anders gaan functioneren en vond dat hij meer zag dan toen hij nog kon zien. Mijn wereld was ook ingestort, ik ben ook tien jaar verder en ik ben ook anders gaan functioneren. Ik zie net als die man die blind geworden was meer dan ik hiervoor kon zien.'

'Wat dan, mam?'

'Zoveel. Ik ben door emoties gegaan waar ik nooit doorheen

had willen gaan, maar nu wel moest.'

'Zoals wat?'

'Eenzaamheid. Ik heb gevoeld wat het is om echt eenzaam te zijn.'

'Maar je had mij toch? Je was toch niet alleen?'

'Eenzaam ben je juist in relatie tot anderen. Het is de pijn van het missen van een verbinding met anderen.'

'Je miste de verbinding met mij?'

'Ja, jij was al moeder van twee kinderen toen ik aan dit hele circus met Wim begon. Je was al helemaal "af" en echt een leuk mens geworden. Dat voelde gelijkwaardig. Maar gaandeweg, tijdens het getuigen, veranderde dat. De angst om jou te verliezen werd steeds groter. Mijn moederinstinct ging in overdrive en ik bemoederde jou weer helemaal opnieuw. Maar dan op een manier die niet gezond was.'

'Zoals overal in Nederland onder mijn auto gaan liggen om te zien of er wat onder zat, bedoel je?'

'Ja, zoiets.'

'Ik vond het wel heel lief van je, hoor, mam. Maar ook eng. Dat er daardoor iets met jou gebeurde. Daarom kon ik er zo boos om worden.'

'Dat weet ik, dat is ook het dubbele aan de situatie. Ik maak me zorgen om jou en jij om mij. Maar ik ging daar wel ver in.'

'Dat snap ik, als je hoort dat er een dreiging op mij is.'

'Ja, dan wil je als moeder je kind beschermen.'

'Een volwassen kind, die op zichzelf kan passen.'

'Ik zag je niet meer als volwassene. Dat stuitte terecht bij jou op weerstand. Op dat moment kreeg ik het gevoel dat ik jou kwijtraakte. En dat ik je opnieuw los moest laten om je bij me te houden. En in die tijd overleed oma ook nog. Ik moest aan twee kanten de navelstreng doorknippen. Met oma en met jou.

'Ik had gewild dat je het met me gedeeld had.'

'Nee, dit is iets waar ik zelf doorheen moest. Maar het was een eenzaam traject. Met jou en oma ben ik in een rechte lijn verbonden. Jullie zijn altijd het belangrijkste in mijn leven geweest. Ik was negentien toen ik jou kreeg. Als ik daar nu op terugkijk was ik zelf nog een kind. Ik had nog niet geleefd, nog niet de tijd gehad om volwassen te worden. Dat moest ik met jou doen. En daar was oma ook altijd onderdeel van. Zonder de steun van oma had ik het niet gekund. En nadat zij was overleden moest ik voor het eerst die moeder-kindverbinding missen die ik altijd had gehad. En, geloof me, hoe oud je ook bent, dat is heel heftig. Die lifeline die oma altijd voor mij geweest is, was weg. Dat vangnet, de enige op de wereld die je altijd kunt bellen als er iets met je is. Toen het tussen ons ook nog eens niet lekker liep, voelde ik me voor het eerst echt eenzaam.'

'Ik mis oma ook heel erg. Maar ik ben voor mijn gevoel mijn verbinding met jou nooit kwijt geweest. Waarom heb je me niet gezegd dat je zo eenzaam was?'

'Omdat ik wist dat jij er niets aan kon veranderen. Het was mijn probleem. Het was mijn angst die mijn verbinding met jou in de weg stond, en dus ook mijn eenzaamheid. Dat weet ik nu. En gek genoeg is dat heel bevrijdend, voor mij maar ook voor jou en onze relatie. En die vrijheid had ik nooit leren kennen als ik niet in deze situatie had gezeten. Het heeft me veranderd. Daarom kan ik niet meer terug naar hoe het vroeger was.'

'Je kunt een bloem die in bloei staat ook niet meer terugduwen in de knop.'

'Nee. Het is goed, zoals het nu is.'

'Ja. Maar mam, we kunnen samen toch nog wel even terug naar hoe het vroeger was?'

'Samen met jou wel.'
'Dan pak ik de popcorn en zet de tv aan. Pak jij het ijs?'

Ik loop naar de vriezer, pak een bak *cookie dough*-ijs en nestel me op de bank. Miljuschka komt naast me zitten. 'We gaan weer helemaal vanaf het begin beginnen, mam. Letterlijk en figuurlijk.' Ze zet de allereerste aflevering van *Gilmore Girls* op en gaat gezellig tegen me aan liggen. Het is goed, zoals het nu is.

Epiloog

Ik pak mijn voicerecorder en selecteer de opnamen die ik van mama heb gemaakt. Ik wilde haar leven vastleggen, haar terughalen wanneer ik de behoefte voelde even bij haar te zijn. Ik ga op de bank liggen, zet de voicerecorder aan en luister naar haar rustige ademhaling.

'As?' hoor ik mama plotseling zeggen.

'Wat is er, mam?' antwoord ik.

'Leeft Wim nog?' vraagt ze.

'Leeft Wim nog?' herhaal ik haar vraag.

Ik zet de opname stop.

Leeft Wim nog? Ja, mama, hij leeft nog. Maar ik sta niet meer op en ga niet meer naar bed met zijn wraak. Tot nu toe heb ik er alles aan gedaan om de milliseconde die de kogel erover doet om de loop te verlaten, te ontlopen. Maar daar is vandaag een einde aan gekomen. Die één duizendste van een seconde die het verschil tussen leven en dood maakt, houdt mij niet langer gegijzeld. Ik heb mijn doelen bereikt. Ik pak mijn leven heel voorzichtig weer op. En dit boek over jou is daar het begin van. Dit boek heb ik jou beloofd. Tijdens het schrijven was je altijd bij me. En ik ben dankbaar dat ik mijn belofte na heb kunnen komen. Verder zie ik wel wat de toekomst brengt. Maar ik ben gerust, want mocht het voor mij verkeerd aflopen dan weet ik dat jij aan de andere kant op me wacht.

Ik scrol door mijn opnamen en selecteer een andere.

Ik hoor mama lachen.

'Wie heeft nou zulke lieve kinderen?' zegt ze met liefde in haar stem.

'Wie heeft nou zo'n lieve moeder?' zeg ik tegen haar.